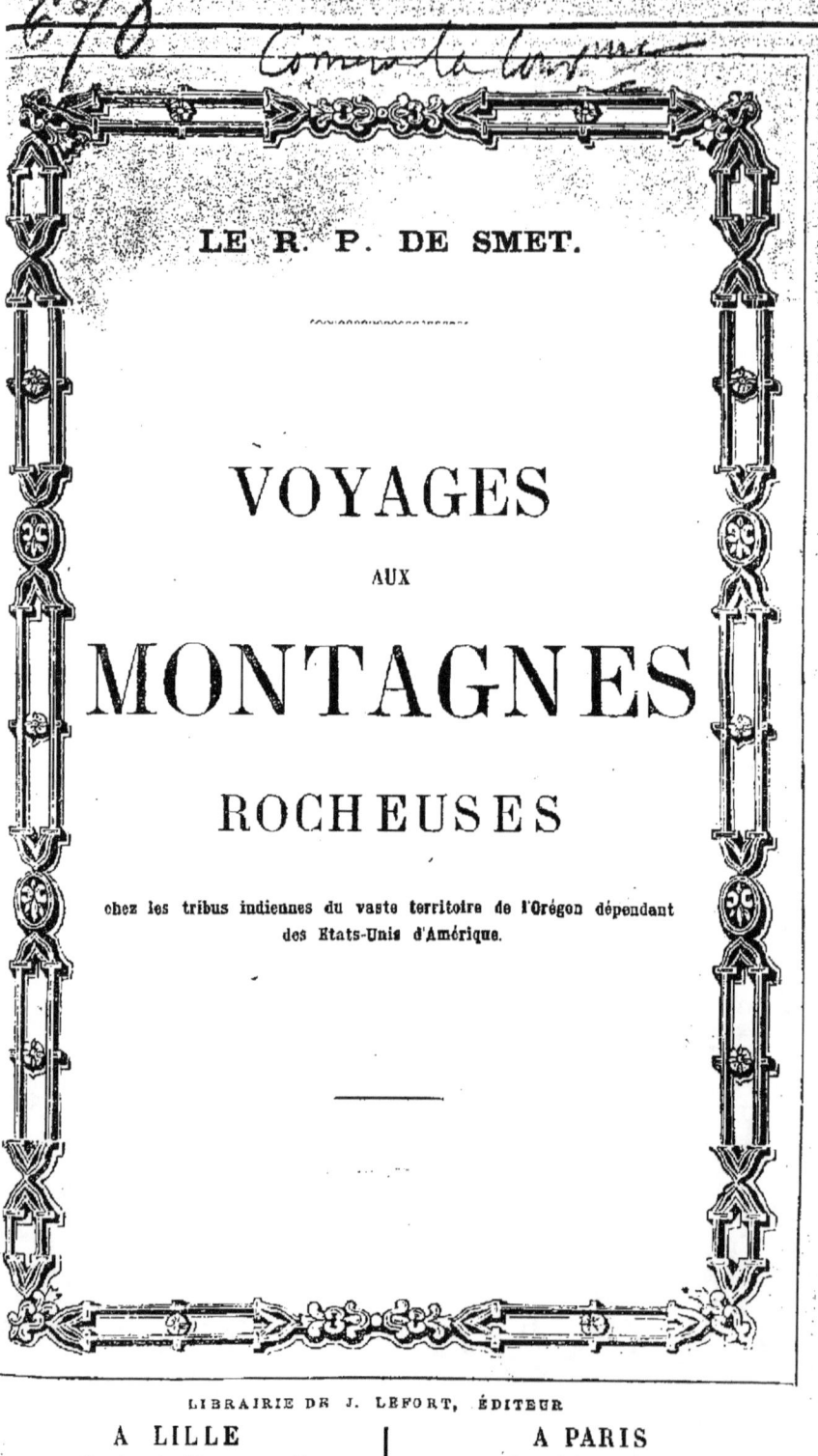

LE R. P. DE SMET.

VOYAGES

AUX

MONTAGNES

ROCHEUSES

chez les tribus indiennes du vaste territoire de l'Orégon dépendant
des Etats-Unis d'Amérique.

LIBRAIRIE DE J. LEFORT, ÉDITEUR

A LILLE | A PARIS
rue Charles de Muyssart, 24 | rue des Ssints-Pères, 30

VOYAGES

AUX

MONTAGNES ROCHEUSES

In - 8°. 2° série.

A LA MÊME LIBRAIRIE

Envoi *franco* contre timbres-poste joints à la demande.

SOUVENIRS DE VOYAGE : la Suisse, le Piémont, Rome, Naples, toute l'Italie ; par Mme de Grandville. in-8°. . . . 4 50

Mgr AUVERGNE : ses voyages au mont Liban, au Sinaï, à Rome, etc. in-8°. 2 50

CONSTANTINOPLE, histoire de cette ville célèbre; par M. de Montrond. in-8°. 2 50

NAPLES : histoire, monuments, beaux-arts. littérature. L. L. F. in-8°. 2 50

LA SICILE : souvenirs, récits et légendes; par M. l'abbé V. Postel. in-8°. 2 50

LA SYRIE en 1860 et 1861 : massacres du Liban et de Damas, et expédition française; par M. l'abbé Jobin. in-8°. . . 2 50

L'ALGÉRIE : promenade historique et topographique; par le Dr Andry. in-8°. 1 25

L'AFRIQUE, d'après les voyageurs les plus célèbres. in-12. . » 85

L'AMÉRIQUE, d'après les voyageurs les plus célèbres. in-12. . » 85

L'OCÉANIE, d'après les voyageurs les plus célèbres. in-12. . » 85

L'AUSTRALIE : esquisses et tableaux; par A. S. de Doncourt. in-12. » 60

Cette machine flottait sur l'eau comme un cygne majestueux.

VOYAGES

AUX

MONTAGNES

ROCHEUSES

chez les tribus indiennes du vaste territoire de l'Orégon dépendant
des Etats-Unis d'Amérique.

PAR LE R. P. DE SMET

SIXIÈME ÉDITION

LIBRAIRIE DE J. LEFORT

IMPRIMEUR ÉDITEUR

LILLE | PARIS

rue Charles de Muyssart, 24 | rue des Saints-Pères 30

1875

PRÉFACE DE L'ÉDITION AMÉRICAINE (1)

Nous offrons cet intéressant récit aux amis de la patrie et de leurs concitoyens, avec l'espoir, disons mieux, avec la certitude que la lecture qu'ils en feront leur fera goûter le plaisir le plus pur. Rarement avons-nous rencontré quelque chose de plus attrayant. L'éloquence simple et virile qui le caractérise ravit l'attention du lecteur. Les faits que l'auteur rapporte sur les régions les plus reculées de l'Occident, les mœurs et les usages des tribus indiennes qui errent dans l'immense territoire de l'Orégon, leur état et leurs dispositions actuelles, leurs vues pour l'avenir, sont des sujets qui ne peuvent manquer d'inspirer de l'intérêt à quiconque aime de porter ses regards au delà de l'étroit horizon des scènes journalières, et d'apprendre ce que les pieux serviteurs de Dieu font pour sa gloire et son nom dans les contrées les plus lointaines. Nous avons eu un entretien avec l'homme apostolique de la plume duquel nous tenons ces récits; et en l'écoutant, nous avons éprouvé tout à la fois le sentiment d'un noble orgueil et d'une joie pure, dans la pensée qu'il nous retraçait en sa personne ce généreux esprit de dévouement et ces scènes animées de la vie et des aventures indiennes, si admirables dans les pages des Charlevoix et des Bancroft.

Notre pays est réellement plein d'intérêt pour ceux qui suivent la marche de ses progrès et qui les comparent avec le passé. Qui

(1) Cette préface nous semble très-propre à faire apprécier de nos lecteurs les travaux du R. P. de Smet. Les sentiments qu'y expriment les Américains trouveront certainement de l'écho dans les pays catholiques de l'Europe.

aurait jamais songé, par exemple, que l'Iroquois, le sauvage Mohawk (nom sous lequel nous connaissons mieux cette peuplade), lui dont les hurlements terribles ont tant de fois fait tressaillir d'effroi nos ancêtres, que ce même Iroquois eût été choisi pour allumer le premier les faibles étincelles de la civilisation et du christianisme parmi une grande partie des tribus indiennes d'au delà des Montagnes Rocheuses? Plusieurs de ces peuplades ont actuellement soif des eaux salutaires de la vie; elles aspirent après le jour où la vénérable *Robe-noire* paraîtra au milieu d'elles; elles envoient même à des milliers de lieues de distance des messagers pour en hâter l'arrivée. Une telle ardeur pour la sainte vérité, tout en faisant honte à notre froide piété, devrait enflammer nos cœurs et nous porter à souhaiter du moins qu'il y ait des ouvriers suffisants pour cette vigne immense. Elle devrait nous ouvrir à tous la main pour aider les hommes pieux qui, après avoir abandonné famille, amis, patrie, vont s'ensevelir dans les déserts avec leurs chers Indiens, afin de vivre pour eux et avec Dieu.

L'un de leurs plans favoris en ce moment est d'introduire parmi les Indiens le goût de l'agriculture avec les moyens de s'y livrer. Ils sont d'avis que c'est le plus prompt moyen, peut-être le seul, de les arracher à la vie errante qu'ils mènent encore généralement à présent et aux habitudes d'oisiveté qu'elle engendre. Les aider dans ce philanthropique dessein est pour nous un devoir sacré, en notre qualité d'hommes, d'Américains, de chrétiens. C'est là au moins l'un des moyens en notre pouvoir d'expier les torts sans nombre que les blancs ont faits à cette race infortunée. Que personne ne laisse donc échapper cette belle occasion de faire le bien et de donner ainsi un gage de son amour pour Dieu, pour sa patrie et pour ses semblables.

VOYAGES

AUX

MONTAGNES ROCHEUSES

———❦———

PREMIER VOYAGE

du 27 mars au 31 décembre 1840.

———

RELATION

ADRESSÉE A M. LE CHANOINE DE LA CROIX, A GAND

Université de Saint-Louis, 4 février 1841.

Vous vous attendez sans doute à des détails intéressants sur mon long, très-long voyage de Saint-Louis jusqu'au delà des Montagnes Rocheuses (*Rocky Meuntains*). J'ai mis soixante jours à traverser le fameux désert américain, et près de quatre mois à revenir sur mes pas par un nouveau et très-hasardeux chemin.

Envoyé par le T. R. évêque et par mon provincial pour

nous assurer des dispositions des sauvages et des succès probables qu'on pourrait espérer en établissant une mission au milieu d'eux, je quittai Saint-Louis le 27 mars 1840, dans un bateau à vapeur, et je remontai le Missouri à une distance de 500 milles, pour me rendre aux frontières de l'Etat. Le navire où j'étais embarqué était (comme ils le sont tous dans ce pays où l'émigration et le commerce ont pris une si grande extension) encombré de marchandises et de passagers de tous les Etats de l'Union ; je puis même dire de différentes nations de la terre, blancs, noirs, jaunes et rouges, avec les nuances de toutes ces couleurs. Le bateau ressemblait à une petite Babel flottante, à cause des différents langages et jargons qu'on y entendait. Ces passagers débarquent pour la plupart sur l'une et l'autre rive, pour y ouvrir des fermes, y construire des moulins, diriger des fabriques de toutes sortes d'espèces ; ils augmentent de jour en jour le nombre des habitants des petites villes et des villages qui s'élèvent comme par enchantement sur les deux rives.

A mesure que l'on remonte la rivière, on trouve le pays charmant et rempli d'intérêt, diversifié par des rochers à pic et des coteaux d'argile très-élevés et souvent entrecoupés. Les bas-fonds présentent à l'œil une grande variété d'arbres et d'arbrisseaux, des chênes et des noyers de douze différentes espèces ; *le sassafras* et l'*accacia triacanthos*, dont les fleurs embaument l'air de leurs parfums ; l'*érable*, qui le premier s'enveloppe de la livrée du printemps ; le sycomore, *platanus occidentalis*, roi de la forêt de l'ouest, s'érige dans les formes les plus gracieuses, avec de vastes branches, étendues et latérales, couvertes d'une écorce d'un blanc brillant ; et ajoute un trait distinctif de grandeur à l'imposante beauté des forêts. J'en ai vu qui mesuraient quinze pieds et demi de diamètre. Le cotonnier, *populus deltoides*, est un autre géant qui croît à une hauteur prodigieuse ; le *bignonia radicans* paraît s'y accrocher de préférence, monte jusque dans ses sommets, et déploie une profusion de grandes fleurs de couleur de flammes et à formes de trompettes. Le voyageur admire ici les mille grandes et hautes colonnes du cotonnier, enveloppées, de la terre jusqu'aux branches, d'une draperie de lierre d'une profonde verdure. C'est un de ces charmes de la nature qu'on ne peut se lasser de contempler. Le cornouiller, *cornus florida*, et le bouton rouge, *cercis canadencis*, tiennent le milieu de l'arbre et de l'arbrisseau. Le premier a une belle feuille en forme de cœur et étend ses branches en parapluie; elles se couvrent dans le printemps de brillantes fleurs blanches; dans l'automne, elles présentent de belles baies écarlates. L'autre est le premier arbrisseau qu'on voit en fleurs le long du Missouri.

Ces arbrisseaux sont dispersés de tous côtés dans la forêt; et au commencement du printemps, leurs masses de fleurs brillantes forment un contraste gracieux avec le brun dominant de la forêt. Le bouton rouge donne au paysage un charme que le voyageur qui le voit pour la première fois ne saurait oublier. Le cerisier sauvage, le mûrier, le frêne y sont très-communs. Le sol, dans tous ses bas-fonds, est prodigieusement riche, fortement imprégné de substances salines et de pierres calcaires décomposées.

Ces rivages cependant sont très-incertains et s'éboulent continuellement; ce qui rend l'eau de ce fleuve, d'ailleurs très-légère et saine à boire, bourbeuse et dégoûtante. Les bancs de sable et les arbres au fond de l'eau sont si nombreux, que l'on s'y habitue et qu'on ne songe guère aux dangers qu'on court à chaque instant. Il est intéressant d'observer à quelles étendues les racines s'enfoncent dans ce sol fertile; là où la terre s'éboule, on en observe toute la profondeur; en général, il n'y a qu'une grosse racine centrale, pénétrant à dix ou douze pieds, et d'autres plus minces qui s'étendent à l'entour.

Après dix jours de navigation, j'arrivai à West-Port, petite ville frontière du territoire des sauvages, d'où je devais me mettre en route pour les Montagnes.

Le 30 avril, je partis de West-Port avec l'expédition annuelle de la Compagnie américaine des pelleteries, qui se rendait à la *Rivière-Verte*, l'une des fourches du *Rio-Colorado*. Jusqu'au 17 mai, nous nous dirigeâmes vers l'ouest, traversant des plaines immenses, dépouillées d'arbres et d'arbrisseaux, excepté sur les petites rivières, et entrecoupées de profonds ravins, où nos voyageurs se servaient d'une cordelle pour descendre et monter les charrettes. Les chaleurs de l'été commençaient déjà à se faire sentir; le temps cependant était favorable; souvent le matin le thermomètre ne se trouvait qu'à 27 degrés, mais il s'élevait jusqu'à 90 vers midi. Les vents frais qui règnent sans cesse dans ces vastes plaines rendent les chaleurs supportables. Le gibier était rare; mon chasseur cependant fournit ma tente assez abondamment de canards, de bécassines, de faisans, grues, pigeons, blaireaux, cerfs et cabris. Les seuls hommes que j'aie rencontrés pendant les premiers jours, étaient quelques sauvages *Kants*, qui se rendaient à Wesport pour y vendre leurs pelleteries. Ils résident sur le *Lanzas* ou rivière des Kants. Leur territoire commence à soixante milles à l'ouest de l'Etat Missouri, et leurs villages en sont à la distance de quatre-vingts milles. Leur langue, leurs mœurs et habitudes sont les mêmes que chez les *Osages*. En paix et en guerre, ces deux nations unissent leurs intérêts et n'en forment pour ainsi dire qu'une seule d'environ dix-sept cents âmes. Ils vivent dans les villages et placent pêle-mêle et sans ordre leurs huttes construites d'écorces, comme les wigwans des *Pottowatomies*, ou de joncs, comme celles des *Osages*, ou en terre, comme les akozos des *Pawnées* et des *Ottoes*. Ces dernières sont rondes et de la façon d'un cône; le mur a près de deux pieds d'épaisseur; tout l'ouvrage est soutenu au dedans par plusieurs poteaux. Dans toutes leurs huttes, la terre dure forme

le plancher; le foyer est au milieu, et la fumée s'échappe
par un trou pratiqué dans le sommet. La porte est si basse
et si étroite qu'on n'y entre qu'en se traînant : elle consiste
dans une simple peau sèche suspendue. Ces sauvages m'ont
paru très-pauvres et très-misérables; la plupart se trouvaient
à pied. La veille de notre rencontre, les *Ottoes* leur avaient
volé vingt-cinq chevaux. Ils m'exprimèrent un ardent désir
d'avoir une mission de nos Pères parmi eux.

A mesure que nous avancions vers l'ouest, nous traversâmes des côtes élevées, qui nous donnaient de temps en
temps des vues étendues et fort belles. La grande plaine était
parsemée de hautes futaies; on y voyait surtout le *waggère-
roussé*, ou la fleur du cotonnier, plante qui abonde dans ces
parages et dont les Indiens se nourrissent. Elle se trouve
sur le bord d'une rivière qui porte le même nom et qui se
jette dans le Kansas; ces deux rivières ont de riches et fertiles bas-fonds et sont bien boisées. Tout le sommet de la
grande côte est rempli de pétrifications. La surface de la
terre, dans une partie considérable de cette région, est couverte de grosses pierres plates, grisâtres et jaunes, confusément arrangées comme si elles étaient sorties du sein de la
terre par quelque agitation souterraine.

Je n'étais encore que depuis six jours dans le pays sauvage lorsque je me sentis accablé par la fièvre intermittente,
avec les frissons qui précèdent d'ordinaire les accès de chaleur. Cette fièvre ne m'a quitté que sur la Roche-Jaune, à
mon retour des Montagnes. Il me serait impossible de vous
donner une idée de mon accablement. Mes amis me conseil-
laient de revenir sur mes pas; mais le désir de voir les nations des Montagnes l'emporta sur toutes les bonnes raisons
qu'ils purent me donner. Je suivis donc la caravane de mon
mieux, me tenant à cheval aussi longtemps que j'en avais la
force; et j'allai ensuite me coucher dans un chariot, sur des
caisses où j'étais ballotté comme un malheureux; car souvent

il nous fallait traverser des ravins profonds et à pic, qui me mettaient dans les positions les plus singulières : tantôt j'avais les pieds en l'air ; tantôt je me trouvais caché comme un voleur entre les ballots et les caisses, froid comme un glaçon, ou couvert de sueur et brûlant comme un brasier. Ajoutez que pendant trois jours (et c'était le plus fort de ma fièvre) je n'eus pour me désaltérer que des eaux stagnantes et sales.

Le 18 mai, après avoir traversé une belle plaine de 30 milles de large, nous arrivâmes sur les bords de la *Nebraska* (rivière au Cerf), désignée par les Français sous le nom moins heureux de *Plate* ou de Rivière-Plate. La Plate est la plus grande tributaire du Missouri, et peut être considérée comme la plus merveilleuse et la plus inutile des rivières de l'Amérique du Nord ; car elle a deux mille verges de large d'un bord à l'autre, et sa profondeur n'est guère que de deux à six pieds ; le fond est un sable mouvant. Elle vient d'une distance immense à travers une large et verte vallée, et reçoit la grande abondance de ses eaux de plusieurs fourches qui descendent des Montagnes Rocheuses. L'embouchure de cette rivière est à huit cents milles de Saint-Louis par eau, et forme le point de division du bas et du haut Missouri. J'étais souvent saisi d'admiration à la vue des scènes pittoresques dont nous jouissions tout le long de la Plate. Imaginez-vous de grands étangs, dans les beaux parcs des seigneurs européens, parsemés de petites îles boisées ; la Plate vous en offre par milliers et de toutes les formes. J'ai vu de ces groupes d'îles qu'on aurait pris facilement de loin pour des flottilles mêlant à leurs voiles déployées des guirlandes de verdure et de festons de fleurs ; et parce qu'autour d'elles le fleuve était rapide, elles semblaient elles-mêmes fuir sur les eaux, complétant le charme de l'illusion par cette apparence de mouvement. Les deux bords de cette rivière ne sont point boisés. Les arbres que les îles produisent sont les peupliers, communément appelés cotonniers ; les sauvages les coupent en hiver, et l'écorce sert de nourriture à leurs chevaux. Sur la plaine de la Plate, on voyait bondir de nombreux cabris ; j'en comptais souvent plusieurs centaines d'un seul coup d'œil ; c'est l'animal le plus agile des prairies. Le chasseur emploie la ruse pour en approcher : il s'élance au grand galop vers l'animal ; celui-ci part comme un éclair, laissant le cavalier à une grande distance derrière lui ; bientôt il s'arrête pour l'observer (c'est un animal très-curieux). Pendant ce temps le chasseur descend de cheval et se couche ventre à terre ; il fait toutes sortes de cabrioles avec les bras et les jambes, secouant de temps en temps son mouchoir ou un bonnet rouge au bout de la baguette de son fusil. Le cabri approche à pas lents pour le reconnaître et l'observer ; et lorsqu'il est à la portée de la carabine, le chasseur lui lâche son coup et le couche par terre. Souvent il en abat jusqu'à six avant que la bande se disperse. Les autres animaux sont rares dans cette région ; il y a cependant des signes évidents que le gibier n'y a pas toujours manqué.

Pendant plusieurs journées de marche, nous trouvâmes toute la plaine couverte d'ossements et de crânes de buffles rangés en cercles ou en demi-lunes, et peints de différentes devises. C'est au milieu de ces crânes que les *Pawnées* ont coutume de pratiquer leurs sortiléges superstitieux lorsqu'ils vont à la guerre ou à la chasse. Le matelot, après un long voyage sur mer, se réjouit à la vue d'herbes flottantes, ou de petits oiseaux de terre qui, venant se reposer sur les cordages du navire, lui donnent des signes certains qu'il approche du terme de sa course. De même, dans ce désert, le voyageur, fatigué de vivre si longtemps de viande salée, se réjouit à la vue de ces ossements blanchis par le temps qui lui annoncent le voisinage des buffles. Aussi n'entendait-on dans le camp que des cris de joie ; nos chasseurs avaient compris que la plaine des buffles n'était pas éloignée, et ils saluaient par de bruyants vivats l'espoir de porter bientôt le carnage parmi les paisibles troupeaux.

Aux mêmes lieux, nous trouvâmes encore le *wistanwish* des sauvages ou le chien des prairies, auquel les voyageurs donnent à plus juste titre le nom d'*écureuil américain*. Ces animaux paraissent avoir une espèce de police établie dans leur société. Les cellules de leurs villages sont généralement placées sur la pente d'une côte, quelquefois près d'un petit lac ou ruisseau; plus souvent à une grande distance de l'eau, afin que la terre qu'ils habitent ne soit point exposée à l'inondation. Ils sont d'une couleur brune foncée, excepté le ventre qui est blanc; leur queue n'est pas si longue que celle de l'écureuil gris; mais ils ont exactement la même forme; les dents, la tête, les ongles et le corps sont l'écureuil parfait, excepté qu'ils sont plus grands et plus gras que cet animal. Les voyageurs croient que leur seule nourriture est la racine du gazon, et la rosée du ciel leur unique breuvage.

En continuant notre route, nous vîmes de temps en temps les tombeaux solitaires des *Pawnées*, probablement ceux de quelques chefs ou braves, qui étaient tombés en combattant contre leurs ennemis héréditaires, les *Sioux*, les *Sheyennes*, les *Osages*. Ces tombeaux étaient ornés de crânes de buffles peints en rouge; le cadavre est assis dans une petite cabane faite de joncs et de branches d'arbres, et fortement travaillée pour empêcher les loups d'y pénétrer. La figure est barbouillée de vermillon; le corps est couvert de ses plus beaux ornements de guerre, et à côté on voit des provisions de toute espèce, viandes sèches, tabac, poudre et plomb, fusil, arc et flèches. Pendant plusieurs années, les familles viennent au printemps renouveler ces provisions. Ils ont l'idée que l'âme voltige longtemps dans le voisinage du lieu où le corps repose avant qu'elle prenne son essor vers le pays des âmes.

Après sept jours de marche le long de la Plate, nous arrivâmes dans les plaines habitées par les buffles. De grand

matin, je quittai seul le camp pour les voir plus à mon aise;
j'en approchai par des ravins, sans me montrer et sans leur
donner le vent qui m'était favorable. C'est l'animal qui a
l'odorat le plus subtil; il lui fait connaître la présence de
l'homme à la distance de quatre milles, et aussitôt il s'enfuit,
cette odeur lui étant insupportable. Je gagnai inaperçu une
haute colline semblable par sa forme au monument de Wa-
terloo; de là je jouissais d'une vue d'environ douze milles
d'étendue. Cette vaste plaine était tellement couverte d'animaux, que les marchés ou les foires d'Europe ne vous en
donneraient qu'une faible idée. C'était vraiment comme la
foire du monde entier rassemblée dans une de ses plus belles
plaines. J'admirais les pas lents et majestueux de ces lourds
bœufs sauvages, marchant en file et en silence, tandis que
d'autres broutaient avec avidité le riche pâturage qu'on
appelle l'herbe courte des buffles. Des bandes entières
étaient couchées sur l'herbe au milieu des fleurs : toute la
scène réalisait en quelque façon l'ancienne tradition de l'Écri-
ture sainte, parlant des vastes contrées pastorales de l'Orient,
où il y avait des animaux sur mille montagnes. Je ne pouvais
me lasser de contempler cette scène ravissante, et pendant
deux heures je regardai ces masses mouvantes dans le même
étonnement. Tout à coup l'immense armée parut éveillée;
un bataillon donnait l'épouvante à l'autre; toute la troupe
était en déroute, fuyant de tous côtés. Les buffles avaient
eu le vent de leur ennemi commun : les chasseurs s'étaient
élancés au grand galop au milieu d'eux. La terre semblait
trembler sous leurs pas, et les bruits sourds que l'on entendait étaient semblables aux mugissements du tonnerre éloigné.
Les chasseurs tiraient à droite et à gauche; ils firent un
grand carnage parmi les plus gras de ces animaux. Je retournai avec eux au camp. Ils avaient chargé plusieurs chevaux de langues, de bosses, de côtes, etc., abandonnant le
reste aux loups et aux vautours. Nous campâmes à une

petite distance de cette boucherie, et chacun se mit en mouvement dans le camp pour faire la cuisine. Manquant de bois sur les bords de la Plate, nos gens se servirent de la fiente sèche du buffle, qui brûle comme la tourbe. Il nous fallut recourir souvent au même expédient dans les prairies des Côtes-Noires.

Au milieu de la nuit, des bruits affreux, des hurlements, des aboiements m'éveillèrent; on aurait dit que les quatre tribus *Pawnées* s'étaient rassemblées pour nous disputer le passage sur leur territoire. Je réveillai mon guide pour savoir la cause de ce bruit et pour le disposer à recevoir l'attaque de l'ennemi. Il me répondit en riant : « Tranquillisez-vous, ce n'est rien. Les loups sont à faire festin après leur long carême d'hiver : ils se partagent les carcasses des vaches que les chasseurs ont laissées dans la prairie. » Les loups sont très-nombreux dans ces régions. D'après le dire des sauvages, ils tuent tous les ans le tiers des veaux des buffles : souvent même, lorsqu'ils sont en fortes bandes, ils attaquent les gros bœufs ou les vaches, se portent tous ensemble contre un seul buffle, et en un instant le jettent par terre avec une grande dextérité et le dévorent. J'ajouterai ici, pour vous donner une idée du grand nombre de ces animaux dans le Missouri, que cette année 1840, la compagnie des pelleteries a descendu soixante-sept mille robes de buffles à Saint-Louis. On évalue en outre à cent mille le nombre des buffles que les sauvages du Missouri tuent tous les ans pour leurs propres besoins, pour leurs tentes, leurs vêtements et leurs couvertures de selle.

Le 28, nous passâmes à gué la *Fourche du Sud* de la Plate. Toute cette région, jusqu'aux grandes montagnes, est une véritable bruyère, rocheuse et sablonneuse, couverte de scories et d'autres substances volcaniques; il n'y a d'endroits fertiles que sur les rivières et les ruisseaux. Cette région, nous dit un voyageur moderne, ressemble aux dé-

serts de l'Asie par ses vastes plaines ondulantes et dégarnies
de bois, et par ses terres incultes, sablonneuses et solitaires,
qui fatiguent l'œil par leur étendue et leur monotonie. C'est
un pays où l'homme ne fait point sa demeure; dans certaines saisons de l'année, le chasseur même et son coursier
y manquent de nourriture. L'herbage y est brûlé et dépérit;
les rivières et les ruisseaux sont à sec; le buffle, le cerf et
le chevreuil se retirent dans des parties éloignées, se tiennent
sur les bords de la verdure expirante, et laissent derrière eux
une vaste solitude inhabitée, entrecoupée de ravins et de lits
d'anciens torrents qui aujourd'hui ne servent qu'à tourmenter
le voyageur et à augmenter sa soif. D'espace en espace la
monotonie de ce grand désert est interrompue par des monceaux de pierres confusément entassées contre des ruines;
ou bien il est traversé par des bancs de rochers qui se dres-
sent devant le voyageur comme d'infranchissables barrières;
telles sont les *Côtes-noires*. Au delà s'élèvent les *Montagnes
Rocheuses*, les limites du monde atlantique. Les gorges et les
vallées de cette vaste chaîne donnent asile à un grand nombre
de tribus sauvages, dont plusieurs ne sont que les restes
mutilés de différents peuples, jadis paisibles possesseurs des
prairies, et maintenant refoulés par la guerre dans des défilés
presque inaccessibles, où la spoliation n'essaiera plus de
les poursuivre.

Ce désert de l'ouest, tel que je viens de le décrire,
semble devoir défier l'industrie de l'homme civilisé. Quelques
terres, plus heureusement situées sur le bord des fleuves,
seraient peut-être avec succès soumises à la culture; d'autres
pourraient se changer en pâturages aussi fertiles que ceux de
l'est; mais il est à craindre que, dans sa presque totalité,
cette immense région ne forme comme un océan entre la
civilisation et la barbarie, et que des bandes de malfaiteurs,
organisées comme les caravanes des Arabes, n'y exercent
impunément leurs déprédations. Ce sera peut-être un jour

le berceau d'un nouveau peuple, composé des anciennes
races sauvages et de cette classe d'aventuriers, de fugitifs et
de bannis que la société repousse de son sein, population
hétérogène et menaçante, que l'Union-Américaine amoncelle
comme un sinistre nuage sur ses frontières, et dont elle
accroît sans cesse l'irritation et les forces en transportant des
tribus entières d'Indiens, des rives du Mississipi où ils ont
pris naissance, dans les solitudes de l'ouest qu'elle leur
assigne pour exil. Ces sauvages emportent avec eux une
haine implacable contre les blancs, qui les ont, disent-ils,
injustement chassés de leur patrie, loin des tombeaux de
leurs pères, pour se mettre en possession de leur héritage.
Si quelques-unes de ces tribus forment un jour des hordes
semblables aux peuples nomades, moitié pasteurs, moitié
guerriers, qui parcourent avec leurs troupeaux les plaines
de la haute Asie, n'est-il pas à craindre qu'avec le temps
d'autres ne s'organisent en bandes de pillards et d'assassins,
qui auront pour coursiers les chevaux légers des prairies, le
désert pour théâtre de leurs brigandages, et des rochers inaccessibles pour mettre leurs jours et leur butin en sûreté?

Le 31 mai, nous campâmes à deux milles et demi de l'une
des curiosités les plus remarquables de cette région sauvage.
C'est un monticule en forme de cône de près d'une lieue de
circonférence, entrecoupé de beaucoup de ravins, et placé
sur une plaine unie. Du sommet du monticule s'élève une
colonne carrée de trente à quarante pieds de largeur sur
cent ving de haut; la forme de cette colonne lui a fait donner
le nom de *Cheminée;* elle a cent soixante-quinze verges au-
dessus de la plaine; on l'aperçoit à trente milles de distance.
La Cheminée est composée d'argile dans un état de pétrification, avec des couches entremêlées de pierres à sables
blanches et grisâtres. Il semble que c'est le reste d'une haute
montagne que les vents et les orages auront aplanie peu à
peu depuis plusieurs siècles. Encore quelques années, et

cette grande curiosité naturelle s'écroulera et ne formera qu'un petit monticule dans la plaine ; car lorsqu'on l'examine de près, on aperçoit à sa cime une énorme crevasse. Dans le voisinage de cette merveille, les coteaux sont tous d'un aspect singulier ; quelques-uns ont l'apparence de tours, de châteaux et de villes fortifiées. A quelque distance, on pourrait à peine se persuader que l'art ne s'est point mêlé aux fantaisies de la nature. Des bandes de *lashata*, animal aussi appelé *grosse-corne*, se tiennent au milieu de ces mauvaises terres. La Cheminée, ses châteaux et ses villes fantastiques terminent un coteau élevé, se dirigeant du sud au nord. Nous y avons trouvé un passage étroit entre deux rochers perpendiculaires de trois cents pieds de haut.

Cette région abonde en magnésie, de sorte que le sel de glauber se trouve presque partout et en plusieurs endroits en grande quantité dans un état de cristallisation. Les serpents à sonnettes et autres reptiles dangereux qu'on y rencontre à chaque pas seraient un fléau pour la contrée, si les sauvages n'avaient découvert, dans une racine très-commune en ces parages, un spécifique infaillible contre toutes les morsures venimeuses.

Quoique nous nous trouvassions encore à la distance de trois journées des *Côtes-noires*, on les voyait déjà très-distinctement. Partout nous étions au milieu des buffles. Si la terre est ingrate et produit peu de chose, la Providence a pourvu d'une autre manière à la subsistance des Indiens et des voyageurs qui traversent ces régions. Nous tuions sans peine six buffles par jour pour les quarante personnes que contenait notre camp. Dans tout mon voyage, je n'ai pu me lasser de contempler avec admiration ces animaux vraiment majestueux, avec leurs épaules, leurs cous et leurs têtes raboteuses. Si leur nature pacifique n'était connue, le seul aspect ferait trembler. Ils sont timides et sans méchanceté, et ne montrent aucune mauvaise disposition, excepté dans leur

propre défense, lorsqu'ils sont blessés et serrés de près.
Leur force est extraordinaire, et quoiqu'ils paraissent lourds,
leur course est cependant très-rapide; il faut un bon cheval
pour les suivre à une grande distance.

Dans cette même région, les bandes des chevaux marrons
et sauvages sont très-nombreuses; il faut beaucoup d'adresse
et des chevaux à longue haleine pour les prendre. Les Espa-
gnols-Mexicains et en général les Indiens sont adroits dans
cette sorte de chasse; il est rare qu'ils manquent, quoiqu'à
la course, à leur passer le lacet autour du cou.

Le 4 juin, nous traversâmes en canot de buffle la *Fourche-
à-la-Ramée*, l'un des principaux tributaires de la Plate. Nous
y trouvâmes une quarantaine de loges de *Sheyennes*, qui
nous reçurent avec toutes les marques de bonté et d'estime;
ils étaient polis, propres et décents dans leurs manières. Les
hommes, en général, sont d'une grande taille, droits et vigou-
reux; ils ont le nez aquilin et le menton fortement prononcé.
L'histoire de cette nation est celle de toutes les tribus sauvages des prairies : ils sont les restes de la puissante nation
des *Schaways*, anciens habitants de la *Rivière-Rouge*, qui se
jette dans le lac Wiunepeg. Les *Sioux*, leurs irréconciliables
ennemis, les forcèrent, après une longue guerre, à passer le
Missouri et à se réfugier sur une petite rivière appelée *War-
rikane*, où ils se fortifièrent; mais les vainqueurs les y atta-
quèrent de nouveau, et les poussèrent, de poste en poste,
jusqu'au milieu des *Côtes-noires*, sur les eaux de la *Grande-
Sheyenne*. Dans tous ces revers, leur tribu a perdu même
son nom; elle n'est plus connue que sous celui de la rivière
qu'ils fréquentent. Maintenant les Sheyennes ne font plus
d'effort pour s'établir dans une demeure permanente, de
crainte d'une autre attaque de leurs cruels ennemis. Ils ont
embrassé la vie nomade, vivent de la chasse et suivent le
buffle dans ses différentes migrations.

Les grands chefs de ce village m'invitèrent à un festin et

me firent passer par toutes les cérémonies du calumet ; c'est-
à-dire qu'ils font d'abord fumer le Grand-Esprit en élevant
la pipe vers le ciel, ensuite vers le soleil, la terre et l'eau ;
puis le calumet fait trois fois le tour de la loge ; il passe de
main en main, et chacun en tire une demi-douzaine de
bouffées. Alors le chef m'embrassa et me souhaita le bonjour
en me disant : « *Robe-noire*, mon cœur a tressailli de joie
lorque j'ai appris qui vous étiez. Ma loge n'a jamais eu de
jour plus grand. Dès que j'eus reçu la nouvelle de votre
arrivée, j'ai fait remplir ma grande chaudière pour vous fêter
au milieu de mes braves. Soyez le bien venu. J'ai fait tuer
en votre honneur mes trois meilleurs chiens ; ils étaient gras
à pleine peau. » Ne vous étonnez pas, si je vous dis que
c'est là leur grand festin, et que la chair du chien sauvage
est très-délicate et fort bonne ; elle ressemble beaucoup à
celle d'un petit cochon. La portion qu'on m'accorda était
grande : les deux cuisses et les pattes avec cinq ou six côtes.
La loi du festin ordonnait de tout manger, je n'en pouvais venir
à bout. Enfin j'appris qu'on pouvait se débarrasser de son plat
en l'avançant à un autre convive avec un présent de tabac.

Je pris occasion de leur parler des principaux points de la
religion ; je leur expliquai les dix commandements de Dieu
et plusieurs articles du Symbole. Je leur fis connaître l'objet
de mon voyage aux Montagnes, leur demandant si eux aussi
ne désiraient pas d'avoir des Robes-noires parmi eux, pour
apprendre à leurs enfants à connaître et à servir le Grand-
Esprit. La proposition parut leur plaire beaucoup, et ils me
répondirent qu'ils feraient leur possible pour rendre le séjour
des Robes-noires agréable parmi eux. Je crois qu'un zélé
missionnaire réussirait très-bien chez ces sauvages. Leur
langue, dit-on, est très-difficile ; leur nombre est d'environ
deux mille. Les nations voisines considèrent ces sauvages
comme les guerriers les plus courageux des prairies.

Le fort la Ramée se trouve au pied des *Côtes-noires*. On ne

remarque rien, ni dans la couleur du sol de ces montagnes,
ni dans celle des rochers, qui puisse leur donner ce nom;
elles le doivent à la sombre verdure des petits cèdres et des
pins qui ombragent leurs flancs. La terre végétale près des
rivières et dans les vallées est assez bonne; les terres hautes
sont très stériles, et presqu'entièrement couvertes de blocs de
granit, de quartz, de marcassites et d'autres espèces de pierres
entremêlées, qui indiquent évidemment qu'à une époque éloignée il y a eu dans cette région de grandes convulsions sou-
terraines.

On voit à la Ramée une branche des Montagnes Rocheuses
à la distance de quarante milles. Elle a cinq mille pieds au-dessus
de la plaine. Le thermomètre montait tous les jours jusqu'à
quatre-vingt et quatre-vingt-dix degrés dans les vallons de ces
montagnes; et cependant leurs sommets étaient couverts de
neige. Souvent je me suis trompé par rapport aux distances;
quelquefois je désirais examiner de près un grand rocher ou
une côte d'une apparence singulière; je m'y dirigeai dans la
persuation de m'y rendre à cheval en une heure, et j'y mettais
au moins deux ou trois heures. Il faut que cela soit dû à la
grande pureté de l'atmosphère dans les prairies de cette haute
région. L'absinthe est une production spontanée de ce pays;
elle y croît à une hauteur de huit à dix pieds, et en si grande
abondance qu'elle rend le voyage en charrettes très-incom-
mode. Les cerises à grappes, les groseilles, les poires des
côtes (petit fruit noir excellent) y sont très-abondantes. Le
sureau y croît dans les ravins; le cotonnier de deux espèces
est commun dans les fonds; sur les bords des rivières et sur
la pente des montagnes, on voit des bocages de cèdres et
de pins.

Le 14, nous campâmes au pied de la *Butte-Rouge*. Cette
côte, très-élevée, de couleur d'ocre rouge, composée d'argile
dans un etat de pétrification, est un point central qui voit sans
cesse passer et repasser les sauvages, soit qu'ils émigrent à

l'ouest, soit qu'ils remontent vers le nord. La branche du nord
de la Plate, que nous avions suivie jusqu'ici, prend là une
direction méridionale; sa source est à cent cinquante milles
plus haut. De la Butte-Rouge nous passâmes par un coteau
élevé sur la *Rivière-de-l'Eau-douce*, ainsi appelée à cause de
la grande pureté de ses eaux. L'endroit le plus remarquable
de cette rivière est le fameux rocher *Indépendance*; c'est le
premier rocher massif de cette fameuse chaîne de montagnes
qui divise l'Amérique septentrionale, et que les voyageurs
appellent *l'épine dorsale de l'univers*. Il est composé de granit
in situ d'une grosseur prodigieuse, et couvre une surface de
plusieurs milles d'étendue; il est entièrement découvert de la
cime jusqu'à la base. C'est le grand registre du désert; car on
y lit en gros caractères le nom de tous les voyageurs qui y
ont passé; le mien y figure en qualité de premier prêtre qui
ait parcouru ces plages lointaines. Pendant plusieurs journées,
nous avions à notre droite une chaîne de ces rochers nus,
bien proprement appelés *Montagnes Rocheuses*. Ce ne sont que
des rochers entassés sur rochers; on dirait qu'on a sous les
yeux les ruines d'un monde entier recouvertes comme d'un
linceul par des neiges éternelles.

Le 19, nous découvrîmes les *Montagnes-au-Vent*, où la
caravane a son rendez-vous et se sépare; nous en étions cependant encore éloignés de neuf journées de marche. Tous
les jours nous nous apercevions que le froid était de plus en
plus sensible, et, le 24, nous traversâmes des plaines couvertes de neige. Le lendemain, nous nous rendîmes des eaux
tributaires du Missouri sur celles du *Colorado*, qui se jette
dans la mer Pacifique par la Californie, à deux degrés plus
au sud que la Nouvelle-Orléans. Le passage à travers les montagnes est presque imperceptible; il a de vingt à vingt-cinq
milles de largeur, et quatre-vingts de longueur. On calcule que
ces montagnes ont de vingt à vingt-quatre mille pieds au-dessus
de la mer Atlantique.

Le 30, j'arrivai au rendez-vous, où une bande de *Têtes-plates*, qui avaient été avertis de mon approche, m'attendait déjà. Il eut lieu, comme je l'ai dit plus haut, sur la *Rivière-Verte*, un tributaire du Colorado; c'est l'endroit où les chasseurs aux castors et les sauvages des différentes nations se rendent tous les ans pour vendre leurs pelleteries et pour se procurer les choses nécessaires.

Je vous donnerai ici une petite notice sur les mœurs, les caractères et les localités des différents peuples des montagnes, d'après mes propres observations et d'après les meilleures informations que j'en ai pu obtenir.

Les *Soshonies*, c'est-à-dire les déterreurs de racines, surnommés les *Serpents*, se trouvaient en grand nombre au rendez-vous. Ils habitent la partie méridionale du territoire de l'*Orégon*, dans le voisinage de la haute Californie. Leur population d'environ dix mille âmes se partage en plusieurs peuplades disséminées çà et là dans le pays le plus inculte de toute la région à l'ouest des montagnes; presque toute la surface y est couverte de scories et d'autres productions volcaniques. On les a surnommés *Serpents*, parce que, dans leur indigence, ils sont réduits comme ces reptiles à fouiller la terre et à se nourrir de racines. Quelques bandes de chasseurs se rendent parfois à l'est des montagnes à la chasse des buffles, et dans la saison où le poisson remonte, ils descendent sur les bords de la *Rivière-aux-Saumons* et de ses tributaires pour faire leurs provisions d'hiver. Ils sont assez bien pourvus de chevaux. Au rendez-vous, ils firent leur parade pour saluer les blancs qui s'y trouvaient. Trois cents de leurs guerriers se rendirent en ordre et au grand galop au milieu de notre camp. Ils étaient hideusement barbouillés, armés de leurs massues, et tout couverts de plumes, de perles, de queues de loups, de dents et de griffes d'animaux, bizarres ornements, dont chacun s'était paré selon son caprice. Ceux qui avaient reçu des blessures dans les batailles, et ceux qui avaient tué des

ennemis de leur tribu, montraient avec ostentation leurs cicatrices et faisaient flotter, au bout de perches en formes d'éten-
dards, les chevelures qu'ils avaient enlevées. Après avoir fait
plusieurs fois le tour du camp en poussant par intervalles des
cris de joie, ils descendirent de cheval et vinrent donner la
main à tous les blancs en signe d'amitié.

Les principaux chefs, au nombre d'environ trente, m'invitèrent à un conseil. Comme parmi les *Sheyennes*, il fallut
aussi passer par toutes les cérémonies du calumet. Le chef fit
d'abord un petit cercle sur la terre, y plaça un petit morceau
brûlant de fiente sèche de vache et y alluma son calumet. Il
offrit ensuite la pipe au Grand-Esprit, au soleil, à la terre et
aux quatre points cardinaux. Les autres observaient tous le plus
profond silence et restaient assis immobiles comme des statues.
Le calumet passa de main en main, et je remarquai que chacun
avait une manière différente de s'en saisir. L'un tournait le calumet avant de mettre le manche à la bouche; le suivant faisait
un demi-cercle en l'acceptant; un autre tenait la coupe en
l'air; un quatrième la baissait jusqu'à terre, et ainsi de suite.
Je suis naturellement enclin à rire; j'avoue qu'en cette occasion j'ai dû faire des efforts sérieux pour ne pas éclater, en con-
templant la gravité que ces pauvres sauvages observaient au
milieu de toutes ces simagrées ridicules. Ces façons de fumer
entrent dans leurs pratiques superstitieuses de religion; chacun
a la sienne, dont il n'oserait dévier pendant toute sa vie, de
peur de déplaire à ses manitous. Je leur fis connaître les motifs de ma visite, le commandement que Dieu avait fait aux
Robes-noires d'aller prêcher sa sainte loi à toutes les nations
de la terre, l'obligation que tous les peuples avaient de la
suivre dès qu'ils la connaîtraient, le bonheur éternel qu'elle
procure à tous ceux qui la suivraient fidèlement jusqu'à la
mort, et l'enfer avec tous ses tourments, qui serait le partage
de quiconque fermerait l'oreille à la parole de Jésus-Christ. Je
leur fis concevoir les avantages que leur procurerait une mis-

sion, et je finis en leur prêchant les principaux points du christianisme. Les sauvages m'accordèrent la plus grande attention et parurent dans l'admiration de la sainte doctrine que je venais de leur expliquer. Ils tinrent conseil entre eux pendant l'espace d'une demi-heure, et l'orateur, au nom de tous les chefs, m'adressa les paroles suivantes : « Robe-noire, vos paroles ont trouvé accès dans nos cœurs, elles n'en sortiront jamais. Nous désirons de connaître et de pratiquer la sublime loi dont vous venez de nous faire part, au nom du Grand-Esprit, que nous aimons. Tout notre pays vous est ouvert, vous n'avez qu'à faire votre choix pour y former un établissement. Tous, tant que nous sommes, nous quitterons les plaines et les forêts, pour venir nous placer sous vos ordres, autour de vous. » Je leur conseillai, en attendant cet heureux jour, de choisir des hommes sages dans leurs différents camps, pour faire les prières en commun soir et matin ; que là les bons chefs trouveraient occasion d'exciter tout le monde à la vertu. Le soir même ils s'assemblèrent, et le grand chef promulga une loi, qu'à l'avenir celui qui volerait ou commettrait quelque autre scandale serait puni en public.

Les *Serpents* croient que le Grand-Esprit réside particulièrement dans le soleil, le feu et la terre. Lorsqu'ils font une promesse solennelle, ils prennent le soleil, le feu et la terre à témoin de l'obligation qu'ils contractent. Lorsqu'un chef ou un brave de la nation meurt, ses femmes, ses enfants et ses plus proches parents se coupent les cheveux ; c'est leur grand deuil. Ils rasent même les crinières et les queues à tous les chevaux que le défunt possédait, ce qui donne à ces pauvres animaux un air bien triste. Ils font ensuite au milieu de sa loge un tas de tout son butin, coupent en petits bouts les perches qui la supportent, et brûlent tout son avoir à la fois. Le cadavre est garrotté sur son coursier favori et conduit sur le bord de la rivière voisine. Là, les guerriers poursuivent l'animal, et le cernent de près en jetant des cris si affreux, qu'ils le forcent à s'élancer dans le courant avec le corps de son maître. Alors, redonblant leurs cris, ils recommandent au cheval de transporter sans délai son maître au pays des âmes. Ce n'est pas tout ; pour témoigner leur douleur, ils se font des incisions sur toutes les parties, charnues du corps ; et plus l'attachement au défunt est grand, plus les incisions qu'ils se font sont profondes. On m'a assuré qu'ils prétendent que la douleur s'échappe par ces plaies. Croiriez-vous que ces mêmes gens, si sensibles à la mort d'un parent, ont, comme les *Sioux*, les *Pawnées* et la plupart des nations nomades, la coutume barbare d'abandonner sans pitié aux bêtes féroces du désert les vieillards et les malades, dès qu'ils commencent à leur causer de l'embarras dans leurs expéditions de chasse.

Tandis que je me trouvais dans leur camp, les *Serpents* se préparaient à une expédition contre les *Pieds-noirs*. Aussitôt que le chef eut annoncé à tous les jeunes guerriers sa résolution de porter la guerre sur les terres de l'ennemi, tous ceux qui se proposaient de le suivre préparèrent leurs munitions, souliers, arcs et flèches. La veille du départ, le chef, à la tête de ses soldats, fit sa danse d'adieu à chaque loge ; partout il reçut un morceau de tabac ou quelque autre présent. Si dans ces expéditions ils font des femmes prisonnières, ils les emmènent au camp, et les livrent à leurs femmes, mères et sœurs. Celles-ci les assomment aussitôt à coups de hache et de couteau, vomissant contre ces pauvres malheureuses, dans leur rage effrénée, les paroles les plus accablantes et les plus outrageantes. « Chiennes de *Pieds-noirs !* s'écrient-elles ; ah ! si nous pouvions aujourd'hui dévorer les cœurs de tous vos enfants et nous baigner dans le sang de votre maudite nation ! »

Les *Jouts*, une tribu des *Serpents*, brûlent les corps de leurs parents avec les meilleurs chevaux que possédait le défunt. Le cadavre, avec les chevaux égorgés, est placé sur un grand tas de bois sec. Quand la fumée s'élève en tourbillons, ils croient que l'âme du sauvage s'envole vers la région des esprits , emportée par ses fidèles coursiers ; et pour exciter ceux-ci à un plus rapide essor, ils poussent tous à la fois des hurlements affreux.

Les *Sampectches* , les *Pagouts* et les *Ampayouts* sont les plus proches voisins des *Serpents*. Il n'y a peut-être pas dans tout l'univers un peuple plus misérable , plus dégradé et plus pauvre. Les Français les appellent communément les *Dignes-de-pitié* , et ce nom leur convient à merveille. Le pays qu'ils habitent est une véritable bruyère. Ils logent dans les crevasses des rochers ou dans des trous creusés en terre ; ils n'ont pas d'habillements ; pour tout arme, un arc, des flèches et un bâton pointu ; ils parcourent les plaines incultes à la recherche des fourmis et des sauterelles , dont ils se nourrissent, et ils croient faire un festin quand ils rencontrent quelques racines insipides ou quelques graines nauséabondes. Des personnes respectables et dignes de foi m'ont assuré qu'ils se repaissent des cadavres de leurs proches et qu'ils mangent même quelquefois leurs propres enfants. On ne connaît pas leur nombre, car ils ne sont guère que deux , trois ou quatre ensemble. Ils sont si timides qu'un étranger aurait bien de la peine à les aborder. Dès qu'ils en aperçoivent un , soit blanc, soit sauvage , ils donnent l'alarme en faisant un boucan (fumée de bois) ; un instant après , le même signal se multiplie dans tous les endroits où ils se trouvent. On en a compté plus de quatre cents à la fois qui, à ce signal, couraient se cacher dans des roches inaccessibles ; ce qui fait présumer qu'ils sont très-nombreux. Lorsqu'ils vont à la recherche des racines et des fourmis, ils cachent leurs petits enfants dans les herbes ou dans les trous des rochers. Quelques-uns , de temps en temps , se hasardent à quitter leurs cachettes, viennent trouver les blancs, et leur vendent leurs enfants pour des bagatelles. Les Espagnols de la Californie font quelquefois des incursions dans leur pays pour leur enlever leurs enfants. On m'a assuré qu'ils les traitent avec humanité , qu'ils les instruisent dans la religion, et que, lorsqu'ils sont parvenus à un certain âge, ils leur accordent la liberté, ou les retiennent dans une espèce d'esclavage en leur confiant la garde de leurs chevaux ou en les faisant travailler dans leurs fermes. J'ai eu la consolation de baptiser plusieurs de ces êtres malheureux ; eux aussi m'ont raconté les circonstances que je vous rapporte. Il serait facile de trouver des guides parmi les nouveaux convertis ; par ce moyen on pourrait s'introduire chez ces pauvres abandonnés, leur apprendre la nouvelle consolante de l'Evangile, et rendre leur sort, sinon plus heureux sur la terre, au moins meilleur par l'espérance d'un avenir de bonheur éternel. Si Dieu m'accorde la grâce de retourner aux Montagnes, et que mes supérieurs me le permettent, je me dévouerai avec bonheur à la conversion de ces hommes misérables et vraiment dignes de pitié.

Le pays des *Utaws* est situé à l'est et au sud-est de celui des *Soshonies*, aux sources du *Rio-Colorado* ; ils sont environ quatre mille. Ils paraissent doux et affables, très-polis et hospitaliers pour les étrangers, et charitables entre eux. Ils subsistent de la chasse, de la pêche, de fruits et de racines, productions spontanées de leur territoire. Leur habillement n'a rien d'extraordinaire ; ils sont d'une grande simplicité dans leurs mœurs. Le pays est chaud, le climat favorable, et la terre très-propre à la culture.

En s'avançant vers le nord, on trouve les *Nez-percés* : leur pays a des endroits très-fertiles et propres à la culture; il y a aussi de riches et vastes pâturages. Ces sauvages possèdent un grand nombre de chevaux; quelques-uns en ont jusqu'à cinq ou six cents. La nation des *Nez-percés* compte à peu près deux mille cinq cents habitants. Quoiqu'ils aient des ministres protestants, sur les rapports qu'eux-mêmes m'en ont faits, et d'après les entretiens que j'ai eus avec plusieurs de leurs chefs, ils seraient charmés d'avoir des missionnaires catholiques parmi eux.

A l'ouest des *Nez-percés* sont les *Kayuses*, sauvages honnêtes, pacifiques et hospitaliers. Ils sont au delà de deux
mille. Leur richesse, comme celle des *Nez-percés*, consiste
en chevaux, mais de la plus belle race des montagnes. Une
grande partie de leur territoire est très-fertile, et produit dans
une grande abondance une certaine racine appelée la *kammache*,
dont ils font du pain et qui, avec le poisson et le gibier, forme
leur nourriture habituelle.

Les *Walla-walla* habitent, sur la rivière du même nom, l'un
des tributaires de la Colombie, et leur pays s'étend aussi le
long de ce fleuve. Ils sont environ cinq cents. Leur caractère,
leurs mœurs et leurs habitudes ne diffèrent point de ceux des
sauvages que je viens de nommer.

La tribu *Paloose* appartient à la nation des *Nez-percés*. et
leur ressemble sous tous les rapports. Elle habite les bords
des deux rivières des *Nez-percés* et du *Pavillon*. Ils ne sont
guère que trois cents.

Les quatre nations que je viens de citer parlent la même
langue avec une légère différence de dialecte.

Au nord-ouest des *Palooses* se trouve la nation des *Spokanes*. Ils sont près de huit cents personnes. Plusieurs petites
tribus, qu'on peut considérer comme appartenant à la même
nation, se tiennent dans le voisinage. Leur pays est diversifié
par des montagnes et des vallées dont quelques parties sont
très-fertiles. Ils s'appellent entre eux les *Enfants du soleil*,
dans leur langue *Spokani*. Leur subsistance principale est la
pêche et la chasse, les racines et les fruits.

A l'est de ceux-ci sont les *Cœurs-d'alène*, environ sept
cents âmes. Ils se distinguent par la civilité, l'honnêteté et
la bonté. Leur pays est plus ouvert que celui des *Spokanes*
et plus propre à la culture.

Le pays de mes chères *Têtes-plates* est encore plus à l'est
et au sud-est, et s'étend jusqu'aux Montagnes Rocheuses.
Cette tribu est sans contredit la plus intéressante de tout

l'Orégon. Francs, nobles et généreux dans leurs dispositions, ils ont toujours montré une grande bienveillance envers les blancs, et un grand désir de connaître la religion chrétienne. Ils sont au nombre d'environ huit cents; ils mènent une vie nomade; ils chassent le buffle sur les rivières *Clarck* ou du *Saumon*; et tous les printemps ils traversent les montagnes et descendent jusqu'à l'embouchure des trois fourches du Missouri. Cette nation a été beaucoup réduite par les assauts continuels que lui ont livrés les *Pieds-noirs*. Quoique d'une grande bravoure, ils sont très-paisibles dans leurs dispositions, et, pour éviter leurs ennemis, ils désirent s'établir en permanence sur leurs terres. Ils attendent le retour de nos missionnaires pour exécuter leurs louables desseins. « Cultiver la terre et vivre en bons et fervents chrétiens, tel est, disent-ils, l'objet de tous nos désirs. » Leur pays est montagneux, mais entrecoupé de vallées riantes et fertiles, très-riches en pâturages. Les montagnes sont froides, couvertes de neige pendant une partie de l'année; mais dans les vallées le climat est doux.

Les *Pondéras*, communément appelés les *Pends-d'oreille*, ressemblent aux *Têtes-plates*, de corps, de caractère, de manières, de dispositions, de mœurs et de langage; ils ne font maintenant avec eux qu'un seul et même peuple. Leur nombre s'élève à plus de douze cents. Ils habitent au nord de la rivière *Clarck* et aux bords d'un lac qui porte leur nom. Leur pays possède des endroits très-fertiles. Ils attendent avec impatience notre retour, pour commencer leur culture et pour continuer à vivre ensemble avec les *Têtes-plates*, sous la sainte loi de l'Evangile, que j'ai eu le bonheur de leur prêcher pendant trois mois, et à laquelle ils se sont tous soumis avec le plus grand empressement et la plus grande docilité.

Je crois que vous ne lirez pas sans intérêt une petite notice de mon séjour parmi eux et de mes excursions dans leur compagnie. Ne vous étonnez pas de ce que depuis le mois d'avril jusqu'au mois de décembre j'ai mené la vie nomade d'un sauvage, vivant de chasse et de racine, sans pain, sans sucre et sans café, n'ayant pour tout lit qu'une peau de buffle et une couverture de laine, passant les nuits à la belle étoile lorsqu'il faisait beau, et bravant les orages et les tempêtes sous une petite tente. Je vous ai parlé de ma fièvre; elle semblait s'obstiner à ne pas me quitter : eh bien, par la vie dure que je menais, il est arrivé que j'en fus tout à fait débarrassé, et je me porte à merveille depuis le mois de septembre.

Jamais de ma vie je n'ai joui de tant de consolations que durant mon séjour parmi ces bons *Têtes-plates* et *Pondéras*; le Seigneur m'a amplement dédommagé de toutes les privations et souffrances que j'avais endurées dans ce long et pénible voyage. J'ai dit plus haut que j'avais trouvé une députation de ces deux tribus au rendez-vous de la Rivière-Verte. Ces bons Indiens étaient venus au-devant de moi pour me servir d'escorte dans ces pays si dangereux à parcourir. Notre rencontre ne fut pas celle d'étrangers, mais d'amis ; c'étaient comme des enfants qui accourent à la rencontre de leur père après une longue absence. Je pleurais de joie en les embrassant, et eux aussi, les larmes aux yeux, m'accueillaient avec les expressions les plus tendres. Avec une naïveté vraiment patriarcale, ils me racontaient toutes les petites nouvelles de la nation, leur conservation presque miraculeuse dans un combat de soixante des leurs contre deux cents *Pieds-noirs*, combat qui avait duré cinq jours, et dans lequel ils avaient tué environ cinquante de leurs ennemis sans perdre un seul homme. « Nous nous sommes battus en braves, me disaient-ils, dans le désir de vous voir; le Grand-Esprit a eu pitié de nous, il nous a aidés à éloigner les dangers sur la route qui doit vous conduire à notre camp. Les *Pieds-noirs* ne nous molesteront plus pour quelque temps; ils se sont retirés en pleurant. Nos frères brûlent d'impatience de vous voir. »

Nous remerciâmes ensemble le Seigneur de nous avoir pré-
servés jusqu'ici au milieu de tant de dangers, et nous implo-
râmes sa protection dans les nouvelles et longues courses
qui nous restaient à faire.

Je m'étais arrêté quatre jours sur la *Rivière-Verte*, pour
laisser le temps à mes chevaux de se remettre de leurs fatigues, pour donner de bons et salutaires avis aux chasseurs
canadiens, qui paraissaient en avoir grand besoin, pour m'entretenir avec les sauvages des différentes nations. Le 4 juillet,
je me remis en route avec mes *Têtes-plates*; dix braves Canadiens voulurent aussi m'accompagner. Un bon Flamand de
Gand, *Jean-Baptiste De Velder*, ancien grenadier de Napoléon,
qui avait quitté sa patrie depuis trente ans et avait passé les
quatorze derniers aux Montagnes en qualité de chasseur de
castors, offrit généreusement de me servir et de m'aider dans
toutes mes courses. Il était résolu, me disait-il, à passer le
reste de ses jours dans les pratiques de sa sainte religion. Il
avait presque oublié la langue flamande, excepté ses prières
et un cantique en vers flamands à l'honneur de Marie, qu'il
avait appris étant enfant sur les genoux de sa mère, et qu'il
récitait tous les jours. Pendant trois jours, nous remontâmes
la *Rivière-Verte*, et le 8, nous la traversâmes, nous dirigeant
à travers une plaine élevée qui sépare les eaux du Colorado
de celles de la Colombie. Le lin, dans cette plaine, ainsi que
dans toutes les vallées des montagnes que j'ai traversées,
croît dans la plus grande abondance; il ressemble en tout au
lin qu'on cultive en Belgique, excepté qu'il est annuel :
même tige, calice, semence, et fleur bleue qui se ferme le
jour et s'ouvre le soir. En quittant la plaine, nous descendîmes
par un sentier de plusieurs mille pieds et nous arrivâmes dans
la vallée de *Jacson*. Le penchant des montagnes voisines abonde
en plantes des plus rares et offre une superbe collection pour
l'amateur botaniste. La vallée a dix-sept milles de long sur
cinq à six de large. De là nous passâmes dans un défilé étroit

et extrêmement dangereux, mais en même temps pittoresque et sublime. Des monts de rochers presque à pic s'élèvent jusqu'à la région des neiges perpétuelles, et se projettent souvent au-dessus d'un sentier étroit et raboteux où chaque pas offre la menace d'une chute. Nous le suivîmes, l'espace de dix-sept milles, sur le penchant d'une montagne inclinée à un angle de quarante-cinq degrés au-dessus d'un torrent qui s'élançait avec fracas et en cascades à des centaines de pieds plus bas que notre route. Le défilé était si étroit, et les montagnes de chaque côté si hautes, que le soleil avait peine à y pénétrer pendant une ou deux heures de la journée. Des forêts de pins comme ceux de Norwége, de sapins à baume, de peupliers ordinaires, de cèdres, de mûriers et de plusieurs autres arbres, couvrent la pente de ces montagnes.

Le 10, après avoir traversé une haute montagne, nous arrivâmes sur les bords de la *Rivière-à-Henri*, l'un des principaux tributaires de la *Rivière-au-Serpent*. La masse des neiges fondues pendant les chaleurs de juillet avait gonflé ce torrent à une hauteur prodigieuse. Ses eaux mugissantes s'élançaient avec fureur et blanchissaient de leur écume de gros blocs de granit qui leur disputaient vainement le passage. Ce spectacle n'intimida pas nos sauvages ni nos Canadiens : accoutumés à ces sortes de périls, ils se précipitèrent à cheval dans le torrent et le passèrent à la nage. Je n'osais me hasarder à faire de même. Pour me passer, ils firent une espèce de sac avec ma loge de peau ; ils y mirent tous mes effets et me placèrent dessus. Les trois *Têtes-plates*, qui s'étaient jetés à la nage pour guider ma frêle embarcation, me dirent en riant de ne pas craindre, que j'étais sur un excellent bateau. Et en effet cette machine flottait sur l'eau comme un cygne majestueux ; et en moins de dix minutes je me trouvai sur l'autre bord, où nous campâmes pour la nuit. Le lendemain, nous eûmes encore à gravir une haute montagne à travers une épaisse forêt de pins, et sur la cime nous trouvâmes la neige qui était tombée pendant la nuit à la hauteur de deux pieds. C'est une chose très-remarquable dans cette région : quand il pleut en été dans la vallée, la neige tombe à gros flocons sur les montagnes. En descendant dans le gros vallon de *Pierre*, nous trouvâmes le sentier fort escarpé et glissant. Les chevaux et les mulets sont très-adroits dans ces sortes de passages dangereux ; on n'a qu'à les laisser faire, et l'on est sauf ; le cavalier qui voudrait s'obstiner à les guider dans ces circonstances, serait en danger, à chaque pas, de se casser le cou.

Dans les vallées des montagnes, le sol est en général noirâtre, quelquefois jaune. Souvent il est entremêlé de marne et de substances marines dans un état de décomposition. Cette espèce de sol pénètre à une grande profondeur, comme on le voit dans les vastes coupures des ravins et sur les bords des rivières. La végétation dans ces vallées est très-abondante. C'est un pays où le géologue admire de grands mouvements d'opération volcanique ; il y trouve en même temps beaucoup d'intérêt à examiner les différentes formations des laves, etc.

Une journée de marche dans le grand vallon de *Pierre* nous mena au camp des *Têtes-plates* et des *Pondéras*.

Déjà les perches étaient dressées pour étendre ma loge. A mon-approche, hommes, femmes et enfants vinrent tous ensemble à ma rencontre pour me donner la main et pour me souhaiter la bienvenue ; ils étaient au nombre d'environ mille six cents. Les plus anciens pleuraient de joie, tandis que les jeunes exprimaient leur contentement par des sauts et des cris d'allégresse. Ces bons sauvages me conduisirent à la loge du vieux chef, appelé dans sa langue le *Grand-Visage*. Il avait l'aspect d'un véritable patriarche, et me reçut au milieu de tout son conseil avec la plus vive cordialité. Il m'adressa ensuite les paroles suivantes, que je vous rapporte mot à mot, pour vous donner une idée de son éloquence et de son caractère : « *Robe-noire*, soyez le bienvenu dans ma nation. C'est aujourd'hui que *Kyleéeyou* (le Grand-Esprit) a accompli nos

vœux. Nos cœurs sont gros, car notre grand désir est rempli. Vous êtes au milieu d'un peuple pauvre et grossier,
plongé dans les ténèbres de l'ignorance. J'ai toujours exhorté
mes enfants à aimer *Kyleêeyou*. Nous n'ignorons pas que tout
ce qui existe est à lui, et que notre entière dépendance repose
dans sa main libérale. De temps en temps de bons blancs nous
ont donné de sages avis, et nous les avons suivis ; et dans l'ardeur de notre cœur, pour nous faire instruire de tout ce qui concerne notre salut, nous avons député de nos gens, à différentes
reprises, à la *grande Robe-noire* de Saint-Louis (Mgr l'évêque),
afin qu'il nous envoie un Père pour nous parler... *Robe-noire*,
nous suivrons les paroles de votre bouche. » J'eus alors un
long entretien sur la religion avec ces braves gens ; je leur
expliquai l'objet et les avantages de ma mission et la nécessité de se fixer en permanence dans un endroit avantageux
et fertile. Tous m'exprimaient le plus grand contentement,
et montraient beaucoup d'ardeur pour échanger l'arc et le
carquois contre la bêche et la charrue.

J'établis avec eux un règlement pour les exercices spirituels, particulièrement pour les prières du matin et du soir
en commun, et pour les heures des instructions. Un des chefs
m'apporta ensuite une cloche pour donner les signaux, et,
dès la première soirée, je rassemblai tout le monde autour
de ma loge. Je leur fis connaître ma conversation avec leurs
chefs, le plan que j'allais suivre pour leur instruction, et les
dispositions nécessaires que le Grand-Esprit demandait d'eux,
pour comprendre et pratiquer la sainte loi de Jésus-Christ,
qui seule pouvait les sauver des peines de l'enfer, les rendre
heureux sur la terre et leur procurer après cette vie un
bonheur éternel avec Dieu dans le ciel. Je dis ensuite les
prières du soir ; et pour conclusion ils chantèrent ensemble,
dans une harmonie qui me surprit beaucoup et que je trouvai admirable pour des sauvages, plusieurs cantiques de
leur propre composition à la louange de Dieu. Il me serait

impossible de vous décrire les émotions que j'éprouvais en ce moment. Qu'il est touchant pour un missionnaire d'entendre publier les bienfaits du Très-Haut par de pauvres enfants des forêts qui n'ont pas encore eu le bonheur de recevoir la lumière de l'Evangile !

Tous les matins, au point du jour, le vieux chef se levait le premier ; puis, montant à cheval, il faisait le tour du camp pour haranguer son peuple. C'est une coutume qu'il a toujours observée, et qui a tenu, je pense, ces Indiens dans la grande union et dans la simplicité admirable que l'on remarque parmi eux. Ces mille six cents personnes, par ses soins paternels et ses bons avis, paraissaient ne former qu'une seule famille, où l'ordre et la charité régnaient d'une manière vraiment étonnante. « Allons, s'écriait-il, courage, mes enfants, ouvrez les yeux. Adressez vos premières pensées et vos premières paroles au Grand-Esprit. Dites-lui que vous l'aimez, qu'il vous fasse charité. Courage, car le soleil va paraître, il est temps que vous alliez à la rivière pour vous laver. Soyez prompts à vous rendre à la loge de notre Père au premier son de la cloche ; soyez-y tranquilles ; ouvrez vos oreilles pour entendre, et votre cœur pour retenir toutes les paroles qu'il vous dira. » Il faisait ensuite des remontrances paternelles sur ce que lui et les autres chefs avaient remarqué de défectueux dans leur conduite de la veille. A la voix de ce vieillard, que tous aiment et respectent comme un tendre père, ils s'empressaient de se lever ; tout était en mouvement dans le village, et en quelques instants les bords de la rivière se couvraient de monde.

Quand tous étaient prêts, je sonnai la cloche pour la prière, et depuis le premier jour jusqu'au dernier, ils ont continué à montrer la même avidité d'entendre la parole de Dieu. L'empressement était si grand, qu'ils couraient pour avoir une bonne place ; les malades mêmes s'y faisaient porter. Quelle leçon pour les chrétiens lâches et pusillanimes des anciens pays catholiques, qui ont toujours assez de temps pour se rendre aux offices divins et croient y satisfaire lorsqu'ils arrivent au premier évangile et qu'ils obtiennent la bénédiction à l'*Ite missa est* ; ou pour ceux qui prétextent la moindre infirmité et l'apparence du mauvais temps pour se dispenser de l'obligation d'assister à la sainte messe et aux sermons de leurs pasteurs ! Cette ardeur pour la prière et l'instruction (je leur prêchais régulièrement quatre fois par jour), au lieu de diminuer, s'est augmentée jusqu'à mon départ. Ils me disaient souvent qu'ils faisaient leurs délices d'entendre la parole de Dieu. Le lendemain de mon arrivée parmi eux, je n'eus rien de plus pressé que de traduire les prières dans leur langue, à l'aide d'un bon interprète. Quinze jours après, dans une instruction, je promis une médaille à celui qui le premier pourrait réciter sans faute le *Pater*, l'*Ave*, le *Credo*, les dix commandements de Dieu et les quatre actes. Un chef se leva : « Mon Père, me dit-il, votre médaille m'appartient. » Et à ma grande surprise, il récita toutes ces prières sans manquer un mot ; je l'embrassai et le fis mon catéchiste. Le bon sauvage mit tant de zèle et de persévérance dans son emploi, qu'en moins de dix jours toute la nation sut réciter les prières.

Pendant mon séjour parmi ce bon peuple, j'ai eu le bonheur de régénérer près de six cents d'entre eux dans les eaux salutaires du baptême ; tous désiraient ardemment d'obtenir la même grâce, et leurs dispositions étaient sans doute excellentes, mais comme l'absence des missionnaires ne devait être que momentanée, je crus prudent de les remettre à l'année suivante, pour leur faire concevoir une grande idée de la dignité du sacrement, et pour les éprouver dans ce qui regarde l'indissolubilité des liens du mariage, qui est une affaire inconnue parmi les nations indiennes de l'Amérique ; car ils se séparent souvent pour les causes les plus frivoles. Parmi les adultes baptisés se trouvaient les deux grands chefs, celui des *Têtes-plates* et celui des *Pondéras*, tous deux octogénaires.

Avant de leur conférer le saint sacrement, comme je les excitais à renouveler la contrition de leurs péchés, l'*Ours-ambulant* (c'est le nom du second) me répondit : « Lorsque j'étais jeune, et même jusqu'à un âge avancé, j'ai été plongé dans une profonde ignorance du bien et du mal, et dans cet intervalle sans doute j'ai dû souvent déplaire au grand-Esprit ; j'implore sincèrement de lui le pardon. Mais toutes les fois que j'ai reconnu qu'une chose était mauvaise, je l'ai aussitôt bannie de mon cœur. Je ne me souviens pas que de ma vie j'aie offensé le Grand-Esprit de propos délibéré. » Est-il dans notre Europe beaucoup de chrétiens qui puissent se rendre un pareil témoignage ?

Je n'ai pu découvrir parmi ces gens le moindre acte répréhensible, si ce n'est les jeux de hasard, dans lesquels ils risquent souvent tout ce qu'ils possèdent. Ces jeux ont été abolis à l'unanimité aussitôt que je leur eus expliqué qu'ils étaient contraires au commandement de Dieu, qui dit : « Vous ne désirerez aucune chose qui appartient à votre prochain. » Ils sont scrupuleusement honnêtes dans leurs ventes et achats ; jamais ils n'ont été accusés d'avoir commis un vol ; tout ce qu'on trouve est porté à la loge du chef, qui proclame les objets et les remet au propriétaire. La médisance est inconnue même aux femmes ; le mensonge surtout leur est odieux. Ils craignent, disent-ils, d'offenser Dieu, c'est pourquoi ils n'ont n'ont qu'un cœur, et ils abhorrent une *langue fourchue* (un menteur). Toute querelle, tout emportement serait puni avec sévérité. Nul ne souffre sans que ses frères ne s'intéressent à son malheur et ne viennent au secours de sa détresse ; aussi n'ont-ils point d'orphelins parmi eux. Ils sont polis, toujours d'une humeur joviale, très-hospitaliers, et s'aident mutuellement dans leurs besoins. Leurs loges sont toujours ouvertes à toute le monde ; ils ne connaissent pas même l'usage des clefs et des serrures. Un seul homme, par l'influence qu'il s'est justement acquise par sa bravoure dans les combats et sa sagesse dans les conseils, conduit la peuplade entière : il n'a besoin ni de garde, ni de verrous, ni de barres de fer, ni de prisons d'Etat. Souvent je me suis répété : Sont-ce là des peuples que les gens civilisés osent appeler du nom de sauvages? Partout où j'ai rencontré des Indiens dans ces régions éloignées, j'ai trouvé parmi eux une grande docilité dans tout ce qui est propre à améliorer leur condition. La vivacité de leurs jeunes gens est surprenante, l'amabilité de leur caractère et leurs dispositions entre eux sont remarquables. Trop longtemps on s'est accoutumé à juger les sauvages de l'intérieur par ceux des frontières : ces derniers ont appris les vices des blancs, qui, guidés par la soif insatiable d'un gain sordide, tâchent de les corrompre et les encouragent par leur exemple.

J'ai trouvé le camp des *Têtes-plates* et des *Pondéras* dans le vallon de *Pierre*; ce vallon est situé au pied des trois *Tétons*, montagnes pointues d'une hauteur prodigieuse, puisqu'elles s'élèvent presque perpendiculairement à plus de dix mille pieds, et sont couvertes de neiges perpétuelles. Il y en a cinq, mais trois seulement peuvent être vues à une grande distance. De là nous remontâmes l'une des fourches principales de la *Rivière-à-Henri*, faisant tous les jours de petits campements de neuf à dix milles de distance l'un de l'autre. Souvent, dans ces petites courses, nous passâmes et repassâmes de hautes côtes, des torrents larges et rapides, des défilés étroits et dangereux. Souvent aussi nous rencontrâmes de beaux vallons, unis et ouverts, riches en pâturages, qui offraient une belle verdure émaillée de fleurs, et où le baume des montagnes (le thé des voyageurs) abonde. Ce thé, lors même qu'il a été écrasé sous les pieds de plusieurs milliers de chevaux, embaume encore l'air de son délicieux parfum. Dans les vallons et les défilés que nous traversâmes, plusieurs montagnes attirèrent encore notre attention : quelques-unes représentaient des cônes s'élevant à la hauteur de plusieurs milliers

de pieds à un angle de quarante-cinq à cinquante degrés,
très-unis et couverts d'une belle verdure ; d'autres représentaient des dômes ; d'autres étaient rouges comme la brique
bien brûlée, et portaient encore les empreintes de quelque
grande convulsion de la nature ; les scories et la lave étaient
tellement poreuses qu'elles flottaient sur l'eau ; on les trouvait répandues dans toutes les directions, et en plusieurs endroits en si grande abondance, qu'elles paraissaient avoir
rempli des vallées entières. Dans plusieurs endroits, on distinguait encore l'ouverture d'anciens cratères. Les couches
argileuses et volcaniques des montagnes sont, en général horizontales ; mais en plusieurs endroits elles pendent perpendiculairement, ou bien elles sont courbées ou ondulantes :
souvent on les prendrait pour l'ouvrage de l'art.

Le 22 juillet, le camp se rendit au lac *Henri*, l'une des
sources principales de la Colombie ; il a environ dix milles
de circonférence. Nous gravissions à cheval la montagne qui
sépare les eaux des deux grands fleuves : du *Missouri*, qui
est à proprement parler la branche principale du Mississipi et
se jette avec lui dans le golfe du Mexique, et de la *Colombie*,
qui porte le tribut de ses eaux à l'océan Pacifique. De la
place élevée où je me trouvais, je distinguais facilement le lac
des *Maringouins*, source d'une des principales branches de
la fourche du nord du Missouri, appelée la rivière de *Jefferson*. Les deux lacs ne sont guère qu'à huit milles l'un de
l'autre. Je me dirigeai vers le sommet d'une haute montagne,
pour examiner mieux la distance des fontaines qui donnent
naissance à ces deux grandes rivières ; je les vis descendre en
cascades d'une hauteur immense, se jetant avec fracas de
roc en roc ; même à leur source ils formaient déjà deux gros
torrents qui n'étaient guère qu'à une centaine de pas l'un de
l'autre. Je voulus absolument atteindre la cime. Au bout de
six heures de fatigue, je me trouvai épuisé : je crois avoir
monté plus de cinq mille pieds ; j'avais passé dans des neiges

amoncelées à plus de vingt pieds de profondeur, et cependant
la cime de la montagne était encore à une grande élévation
au-dessus de ma tête. Je me vis donc contraint d'abandonner mon projet, et je m'assis. Les Pères de la Compagnie qui desservent les missions sur les bords du Mississipi
et de ses tributaires, depuis *Cunceill-Bluffs* jusqu'au golfe
du Mexique, me venaient à l'esprit. Je pleurai de joie aux
heureux souvenirs qui s'excitaient dans mon cœur. Je remer-
ciai le Seigneur de ce qu'il avait daigné favoriser les travaux
de ses serviteurs, dispersés dans cette vaste vigne, implorant en même temps sa grâce divine pour toutes les nations
de l'Orégon, et en particulier pour les *Têtes-plates* et les *Pondéras*, qui venaient si récemment et de si bon cœur de se
ranger sous l'étendard de Jésus-Christ. Je gravai en gros caractères sur une pierre tendre cette inscription : Sanctus
Ignatius Patronus Montium. Die julii 23, 1840.

Je dis la messe en action de grâces au pied de cette montagne, entouré de mes sauvages qui entonnaient des cantiques à la louange de Dieu, et je m'installai dans le pays au
nom de notre saint fondateur, implorant son secours, afin
que, par son intercession dans le ciel, cet immense désert,
qui donne de si grandes espérances, puisse bientôt se remplir
de dignes et infatigables ouvriers. C'est aujourd'hui le temps
favorable pour y prêcher l'Evangile aux différentes nations.
Les apôtres du protestantisme commencent à s'y rendre en
foule et à choisir les meilleurs endroits, et bientôt la cupi-
dité et l'avarice de l'homme civilisé feront les mêmes agres-
sions ici que dans l'est, et l'abominable influence des vices
des frontières interposera la même barrière à l'introduction
de l'Evangile, que tous les sauvages paraissent avoir un grand
désir de connaître et qu'ils suivront, comme les bons *Têtes-
plates* et les *Pondéras*, avec fidélité.

Pendant tout mon séjour aux montagnes, je disais régulièrement la sainte messe les dimanches et les jours de fêtes, ainsi

que les jours où les sauvages ne levaient point le camp le
matin. L'autel était construit de saules ; ma couverture formait le devant d'autel, et toute la loge était ornée d'images
et de fleurs du pays. Les sauvages s'agenouillaient en dehors
dans un cercle d'environ deux cents pieds, entouré de petits
pins et de cèdres, qu'on y plantait exprès ; ils y assistaient
assidûment avec la plus grande modestie, attention et dévotion, et comme il y en avait de différentes nations, ils chan-
taient les louanges de Dieu en tête-plate, en nez--percé et en
iroquois ; les Canadiens, mon Flamand et moi nous chantions
des cantiques en français, en anglais et en latin. Les *Têtes-
plates* avaient la coutume, depuis plusieurs années, de ne jamais lever le camp le dimanche et de passer ce jour en pratiques de dévotion.

Le 24 juillet, le camp traversa la montagne et se transporta
du lac Henri sur le lac des Maringouins. Jusqu'au 8 août,
nous passâmes encore par une grande variété de pays. Tantôt nous nous trouvions dans des vallons ouverts et riants,
tantôt dans des terres stériles à travers de hautes montagnes
et des défilés étroits, quelquefois dans des plaines élevées et
étendues, profusément couvertes de blocs et de fragments
de granit.

Le 10, nous campâmes sur la rivière de *Jefferson*. Le bas-
fond est riche en beaux pâturages et boisé d'arbres d'une
chétive croissance. Nous le descendîmes, faisant tous les
jours de douze à quinze milles, et le 21 du même mois nous
arrivâmes à la jonction des trois fourches du *Missouri*, là où
ce fleuve commence à prendre son nom ; nous campâmes sur
celle du milieu. Dans cette belle et grande plaine, les buffles
se montraient en bandes innombrables. Depuis la *Rivière-
Verte* jusqu'ici, nos sauvages s'étaient nourris de racines et
de la chair d'animaux, tels que le chreveuil rouge et à queue
noire, l'élan, la gazelle, la grosse-corne ou mouton des montagnes, l'ours gris et noir, le brelan, le lièvre et le chat-pard,

tuant de temps à autre de la volaille, comme le coq des montagnes, la poule des prairies (espèce de faisan), le cygne, l'oie, la grue et le canard. Le poison abondait aussi dans les rivières, particulièrement la truite saumonée. Mais la viande de vache est le met favori de tous les chasseurs, et aussi longtemps qu'ils la trouvent, ils ne tuent jamais d'autres animaux. Se trouvant donc maintenant au milieu de l'abondance, les *Têtes-plates* se préparèrent à faire leurs provisions d'hiver; ils érigèrent des échafaudages de saules autour de leurs loges pour y sécher les viandes, et chacun prépara son arme à feu, son arc et ses flèches. Quatre cents cavaliers, vieux et jeunes, montés sur leurs meilleurs chevaux, partirent de bon matin pour la grande chasse. Je voulus les accompagner pour contempler de près ce spectacle frappant. A un signal donné, ils se rendirent au grand galop parmi les bandes; tout parut bientôt confusion et déroute dans toute la plaine; les chasseurs poursuivirent les vaches les plus grasses, déchargèrent leurs fusils et lancèrent leurs flèches, et au bout de trois heures, ils en tuèrent au delà de cinq cents. Alors les femmes, les vieillards et les enfants s'approchèrent, et à l'aide des chevaux, ils emportèrent les peaux et la viande, et bientôt tous les échafaudages furent remplis et donnèrent au camp l'aspect d'une vaste boucherie. Les buffles sont difficiles à tuer; on doit les blesser dans les parties vitales. La balle qui frappe le front d'un bœuf ne produit point d'autre effet qu'un mouvement de tête et une exaspération plus grande; au contraire, celle qui frappe le front d'une vache, pénètre. Plusieurs bœufs, blessés à mort dans cette chasse, se défendirent avec fureur.

Disons maintenant quelques mots sur les mœurs et coutumes des nations indiennes de l'ouest en général. Dans toutes les tribus des montagnes, le costume est à peu près le même. Les hommes portent une tunique très-longue de peau de gazelle ou de grosse-corne, des guêtres de peau de chevreuil

ou de biche, des souliers de la même étoffe, et un manteau
de peau de buffle, ou une couverture de laine rouge, bleue,
verte ou blanche. Les coutures de leurs habillements sont
ornées de longues franges : ils en ôtent la crasse en les frot-
tant avec de la terre blanche (c'est le savon des sauvages).
L'Indien aime à entasser parure sur parure; il attache à sa
longue chevelure des plumes de toute espèce. La plume de
l'aigle occupe toujours la place principale; c'est le grand
oiseau de médecine, le manitou ou l'esprit tutélaire du guerrier sauvage. Ils y attachent en outre toutes sortes de colifi-
chets, des rubans de toutes couleurs, des anneaux, des osse-
lets et des écailles. Ils portent au cou des colliers de perles
entrelacées d'apocoins (une écaille oblongue qu'ils ramassent
sur les bords de la mer Pacifique). Le matin, tous se lavent;
mais, faute d'essuie-main, ils se servent du bout de leur
tunique. Chacun rentre dans sa loge pour faire sa toilette,
c'est-à-dire pour se frotter la figure, les cheveux, les bras et
la poitrine de graisse d'ours, sur laquelle ils étendent une
forte couche de vermillon, ce qui leur donne un aspect farouche et hideux : souvent je m'imaginais, en les rencontrant, de voir devant moi ces visages boursoufflés qu'on appelle en Belgique *vagevuers gezichten* (faces du purgatoire).
Les petits garçons de sept à dix ans portent une espèce de
dalmatique en peau, brodée de porc-épic et ouverte aux deux
bords, ce qui donne un air tout à fait singulier à ces petits,
sans culotte et sans chemise. Jusqu'à l'âge de sept ans, ils
n'ont rien pour se couvrir pendant l'été; ils passent les journées entières à se jouer dans l'eau ou dans les bourbiers; en
hiver, on les enveloppe dans des morceaux de cuir. Les
femmes se couvrent d'une grande pèlerine, ornée de dents
d'élan et de plusieurs rangées de perles de diverses couleurs.
Cet habillement, lorsque la peau est blanche et propre, fait
un bel effet. Le sauvage met autant de soin à orner son coursier qu'il en emploie pour sa propre personne; la tête, la

poitrine et les flancs de l'animal sont couverts de pendante de drap d'écarlate, brodés de perles, et ornés de longues franges auxquelles ils attachent de petites sonnettes.

On peut dire en général que la propreté ne compte pas au nombre des vertus du sauvage ; il m'a fallu quelque temps pour les supporter ; il m'en faudra peut-être bien plus pour les corriger. Pardonnez-moi si j'entre ici dans quelques détails bien dégoûtants ; celui qui se croit appelé à ces missions doit connaître ce qu'on y rencontre. J'ai vu les *Sheyennes*, les *Serpents*, les *Youts*, etc., manger la vermine les uns des autres à pleins peignes. Souvent de grands chefs, pendant qu'ils m'entretenaient, ôtaient sans cérémonie leur tunique en ma présence, et, tout en causant, s'amusaient à faire cette espèce de chasse dans les coutures ; à mesure qu'ils délogeaient le gibier, ils le croquaient avec autant d'appétit que des bouches plus civilisées croquent les amandes et les noisettes, les pattes d'écrevisses et de crabes. Leurs chaudières, leurs marmites et leurs plats, à moins de tomber par accident dans l'eau, ne touchent jamais cet élément pour être lavés. Les femmes portent des espèces de chapeaux sans bords, faits de paille, très-serrés et gommés ; dans leurs loges, ces chapeaux leur servent de vases à boire et de plats pour manger la soupe, et ce qui vous paraîtra incroyable au premier abord, elles s'en servent même pour bouillir la viande ; c'est à l'aide de cailloux chauffés que l'eau bout dans cette espèce de marmite.

La grande ambition d'un sauvage et toute sa richesse consistent à avoir des chevaux, une belle loge, une bonne couverture ou casaque et un bon fusil. Au delà, à peine y a-t-il quelque chose qui puisse le tenter. Le seul avantage que lui donnent ses chevaux, c'est qu'au temps de la chasse il peut tuer autant de buffles qu'il le désire et emporter beaucoup de viande.

Les sauvages sont très-adroits à tanner la peau d'un animal. Ils ôtent les chairs avec un fer dentelé, et le poil avec une petite pioche : alors la peau, frottée avec le cerveau de l'animal, devient très-molle et propre au travail. Ils ne sont pas moins habiles à faire leurs arcs d'un bois très-élastique ou de la corne du cerf; leurs flèches sont faites d'un bois pesant, et garnies de pointes de fer ou d'une pierre en forme de lance; l'effet que font ces armes est étonnant. La corne des grosses-cornes et des buffles leur sert à faire des coupes, des plats et d'excellentes cuillers; ils amollissent la corne en la faisant cuire dans des cendres chaudes, et lui donnent ainsi toutes sortes de formes : en refroidissant, elle reprend sa dureté primitive. Ils font de bons paniers de saules, d'écorces ou de paille.

En général, les sauvages des montagnes admettent l'existence d'un Etre suprême, le Grand-Esprit, créateur de toutes choses; l'immortalité de l'âme, et une vie future où l'homme est récompensé ou puni d'après ses mérites. Ce sont les points principaux de leur croyance. Leurs idées religieuses sont très-bornées. Ils croient que le Grand-Esprit dirige tous les évènements importants, qu'il est l'auteur de tout bien et par conséquent seul digne d'adoration; que par leur mauvaise conduite ils s'attirent son indignation et sa colère, et qu'il leur envoie des calamités pour les punir. Ils disent encore que l'âme entre dans l'autre monde avec la même forme qu'avait le corps sur la terre. Ils s'imaginent que leur bonheur consistera dans la jouissance et l'abondance de ces mêmes choses qu'ils ont le plus estimées pendant la vie, que les sources de leur bonheur présent seront portées à la perfection, et que la punition des méchants consistera dans une privation de tout bonheur, tandis que le démon les accablera de misères d'une manière effrayante. Cette croyance du bonheur et du malheur éternel varie d'après les circonstances dans lesquelles ils ont vécu sur la terre.

Les sauvages, à l'ouest des montagnes, sont très-pacifiques et se font rarement la guerre; ils ne se battent jamais que pour se défendre. C'est avec les *Pieds-noirs* seuls, qui habitent à l'est, qu'ils ont souvent des rencontres sanglantes. Ces maraudeurs sont toujours en marche, pillant et tuant tous ceux qu'ils rencontrent. Lorsque les sauvages de l'ouest aperçoivent cet ennemi, ils l'évitent, s'il est possible ; mais s'ils sont obligés de se battre, ils montrent un courage ferme et invincible, et chargent leurs adversaires avec la plus grande impétuosité. Ils s'élancent pêle-mêle sur eux en jetant le cri de guerre, déchargent leurs coups de fusil et leurs flèches, portent des coups de lance, de sabre ou de casse-tête, reculent pour recharger, retournent à la charge, et bravent la mort avec le plus grand sang-froid. Ils répètent ces attaques jusqu'à ce que la victoire soit décidée. On dit communément dans les montagnes qu'un *Tête-plate* ou *Pends-d'oreille* vaut quatre *Pieds-noirs*. Lorsqu'un parti de ces derniers rencontre un de *Têtes-plates*, égal ou supérieur en nombre, le *Pied-noir* aussitôt se montre disposé à la paix, déploie un étendard et présente son calumet. Le chef *Tête-plate* accepte toujours, mais il ne manque pas de faire comprendre à son ennemi qu'il sait à quoi s'en tenir sur ses intentions pacifiques : « *Pied-noir*, dit-il, j'accepte ton calumet ; mais sache que je n'ignore pas que ton cœur veut la guerre et que ta main est souillée par le meurtre ; mais moi, j'aime la paix. Fumons, tandis que tu m'offres le calumet, quoique je sois assuré que le sang sera bientôt répandu de nouveau. »

Les courses de chevaux et les jeux de hasard sont au nombre des passions dominantes des sauvages ; j'en ai fait déjà mention plus haut. Les Indiens de la Colombie ont porté les jeux de hasard au dernier excès. Après avoir perdu tout ce qu'ils ont, ils se mettent eux-mêmes sur le tapis, d'abord une main, ensuite l'autre ; s'ils les perdent, les bras, et ainsi de suite tous les membres du corps ; la tête suit, et s'ils la perdent, ils deviennent esclaves pour la vie avec leurs femmes et leurs enfants.

Le gouvernement parmi les nations sauvages est entre les mains des chefs, qui deviennent tels par leurs mérites ou leurs exploits. Leur pouvoir consiste seulement dans leur influence ; elle est grande ou petite , en proportion de la sagesse , de la bienveillance et du courage qu'ils ont montrés. Le chef n'exerce pas l'autorité en commandant, mais par la persuasion. Il ne lève jamais de taxe ; au contraire , il a tellement l'habitude de contribuer de ses propres biens , soit à soulager un individu dans le besoin , soit à procurer le bien public , qu'il est ordinairement un des plus pauvres du village. Son autorité est néanmoins très-grande ; son désir est accompli aussitôt que connu ; son opinion est généralement suivie. Si quelqu'un s'obstine déraisonnablement , la voix de la nation y met fin aussitôt. Je ne connais pas de gouvernement qui accorde plus de liberté personnelle , et où il y ait en même temps si peu d'anarchie , tant de subordination et de dévouement.

Il me reste encore un mot à dire sur quelques tribus indiennes , voisines des *Têtes-plates* et des *Pondéras.* Au nord de ces derniers, se trouvent les *Kootenays* ; ils habitent la rivière *Mac-Gillevray* , on les représente comme un peuple très-intéressant. Leur langage est différent de celui de leurs voisins , très-sonore et ouvert , libre des mots gutturaux. Ils sont propres, honnêtes et affables , environ mille en nombre.

Il y a sur la fourche nord-est de la Colombie plusieurs autres tribus sauvages, qui se ressemblent en coutumes, mœurs, manières et langage ; en voici les principales : au nord des *Kootenays* sont les *Porteurs* , environ quatre mille âmes ; au sud de ceux-ci , les sauvages *des Lacs* , au nombre de cinq cents , résident sur le *Lac-aux-flèches* ; plus au sud encore, sont les *Chaudières* , environ six cents ; à l'ouest de ceux-ci, se trouvent les *Sinpavelist*, au nombre de mille ; plus bas, les *Schoopshaps* , six cents âmes ; à l'ouest et au nord-est , les *Okanagans*, onze cents ; au nord et à l'ouest sont encore différentes nations sur lesquelles je n'ai pu obtenir que de vagues informations.

Le 27 août était le jour que j'avais fixé pour mon départ.

4

Dix-sept guerriers, l'élite des braves des deux nations, se
trouvaient de grand matin à l'entrée de ma loge avec trois
chefs. Le conseil des anciens les avait désignés pour me servir
d'escorte aussi longtemps que je me trouverais dans le pays
des *Pieds-noirs* et des *Corbeaux*, deux nations si hostiles aux
blancs, que les premiers ne leur font jamais quartier lorsqu'ils les rencontrent, mais les massacrent de la manière la
plus cruelle; les seconds leur ôtent tout ce qu'ils possèdent,
les dépouillent jusqu'à la chemise, et les abandonnent dans
le désert pour y périr de faim et de misère; quelquefois ils
leur accordent la vie, mais les font prisonniers. Longtemps
avant le lever du soleil, toute la nation s'était assemblée autour
de ma loge; personne ne parlait, mais la douleur était peinte
sur tous les visages. La seule parole qui parut les consoler, fut
la promesse formelle d'un prompt retour au printemps prochain et d'un renfort de plusieurs missionnaires. Je fis les
prières du matin au milieu des pleurs et des sanglots de ces
bons sauvages. Ils m'arrachaient malgré moi les larmes que
j'aurais voulu étouffer pour le moment. Je leur fis voir la nécessité de mon voyage; je les excitai à continuer à servir le
Grand-Esprit avec ferveur et à éloigner d'eux tout sujet de
scandale; je leur rappelai les principales vérités de notre sainte
religion. Je leur donnai ensuite pour chef spirituel un Indien
fort intelligent, que j'avais eu soin d'instruire moi-même d'une
manière plus particulière; il devait me représenter dans mon
absence, les réunir soir et matin, ainsi que les dimanches,
leur dire les prières, les exhorter à la vertu, ondoyer les
moribonds et, en cas de besoin, les petits enfants. Il n'y eut
qu'une seule voix, un sentiment unanime d'observer tout ce
que je leur recommandais. Les larmes aux yeux, ils me sou-
haitèrent tous un heureux voyage. Le vieux *Grand-Visage* se
leva et dit : « *Robe-noire*, que le Grand-Esprit vous accom-
pagne dans votre long et dangereux voyage. Nous formerons
des vœux soir et matin, afin que vous arriviez sauf parmi vos

frères à Saint-Louis. Nous continuerons à former des vœux jusqu'à votre retour parmi vos enfants des montagnes. Lorsque les neiges disparaîtront des vallées, après l'hiver, lorsque la verdure commencera à renaître, nos cœurs, si tristes à présent, commenceront à se réjouir. A mesure que le gazon s'élèvera, notre joie deviendra plus grande ; lorsque les plantes fleuriront, nous nous remettrons en route pour venir à votre rencontre. Adieu ! »

Plein de confiance dans le Seigneur qui m'avait préservé jusqu'alors, je partis avec ma petite bande et mon fidèle Flamand, qui voulut continuer à partager mes dangers et mes travaux. Nous remontâmes pendant deux jours la *Gallatine*, fourche du sud du Missouri ; nous passâmes de là par un défilé étroit de trente milles pour nous rendre sur la rivière de la *Roche-jaune*, le second des grands tributaires du Missouri. Là il nous fallut prendre les plus grandes précautions ; c'est pourquoi nous ne formâmes qu'une petite bande. Il fallut traverser des plaines à perte de vue, des terres stériles et arides, entrecoupées de profonds ravins, où à chaque pas on pouvait rencontrer des ennemis aux aguets. Des vedettes étaient envoyées dans toutes les directions pour reconnaître le terrain ; toutes les traces laissées soit par les hommes, soit par les animaux, furent attentivement examinées. C'est ici qu'on ne peut s'empêcher d'admirer la sagacité du sauvage ; il vous dira le jour du passage de l'Indien à l'endroit où il en voit les traces ; il calculera le nombre d'hommes et de chevaux ; il distinguera si c'est un parti de guerre ou de chasse ; même à l'empreinte des souliers, il reconnaîtra la nation qui a foulé le terrain. Tous les soirs, nous choisissions un lieu favorable pour y asseoir notre camp, et nous construisions à la hâte un petit fort avec des troncs d'arbres secs, pour nous mettre à l'abri contre une attaque soudaine.

Cette région est le repaire des ours gris : c'est l'animal le plus terrible de ce désert ; à chaque pas, nous en rencontrions les traces effrayantes. Un de nos chasseurs en tua un et l'apporta au camp : ses pattes avaient treize pouces de long, et ses ongles en avaient sept. La force de cet animal est surprenante. Un sauvage m'a assuré que d'un seul coup de patte il avait vu un de ces ours arracher quatre côtes à un buffle, qui tomba mort à ses pieds. Un autre de ma compagnie passant à la course près du bois de saules très-épais (c'est la retraite de l'ours lorsqu'il a ses petits), une ourse s'élança avec fureur vers son cheval, mit sa patte formidable sur la croupe du coursier, et, déchirant les chairs jusqu'aux os, le renversa avec son cavalier. Heureusement pour mon homme, en un clin d'œil il fut debout, fusil en main, et il eut la satisfaction de voir son terrible adversaire retourner dans les saules avec la même précipitation qu'il en était sorti. Il est cependant rare qu'un ours attaque l'homme, à moins que ce dernier n'arrive subitement sur lui ou qu'il ne le blesse. Si on le laisse passer sans injure, il se retire, montrant que la crainte de l'homme est sur lui comme sur tous les autres animaux.

Pendant plusieurs jours, nous dirigeâmes notre course par le bas-fond de la *Roche-jaune*. Le buffle y était rare ; car quelques jours auparavant, des partis de guerre avaient parcouru les mêmes plaines. Toute la contrée le long de cette rivière est très-graveleuse et remplie de cailloux rouges et oblongs, formés par les eaux ; çà et là on voyait de petits bois dans le lointain sur les bords des rivières. Au-dessous de l'embouchure de la *Rivière-à-Klark*, la *Roche-jaune* rase de hauts rochers. Nous les escaladâmes par un petit sentier étroit, pour gagner les terres hautes ou plutôt une chaîne de coteaux raboteux qu'il fallait traverser pendant six jours. Dans cette marche, nous eûmes beaucoup à souffrir de la soif. Nous trouvâmes toutes les sources épuisées et les lits des ruisseaux à sec. La plage entière était couverte de fragments détachés de rochers volcaniques ; à peine une trace de végétation s'y faisait remarquer. Deux petites hauteurs et des bancs de sable s'y montraient par intervalle, légèrement couverts de cèdres rouges d'une petite croissance ; mais en général nous n'y vîmes aucune autre végétation qu'une mauvaise herbe d'une crue mince et rabougrie ; des pommes de roquette (espèce de *cactus* épineux), et quelques variétés de plantes, qui, pareilles aux *cactus*, croissent le mieux dans le sol le plus aride et le plus ingrat. Les débris des hauts coteaux et des rochers, les tables angulaires de pierre à sable se trouvaient partout entassés au-dessus du sol, comme on trouve les glaçons entassés sur les bancs et les bords des rivières ; souvent ils s'élevaient en pyramides solitaires et ressemblaient aux différentes formes d'obélisques.

Chemin faisant, nous aperçûmes souvent des traces de chevaux. Le 5 septembre, nous arrivâmes à un endroit où une heure auparavant une troupe nombreuse de cavaliers avait passé. Etaient-ce des alliés ou des ennemis ? Je ferai observer ici que, dans ces solitudes, bien que les hurlement des loups, le sifflements des serpents venimeux, le rugissement du tigre et de l'ours gris soient capables de glacer d'épouvante, cette terreur n'a rien de comparable à celle que jettent dans l'âme du voyageur les traces fraîches d'hommes et de chevaux, ou les colonnes de fumée qu'il voit s'élever dans le voisinage. A l'instant même l'escorte se réunit pour délibérer ; chacun examina son arme à feu, aiguisa son couteau et la pointe de ses flèches, et fit tous les préparatifs pour une résistance à mort ; car se rendre en pareille rencontre serait s'exposer à périr dans les plus affreux tourments. Nous résolûmes de suivre le sentier, déterminés à connaître les individus qui nous devançaient ; il nous conduisit à un monceau de pierres entassées sur une petite éminence. Là de nouveaux signes se manifestèrent : ces pierres étaient teintes d'un sang fraîchement répandu ; mes sauvages, réunis à l'entour, les examinaient avec une morne attention. Le chef principal, homme de beaucoup de sens, me dit aussitôt : « Mon Père, je crois pouvoir vous

donner l'explication de ce que nous avons sous les yeux. Les
Corbeaux ne sont pas loin ; dans deux heures nous les verrons. Si je ne me trompe, nous sommes sur un de leurs champs
de bataille ; ici leur nation doit avoir essuyé quelque grande
perte. Ce monceau de pierres a été érigé comme un monument
à la mémoire des guerriers qui ont succombé sous les coups
de leurs ennemis. Ici les mères, les épouses, les sœurs, les
filles de ceux qui sont morts (voyez-en les traces) sont venues
pleurer sur leurs tombeaux. Il est d'usage parmi elles de se
déchirer le visage, de se faire des incisions dans les bras et les
jambes, et de répandre leur sang sur ces pierres, en faisant
retentir en même temps les airs de leurs cris et de leurs
lamentations. »

Il ne se trompait pas ; bientôt nous aperçûmes une troupe
considérable de sauvages à la distance d'une lieue. C'étaient
en effet des *Corbeaux* qui retournaient à leur camp après avoir
payé le tribut du sang à quarante de leurs guerriers, massacrés
deux ans auparavant par la tribu des *Pieds-noirs*. Comme ils
sont en ce moment alliés des *Têtes-plates*, ils nous reçurent
avec les plus grands transports de joie. Bientôt nous rencontrâmes des groupes des femmes couvertes de sang caillé, et
tellement défigurées, qu'elles faisaient à la fois compassion
et horreur. Elles renouvellent pendant plusieurs années cette
scène de deuil, lorsqu'elles passent près des tombeaux de
leurs parents ; et tant que la moindre tache de sang leur reste
sur le corps, elles ne peuvent se laver.

Les chefs des *Corbeaux* nous reçurent avec cordialité et
nous donnèrent un grand festin. La conversation fut vraiment
plaisante ; comme la langue des deux nations est différente,
elle se fit par signes. Toutes les tribus de cette partie de l'A-
mérique correspondent de même et s'entendent parfaitement.
Bientôt les *Corbeaux* eurent envie d'acheter les beaux chevaux
des *Têtes-plates*. Voici comment un marché se conclut sous
mes yeux. Un jeune chef *Corbeau*, d'une taille gigantesque

et couvert de ses plus beaux vêtements, s'avança au milieu de l'assemblée en conduisant son cheval par la bride, et le plaça devant le *Tête-plate*, comme pour l'offrir en échange du sien. Celui-ci, ne donnant aucun signe d'approbation, le *Corbeau* mit alors à ses pieds son fusil, ensuite son manteau d'écarlate, puis tous ses ornements les uns après les autres, puis ses guêtres encore, et enfin ses souliers. Le *Tête-plate* prit alors le cheval par la bride, ramassa les effets, et le marché fut conclu sans dire mot. Le chef *Corbeau*, tout dépouillé qu'il était de son beau plumage et de ses beaux habits, s'élança avec joie sur son nouveau coursier; il fit plusieurs fois à la course le tour du camp, jetant des cris de triomphe et essayant le cheval dans toutes ses allures.

La richesse principale des sauvages de l'Ouest consiste en chevaux; chaque chef et chaque guerrier en possèdent en grand nombre, qu'on voit paître par troupeaux autour de leur camp. Ils sont pour eux des objets de trafic en temps de paix, et de butin à la guerre, en sorte qu'ils passent souvent d'une tribu à l'autre à de très-grandes distances. Les chevaux que les *Corbeaux* possèdent sont tirés principalement des races maronnes des prairies: ils en avaient cependant volé plusieurs aux *Scioux*, aux *Sheyennes*, et à quelques autres tribus du Sud-ouest, qui elles-mêmes les avaient dérobés aux Espagnols dans leurs excursions sur le territoire mexicain. On considère les *Corbeaux* comme les plus infatigables maraudeurs des plaines; ils passent et repassent les montagnes en tous sens, emportant à un bord ce qu'ils ont volé sur l'autre. C'est de là que leur vient le nom d'*Abshâroké*, qui signifie *Corbeau*. Dès leur enfance, ils s'exercent à ce genre de larcin; ils y acquièrent une habileté étonnante; leur gloire augmente avec le nombre de leurs captures; aussi un voleur accompli est-il à leurs yeux un héros. Leur pays paraît s'étendre depuis les *Côtes-noires* jusqu'aux Montagnes Rocheuses, embrassant les montagnes de la *Rivière-au-Vent*, et toutes les plaines et vallées qu'arrosent ses eaux, ainsi que la *Roche-jaune*, la *Rivière-à-la-Poudre* et les eaux supérieures de plusieurs branches de la *Plate*. Le sol et le climat de ce pays sont très-variés ; il y a de vastes plaines de sable et d'argile ; on y trouve des fontaines d'eau chaude, des mines de charbon ; le gibier y est partout très-abondant. Ce sont les plus beaux sauvages que j'aie rencontrés dans mes courses.

Je fis route pendant deux jours avec cette tribu indienne ; ils se trouvaient dans l'abondance, et, selon leur coutume, ils passaient le temps en réjouissances et festins. Comme je n'ai rien de caché pour vous, j'espère que vous ne serez pas scandalisé en apprenant que, dans une seule après-dînée, j'ai assisté à vingt différents banquets ; à peine m'étais-je assis dans une loge qu'on venait m'appeler à une autre. Mais mon estomac n'étant pas si complaisant que celui des Indiens, je me contentais de goûter de leurs ragoûts, et, pour un petit morceau de tabac, des mangeurs dont j'avais pris la précaution de me faire accompagner avaient soin de vider le plat pour moi.

De ce camp nous nous dirigeâmes sur la *Grosse-Corne*, le plus grand tributaire de la *Roche-jaune* ; c'est une belle et large rivière dont les eaux sont pures comme le cristal. Elle traverse des plaines très-étendues, bien boisées sur ses deux rives, qui offrent de beaux pâturages. Nous y trouvâmes un autre camp de *Corbeaux*, au nombre d'environ mille âmes. Eux aussi nous reçurent avec les plus grandes démonstrations d'amitié, et il fallut encore passer la journée en allant de festin à festin. Je saisis une occasion favorable pour leur parler sur différents points de la religion. Comme je leur dépeignais vivement les tourments de l'enfer, et que je leur disais que le Grand-Esprit l'avait préparé pour les prévaricateurs de ses lois, l'un des chefs fit une exclamation que je ne saurais vous rendre, et me dit : « Je crois qu'il n'y en a que deux dans toute la nation des *Corbeaux* qui n'iront pas à cet enfer dont vous nous parlez, c'est la *loutre* et la *belette* ; ce sont les seuls que je connaisse qui n'aient jamais ni tué, ni volé, ni commis les excès que votre loi défend. Je pourrais cependant me tromper ; dans ce cas, nous irons tous de compagnie en enfer. » Le lendemain, je partis ; l'un des principaux chefs me fit présent d'une belle cloche et la pendit au cou de mon cheval. Il m'invita à faire avec lui le tour du camp ; je le suivis, et ma bête faisait sonner sa clochette. Il m'accompagna ensuite par civilité à la distance de six milles de son village.

Après avoir passé encore quelques jours à surmonter les difficultés du passage, à travers des côtes stériles et entrecoupées, nous arrivâmes enfin au premier fort de la Compagnie des pelleteries. On l'appelle le fort des *Corbeaux*. Les Américains qui y résident nous reçurent avec beaucoup de bienveillance et d'amitié, et je m'y rétablis bien vite de mes fatigues. C'est ici seulement que la fièvre intermittente m'a entièrement quitté. Les *Têtes-plates* y édifièrent tout le monde par leur piété. Dans le fort aussi bien que dans le camp, et lorsque nous étions en route, nous ne manquions jamais de nous rassembler soir et matin pour dire les prières en commun et pour chanter quelques cantiques à la louange de Dieu.

J'avais fixé mon départ du fort au 13 septembre. Je résolus de me séparer ici de mes fidèles *Têtes-plates*. Je leur déclarai que le pays dans lequel j'allais entrer était encore plus dangereux que la région que nous venions de parcourir ensemble, puisqu'il y passait sans cesse des partis de guerre des *Pieds-noirs*, des *Assiniboins*, des *Gros-Ventres*, des *Arikaras* et des *Sioux*, nations qui leur avaient toujours été hostiles ; que je n'osais davantage exposer leur vie ; que je remettais entre les mains de la Providence le soin de ma conservation, et qu'aidé de cette protection divine, je n'avais rien à craindre. Je les exhortai en même temps à continuer à servir le Grand-Esprit avec ferveur ; et réitérant mes promesses d'un prompt retour en compagnie d'autres missionnaires, je les embrassai tous et leur souhaitai un heureux voyage.

Mon Flamand et moi, nous commençâmes avec courage le trajet solitaire et dangereux de plusieurs centaines de milles que nous avions à parcourir ensemble à travers un désert inconnu, où nul chemin n'était tracé, et sans autre guide que la boussole. Longtemps nous suivîmes le cours de la *Roche-jaune*, excepté dans quelques endroits où des chaînes de rochers interceptaient notre marche en nous obligeaient à faire de grands circuits et à travers des coteaux roboteux de quatre à cinq cents pieds d'élévation. A chaque pas, nous apercevions des forts que les partis de guerre élèvent pour le temps de leurs courses, de meurtre et de pillage; ils pouvaient contenir des ennemis aux aguets à l'heure même que nous y passions. Une solitude pareille avec ses horreurs et ses dangers a cependant un avantage bien réel; c'est un lieu où l'on voit constamment la mort en face, et où elle se présente sans cesse à l'imagination sous les formes les plus hideuses. On y sent d'une manière toute particulière qu'on est tout entier sous la main de Dieu. Il est facile alors de lui offrir le sacrifice d'une vie qui est bien moins à vous qu'au premier sauvage qui voudra la prendre, et de former les résolutions les plus géné-reuses dont un homme soit capable. C'est bien là, en effet, la meilleure retraite que j'aie faite de ma vie. Ma seule conso-lation était l'objet pour lequel j'avais entrepris le voyage; mon guide, mon soutien, mon refuge, c'était la Providence paternelle de mon Dieu.

Le deuxième jour du voyage, j'aperçus de grand matin en m'éveillant, à la distance d'un quart de mille, la fumée d'un grand feu; une pointe de rocher nous séparait seule d'un parti de guerre sauvage. Sans perdre de temps, nous sellâmes nos chevaux et patîmes au grand galop; enfin nous gagnâmes la côte, et, traversant les ravins et le lit sec d'un torrent, nous atteignîmes le sommet sans être aperçus. Nous fîmes ce

jour de quarante à cinquante milles sans nous arrêter, et nous
ne campâmes que deux heures après le coucher du soleil, de
crainte que les sauvages, rencontrant nos traces, ne nous
poursuivissent. La même crainte nous empêcha d'allumer du
feu ; il fallut donc se passer de souper. Je me roulai dans ma
couverture et je m'étendis sur le gazon en me recommandant
au bon Dieu. Mon grenadier, plus brave que moi, ronfla
bientôt comme une machine à vapeur en plein mouvement ;
passant par toutes les notes d'une gamme chromatique, il
terminait par un profond soupir, en guise d'accord, chacun
des tons sur lesquels il préludait. Quant à moi, j'eus beau
me tourner à droite, je passai ce qu'on appelle une nuit
blanche. Le lendemain au point du jour, nous étions déjà en
route ; il fallut user des plus grandes précautions, parce que
le pays que nous avions à parcourir offrait les dangers les plus
grands. Vers midi, nouveau sujet d'alarme ; un buffle venait
d'être tué depuis environ deux heures dans un endroit où
nous devions passer ; on lui avait ôté la langue, les os à moelle
et quelques autres morceaux friands. Nous tressaillîmes à
cette vue en pensant que l'ennemi n'était pas loin ; et cependant nous aurions dû plutôt remercier le Seigneur, qui nous
avait ainsi préparé des aliments pour notre repas du soir.
Nous nous dirigeâmes du côté opposé aux traces des sauvages,
et la nuit suivante nous campâmes parmi des rochers qui servent de repaire aux tigres et aux ours. J'y fis un bon somme.
Pour cette fois, la musique ronflante de mon compagnon ne
me troubla pas.

Nous nous mettions toujours en route de bon matin ; mais
c'était chaque fois pour affronter de nouveaux dangers, pour
rencontrer çà et là les traces récentes de pieds d'hommes et
de chevaux. Vers dix heures, nous arrivâmes dans un camp
abandonné de quarante loges ; les feux n'étaient pas encore
éteints ; heureusement nous n'y découvrîmes personne. Enfin
nous revîmes le Missouri, mais dans un endroit où une heure

auparavant cent loges d'*Assiniboins* venaient de le traverser. Ce n'est là qu'une faible esquisse du dangereux trajet que j'ai fait du fort des *Corbeaux* au fort *Union*, situé à l'embouchure de la *Roche-jaune*.

Je racontai un jour ces particularités à un chef sauvage; il me répondit aussitôt : « Le Grand-Esprit a ses manitous (esprits tutélaires) ; il les a envoyés sur vos pas au-devant de vous, pour étourdir et mettre en fuite les ennemis qui auraient pu vous nuire. » Un chrétien n'aurait pu mieux me rappeler le beau texte des Psaumes : *Angelis suis mandavit de te, ut custodiant te in omnibus viis tuis* Jamais je ne me suis aperçu davantage qu'une Providence toute spéciale protége le pauvre missionnaire. Le pays de la *Roche-jaune* abonde en gibier; je ne crois pas qu'il y ait dans l'Amérique entière une contrée plus favorable à la chasse. Je me trouvai pendant sept jours au milieu des troupeaux innombrables de buffles. A tout moment j'apercevais des bandes d'élans majestueux bondir dans cette solitude animée, tandis que des nuées de gazelles s'enfuyaient devant nous avec la rapidité du trait. L'ashata ou grosse-corne parut seule ne pas s'inquiéter de notre présence ; ces animaux se reposaient par bandes ou folâtraient sur des projections de rochers escarpés au-dessus de la portée de fusil. Le chevreuil y est abondant, particulièrement le chevreuil à queue noire, qu'on ne trouve guère que dans des pays montagneux. C'est un noble et bel animal, couvert d'une pélisse de brun foncé ; on le voit bondir des quatre pieds à la fois, et ses mouvements sont si vifs qu'il paraît à peine toucher la terre. Toutes les rivières et ruisseaux, que nous traversâmes dans notre course, donnaient des marques évidentes que l'industrieux castor, la loutre et le rat musqué étaient encore les possesseurs paisibles de leurs eaux solitaires. Les canards, les oies et les cygnes n'y manquaient pas. Ce pays abonde en charbon et en mines de fer. La *Roche-jaune* m'a paru remplie de courants ; elle n'est pas navigable, si ce n'est au milieu de l'été, lorsque les eaux, à la fonte des neiges, se précipitent en torrents des montagnes.

Le fort Union est le plus vaste et le plus beau des forts que la Compagnie des pelleteries possède sur le Missouri; il est situé à deux mille deux cents milles de Saint-Louis. Les messieurs qui y résident nous comblèrent de politesses; ils ne pouvaient revenir de leur étonnement au sujet du dangereux voyage que nous venions si heureusement de terminer. Pendant notre séjour parmi eux, ils fournirent libéralement à tous nos besoins; et à notre départ pour le village des *Mandans*, ils nous chargèrent de toutes sortes de provisions. Je leur en conserverai pendant toute ma vie la plus grande reconnaissance.

Après avoir régénéré quelques enfants métis dans les saintes eaux du baptême, je partis du fort le 23 septembre. Le trajet jusqu'au village des *Mandans* nous prit dix jours. Le sol que le grand fleuve parcourt est beaucoup plus fertile que celui de la *Roche-jaune*; c'est cependant toujours la même vaste prairie, diversifiée par de hautes côtes et plutôt par des montagnes sillonnées de ravins. Les lits des rivières sont à sec pendant une partie de l'année; mais elles s'enflent à une hauteur prodigieuse dans la saison des pluies. Sur le penchant des côtes et dans les bas-fonds, sur les bords des rivières, on trouve çà et là de beaux bocages; mais en général toute la région ne présente à l'œil qu'une plaine ondulante, couverte de gazon et de différentes herbes. Le sol y est fortement imprégné de soufre, de couperose, d'alun et de sel de glauber; les *strates* de terre colorent fortement les rivières qui les traversent, et avec les éboulements des bancs du Missouri, communiquent aux eaux de cet immense fleuve les matières qui les rendent bourbeuses. Il y a dans cette région quelques endroits sablonneux remplis de curiosités naturelles; j'y remarquai de gros troncs d'arbres et des ossements de différentes espèces d'animaux pétrifiés; j'y trouvai entre autres un gros

crâne de buffle, changé en pierre rouge comme le porphyre.
Je l'ai porté à une grande distance; mais l'embarras que cette
charge me causait, et la fatigue des chevaux qui trouvaient à
peine de quoi se nourrir dans cette saison de l'année, me
forcèrent bientôt à l'abandonner avec regret dans la prairie,
comme j'avais été obligé de faire auparavant dans les Côtes-
noires et dans les Montagnes Rocheuses de toutes les autres
curiosités que j'avais ramassées.

Nous rencontrâmes sur notre route un parti de guerre de
quinze *Assiniboins*, qui revenaient d'une expédition infructueuse contre les *Gros-Ventres* du Missouri. C'est dans ces
sortes d'occasions que la rencontre des sauvages est principalement dangereuse. Retourner dans leur pays sans chevaux,
sans prisonniers, sans chevelures, c'est pour eux le comble
du déshonneur et de la honte; aussi nous montrèrent-ils
beaucoup de mécontentement, et leur regard n'avait rien que
de sinistre. Cependant ces sauvages sont poltrons; ils étaient
d'ailleurs mal armés. J'étais accompagné de trois hommes du
fort qui se rendaient chez les *Arikaras* avec une bande de
chevaux, et quoique nous ne fussions que cinq, chacun de
nous mit la main sur son arme; et affectant un air de détermination, nous eûmes un petit entretien avec eux et nous continuâmes notre route sans être molestés. Le lendemain, nous
traversâmes, sur les bords du Missouri, une forêt qui avait été
en 1835 le quartier d'hiver des *Gros-Ventres*, des *Arikaras* et
des *Mandans*; c'était là que ces malheureuses nations avaient
été attaquées par l'épidémie qui, dans le courant de cette
année, fit tant de ravages parmi les tribus indiennes; plusieurs
milliers de sauvages moururent de la petite vérole. Nous remarquâmes, en passant, que les cadavres, enveloppés dans des
peaux de buffle, étaient restés attachés aux branches des
plus gros arbres. Ce cimetière sauvage offrait une vue bien
triste et bien lugubre; il donna occasion à mes compagnons
de voyage de raconter plusieurs anecdotes aussi déplorables

que tragiques. A deux journées de là nous rencontrâmes les
misérables restes de ces trois infortunées tribus. Les *Mandans*,
qui ne forment guère aujourd'hui qu'une dizaine de familles,
se sont unis aux *Gros-Ventres*, qui eux-mêmes s'étaient joints
aux *Arikaras*; ils sont ensemble environ trois mille. Quelques
jeunes gens, nous ayant aperçus de loin, donnèrent avis aux
chefs de l'approche d'étrangers. Ils se précipitèrent aussitôt
par centaines au-devant de nous : mais les trois hommes du
fort Union se firent connaître, et me présentèrent à leurs
chefs en qualité de *Robe-noire* des Français. Ils nous reçurent
avec les plus grandes démonstrations d'amitié et nous forcèrent
de passer l'après-dînée et la nuit dans leur camp. Les marmites furent bientôt remplies dans toutes les loges, et les
morceaux de rôti mis au feu pour fêter notre arrivée. C'était
encore ici, comme parmi les *Corbeaux*, une succession d'in-
vitations aux festins qu'il nous fallut parcourir jusqu'à minuit.
S'y refuser, eût été le comble de l'impolitesse, et ils nous
croient d'ailleurs aussi capables qu'eux-mêmes de manger à
toute outrance et à toute heure du jour et de la nuit. Un
sauvage est un être singulier sur ce rapport; il est insatiable
et infatigable; on le trouve toujours prêt lorsqu'il s'agit de
manger; mais j'ajouterai en même temps que, dans la disette.
il est d'une patience admirable, et observe le jeûne le plus
rigoureux pendant des semaines entières.

Ces sauvages nous aidèrent le lendemain à traverser le Missouri dans leurs canots de buffle. Ces canots ont la forme d'un
panier rond fait de saules entrelacés d'un pouce d'épaisseur,
et qu'on couvre d'une peau de buffle. Les femmes conduisent
ce bateau de leur fabrique avec beaucoup de dextérité. Le
poids et le nombre de personnes que ces canots portent est
vraiment étonnant. Nos chevaux, qui nous avaient suivis à
la nage, s'embourbèrent jusqu'au cou sur la rive opposée; il
fallut un demi-jour de travail pour les retirer de la vase.

Le même soir, nous arrivâmes au premier village permanant des *Arikaras*. Leurs maisons sont très-commodes et spacieuses; elles sont formées de quatre gros troncs d'arbres dressés et fourchus qui supportent les poutres et une charpente de grosses perches entrelacées d'osiers ; toute la construction est couverte de terre. Un trou creusé dans la terre au milieu de la loge sert de foyer, et une ouverture au sommet laisse échapper la fumée et admet le jour. Dans l'intérieur, la loge est entourée d'alcoves, semblables aux hamacs d'un navire, et cachées au moyen de peaux en guise de rideaux. A l'extrémité de chaque loge, ou bien sur le sommet, on voit une espèce de trophée de chasse ou de guerre, consistant en deux ou plusieurs têtes de buffle peintes d'une manière bizarre, et surmontées de boucliers, d'arcs, de carquois et d'autres armes.

D'ordinaire, ces *Arikaras* ne portent d'autre vêtement qu'une ceinture. Les jours de fête, ils mettent une belle tunique, des guêtres et des souliers de peau de gazelle brodés en porc-épic teint de vives couleurs; puis ils s'enveloppent d'un manteau de buffle chargé d'ornements et de couleurs, jettent sur l'épaule gauche leur carquois rempli de flèches, et se couvrent la tête d'un bonnet de plumes d'aigle. Celui qui tue un ennemi sur sa propre terre se distingue par des queues d'animaux qu'il s'attache aux jambes. Celui qui tue un ours gris porte les griffes de cet animal en forme de collier, c'est le plus glorieux trophée d'un chasseur indien. Le guerrier qui revient de l'ennemi avec une ou plusieurs chevelures, peint une main rouge à travers une bouche, pour montrer qu'il a bu du sang de ses ennemis.

Les guerriers der *Arikaras* et des *Gros-Ventres*, avant de partir pour la guerre, observent un jeûne rigoureux, ou plutôt ils s'abstiennent totalement de boire et de manger pendant quatre jours. Dans cet intervalle, leur imagination s'exalte jusqu'au délire; soit affaiblissement de leurs organes, soit effet naturel des projets belliqueux qu'ils nourrissent, ils

prétendent avoir d'étranges visions. Les anciens et les sages
de la tribu, appelés à donner l'interprétation de ces rêves,
en tirent des augures plus ou moins favorables au succès de
l'entreprise ; leurs explications sont reçues comme des oracles
sur lesquels l'expédition sera fidèlement réglée. Tant que
dure le jeûne préparatoire, les guerriers se font des incisions
sur le corps, s'enfoncent dans la chair des morceaux de bois
au-dessous de l'omoplate, y attachent des liens de cuir, et se
font suspendre à un poteau fixé horizontalement sur le bord
d'un abîme qui a cent cinquante pieds de profondeur ; souvent
même ils se coupent un ou deux doigts, qu'ils offrent en
sacrifice au Grand-Esprit, afin qu'il leur accorde des chevelures dans la guerre qu'ils vont entreprendre. Dans une de
leurs dernières escarmouches contre les *Sioux*, les *Arikaras*
tuèrent vingt de leurs ennemis et en placèrent les cadavres
en tas au milieu de leur village. Alors commença leur grande
danse de guerre ; hommes, femmes et enfants y assistaient.
Après avoir longuement célébré les exploits de leurs braves,
ils se jetèrent comme des bêtes féroces sur ces corps inanimés,
les hachèrent en pièces et en attachèrent les lambeaux au
bout de longues perches, qu'ils portèrent en dansant jusqu'à
ce qu'ils eussent fait plusieurs fois le tour du village.

On ne saurait se faire une idée de la cruauté d'un grand
nombre de ces tribus sauvages, dans les guerres continuelles
qu'ils font à leurs voisins. Quand ils savent que les guerriers
d'une tribu rivale sont partis pour la chasse, ils entrent ino-
pinément dans leur village, massacrent les enfants, les femmes
et les vieillards, et emmènent prisonniers tous les hommes
qu'ils peuvent conduire. Quelquefois ils se placent en embuscade, ils laissent passer tranquillement une partie de la bande,
tout à coup ils jettent un cri affreux et font pleuvoir sur l'ennemi une grêle de balles et de flèches. Un combat à mort
commence aussitôt ; ils s'élancent les uns sur les autres le
casse-tête et la hache à la main, et font une horrible boucherie,

se glorifiant de leur valeur, et vomissant un torrent d'injures contre les malheureux vaincus. La mort s'y montre sous mille formes hideuses, dont le spectacle, qui glacerait d'épouvante tout homme civilisé, ne fait au contraire qu'enflammer la rage de ces barbares. Ils insultent et foulent aux pieds les cadavres mutilés; ils arrachent les chevelures, se roulent dans le sang comme des bêtes féroces, souvent même ils dévorent les membres palpitants de ceux qui respirent encore. Les vainqueurs retournent à leur village, entraînant avec eux leurs prisonniers destinés au supplice. Les femmes viennent à leur rencontre en jetant des hurlements épouvantables dans la supposition qu'elles auront à pleurer la mort de leurs maris ou de leurs frères. Un héraut proclame les détails circonstanciés de l'expédition; on fait l'appel nominal des guerriers, et leur absence indique qu'ils ont succombé. Alors les cris perçants des femmes se renouvellent, et leur désespoir présente une scène de rage et de douleur qui passe l'imagination. La dernière cérémonie est la proclamation de la victoire : oubliant aussitôt leurs propres malheurs, elles s'empressent de célébrer le triomphe de leur nation; par une transition inexplicable, elles passent dans un instant d'un deuil frénétique à la joie la plus extravagante.

Je ne saurais trouver des paroles pour vous décrire les tourments qu'ils infligent au pauvre prisonnier dévoué à la mort; l'un lui arrache les ongles jusqu'à la racine, un autre lui mord la chair des doigts, fait entrer le doigt déchiré dans son calumet et en fume le sang; on leur écrase les doigts des pieds entre deux pierres, on leur applique des fers rouges sur toutes les parties du corps, on les écorche vifs, et on se repaît de leurs chairs palpitantes. Ces cruautés continuent pendant plusieurs heures, quelquefois pendant une journée entière, jusqu'à ce que la victime succombe à tant d'affreux tourments. Les femmes, comme de véritables furies, l'emportent souvent en cruauté sur les hommes dans ces scènes.

d'horreur. Pendant tout cet horrible drame, les chefs de la tribu sont tranquillement assis autour du poteau où se débat la victime; ils fument et regardent ces scènes tragiques sans la moindre émotion. Souvent le prisonnier ose braver ses bourreaux avec une froideur vraiment stoïque : « Je ne crains point la mort, s'écrie-t-il; ceux qui craignent vos tourments sont des poltrons, ils sont au-dessous des femmes. Que mes ennemis soient confondus; ils ne m'arracheront aucune plainte; qu'ils enragent, qu'ils se désespèrent. Oh ! si je pouvais les dévorer et boire leur sang dans leur crâne jusqu'à la dernière goutte ! »

Nous arrivâmes enfin au grand village des *Arikaras*, qui n'est qu'à dix milles de celui des *Mandans*. La Compagnie des pelleteries y a aussi un fort. Je fus surpris de trouver autour des habitations de beaux champs de maïs, cultivés avec le plus grand soin. Ces Indiens continuent à fabriquer les mêmes pots de terre (et chaque loge en possède plusieurs) qu'on trouve dans les anciens tombeaux sauvages répandus dans les Etats-Unis, et que les antiquaires du pays présument avoir appartenu à une race antérieure à celle des sauvages d'aujourd'hui. Les jongleurs ou conjureurs des *Arikaras* jouissent d'une grande réputation parmi les Indiens, à cause des tours étonnants qu'ils exécutent pour se donner plus d'importance; ils prétendent avoir des communications avec l'esprit de ténèbres. Ils plongent leurs bras jusqu'au coude dans l'eau bouillante (par le moyen du jus d'une certaine racine, dont ils se frottent les bras). Ils mangent du feu et se tirent des flèches sans se nuire. Un tour me surprit beaucoup, quoique le sauvage ne voulût pas l'exécuter en ma présence, disant que ma médecine (religion) était plus forte que la sienne. Il se fit garrotter les mains, les pieds, les jambes et les bras par mille nœuds ; on l'enferma ensuite dans un grand filet, puis dans une peau de buffle. Celui qui le garrottait lui avait promis son cheval s'il se débarrassait de ses liens ; une minute après il sortit libre de toute entrave, à la grande surprise de tous les spectateurs. Le commandant du fort lui offrit un autre cheval s'il voulait lui communiquer son secret; il fut pris au mot. « Faites-vous lier, lui dit le sorcier; j'ai dix esprits invisibles qui sont à mes ordres; j'en détacherai trois de ma bande pour vous les donner; ils vous détacheront, mais n'en ayez pas peur, car ils vous accompagneront partout. » Le commandant fut déconcerté par ce propos du sauvage et n'osa accepter l'offre.

Le 6 octobre, je me remis en route pour le fort du petit Missouri au fort Pierre. C'est le grand entrepôt des marchandises de la Compagnie destinées aux besoins des sauvages qui habitent le fleuve. Comme sur la *Roche-jaune*, je fus encore sans guide dans ce voyage de dix jours. Un Canadien, qui devait faire la même route, nous accompagna. On s'accoutume par degré à braver les dangers. Pleins de confiance dans la protection de Dieu, nous cherchions notre route dans un pays où il n'y a aucun chemin de frayé, et guidés par la boussole à travers ces plages désertes, comme le nautonnier sur le vaste Océan. Les habitants du fort nous avaient bien recommandé d'éviter la rencontre des *Jantonnais*, des *Santées*, des *Ampapas*, des *Ogallalas*, des *Pieds-noirs* et des *Scioux*. Nous avions cependant à traverser les plaines qu'ils parcourent. Le troisième jour, un parti de *Jantonnais* et de *Santées*, qui se tenaient cachés derrière une butte, nous surprit à l'improviste; mais bien loin de nous en vouloir, ils nous comblèrent d'amitiés, et après avoir fumé avec nous le calumet de paix, ils nous fournirent des provisions pour la route. Le lendemain, nous rencontrâmes plusieurs autres partis qui nous témoignèrent tous la même amitié et les mêmes attentions; ils nous donnèrent la main, et nous fumâmes avec eux. Le cinquième jour, nous nous trouvâmes dans le voisinage des *Scioux-Pieds-noirs*, une tribu détachée des *Pieds-noirs* des montagnes. Le nom seul et la race dont ils descendent nous effrayaient; nous marchions donc autant que possible dans les ravins pour nous cacher à l'œil perçant des sauvages qui rôdaient dans les plaines. Vers midi, nous nous arrêtâmes près d'une belle fontaine pour prendre un moment de repos et pour dîner. Comme nous nous félicitions de n'avoir pas encore rencontré ces redoutables *Pieds-noirs*, tout à coup un bruit affreux se fit entendre sur la côte qui dominait l'endroit où nous nous étions arrêtés ; une bande de *Pieds-noirs*, qui depuis plusieurs heures suivaient nos traces dans les ravins, fondit sur nous au grand galop. Ils étaient armés de fusils, d'arcs et de flèches, presque nus, et barbouillés de la manière la plus bizarre. Je me levai aussitôt et je présentai la main à celui qui paraissait être le chef de la bande ; il me dit froidement : « Pourquoi te caches-tu dans ce ravin ? as-tu peur de nous ? » Je lui répondis que nous avions faim et que la fontaine nous avait invités à prendre un moment de repos. Il me regarda avec étonnement, et s'adressant au Canadien qui parlait un peu la langue sciouse, il lui dit : « Jamais de la vie je n'ai vu un homme pareil. Qui est-il ? » Ma longue robe noire et la croix de missionnaire que je portais sur la poitrine excitaient particulièrement sa curiosité. Le Canadien lui répondit (dans cette circonstance il était prodigue de grands titres) : « C'est l'homme qui parle au Grand-Esprit. C'est un chef ou *Robe-noire* des Français. » Son regard farouche changea aussitôt ; il ordonna à ses guerriers de mettre bas les armes, et chacun me donna la main. Je leur fis présent d'une grosse torquette de tabac ; on s'assit en cercle, et on fuma le calumet de paix et d'amitié. Il me pria alors de l'accompagner et de passer la nuit dans son village, qui n'était pas à une grande distance. Je le suivis, et arrivé en vue du camp, qui comprenait une centaine de loges ou environ mille âmes, je m'arrêtai à un quart de mille de distance, dans un beau pâturage, sur le bord d'une belle rivière, et j'y établis mon camp. Je fis inviter le grand chef à souper avec moi. Comme je disais le *Benedicite*, il demanda au Canadien ce que je faisais. Celui-ci répondit que je parlais au Grand-Esprit pour le remercier de nous avoir procuré de quoi manger. Il fit une exclamation d'approbation. Douze guerriers et leur chef proprement habillés se présentèrent bientôt devant ma loge et y étendirent une grande et belle peau de buffle. Le grand chef me prit par le bras, et m'ayant conduit sur la peau, il me fit signe de m'asseoir. Je ne comprenais rien à cette cérémonie ; je m'assis pourtant, croyant que c'était une invitation à fumer le calumet avec eux. Jugez de ma surprise, lorsque je vis les douze guerriers saisir cette espèce de tapis par les extrémités, me soulever de terre et, précédé de leur chef, me porter en triomphe jusqu'au village, où tout le monde fut sur pied en un instant pour voir la *Robe-noire*. On m'assigna la place la plus honorable dans la loge du chef, et celui-ci, entouré de quarante de ses principaux guerriers, me harangua en ces termes : « *Robe-noire*, voici le jour le plus heureux de notre vie. C'est aujourd'hui pour la première fois que nous contemplons au milieu de nous un homme qui approche de si près le Grand-Esprit. Voici les principaux braves de ma tribu, je les ai invités au festin que je vous ai fait préparer, afin qu'ils ne perdent jamais la mémoire d'un jour si heureux. » Il me pria ensuite de vouloir encore parler au Grand-Esprit avant de commencer le festin ; je fis le signe de la croix, et je dis la prière. Tant qu'elle dura, tous les convives sauvages, à l'exemple de leur chef, tinrent les mains levées vers le ciel ; au moment où je terminai, ils abaissèrent la main droite jusqu'à terre. Je fis demander au chef une explication de cette cérémonie. « Nous levons les mains, me répondit-il, parce que nous sommes entièrement dépendants du Grand-Esprit ; c'est sa main libérale qui fournit à tous nos besoins. Nous frappons ensuite la terre, parce que nous sommes des êtres misérables, des vers qui rampent devant sa face. » Il prit alors dans mon plat un morceau de pomme blanche (racine dont ils se nourrissent), et me le mit dans la bouche avec un petit morceau de buffle.

Je désirais parler à ces braves gens des principaux points du christianisme : mais l'interprète n'était pas assez versé dans la langue pour rendre mes paroles en scioux. Le lendemain, quoique nous fussions encore à cinq journées du fort, le chef me fit accompagner par son fils et par deux autres jeunes gens, me priant de les instruire. Il désirait absolument de connaître, disait-il, les paroles que j'avais à leur communiquer de la part du Grand-Esprit ; et en même temps ces jeunes gens seraient pour moi une sauvegarde contre les sauvages mal intentionnés.

Deux jours après, nous rencontrâmes un sauvage chargé de viande de vache. Voyant que nous étions sans provisions, il jeta sa charge à terre en nous priant de vouloir l'accepter, « Car, nous disait-il, vous approchez du fort où le gibier est très-rare. » Nous arrivâmes au fort Pierre le 17 octobre.

Voici les noms des principaux chefs que nous rencontrâmes sur notre route : *le Corbeau de fer, le Bon Ours, la Main du chien, les Yeux noirs, l'Homme qui ne mange point de vache, l'Homme qui marche nu-pieds.* Ce dernier est le chef des *Pieds-noirs.* Les principales rivières que nous avons traversées pendant ce trajet sont la rivière du Cœur, la rivière au Boulet, la rivière Grande, le Moreau et la grande Sheyenne.

Après avoir passé quelques jours au fort Pierre, je me remis en route pour le fort Vermillon, dans la compagnie de deux Canadiens. Les plaines que nous traversâmes étaient presque entièrement dénuées de bois ; souvent nous fûmes obligés d'apprêter nos aliments avec du foin qu'il fallut faire flamber constamment. Nous ne rencontrâmes que très-peu de sauvages dans ce voyage de dix-neuf jours ; la plaine était brûlée. Nous traversâmes la rivière de Médecine, la rivière de la Chapelle, la rivière de Jacques et le Vermillon.

La nation sciouse est très-nombreuse et guerrière ; elle se divise en plusieurs tribus. Sur les meilleures informations que j'ai pu obtenir, les *Santées* et les *Jantons* sont au nombre de trois mille ; les *Jantonnais*, quatre mille trois cents ; les *Pieds-noirs*, quinze cents ; les *Ampapas*, deux mille ; les *Brûlés*, deux mille cinq cents ; les *Sausares*, mille ; les *Minnikanjoos*, deux mille ; les *Ogallalas*, quinze cents ; les *Deux-Chaudières*, huit cents ; les *Sayons*, deux mille ; les *Unkepatines*, deux mille. Ce sont là les *Scioux* du Missouri. On en trouve encore de huit à dix mille sur le Mississipi, dispersés en différentes bandes, depuis la rivière des Moines jusqu'à la rivière Rouge.

La forme des loges sauvages est digne d'attention ; chaque tribu a une forme différente qu'il est facile de reconnaître. L'extérieur des loges sciouses est gai ; elles sont peintes en lignes onduleuses rouges, jaunes et blanches, ou décorées de figures de chevaux, de cerfs et de buffles, de lunes, de soleils et d'étoiles:

Parmi les *Scioux*, comme parmi les *Arikaras*, les guerriers qui se préparent à une expédition sont soumis à un jeûne très-rigoureux de plusieurs jours. Ils ont à cet effet une loge religieuse où ils étendent une peau de buffle et plantent un poteau peint en rouge ; au sommet de la loge est attachée une peau de veau contenant toutes sortes de devises. Là, pour obtenir le secours du Grand-Esprit, ils se percent le sein, y passent des cordes de cuir, s'attachent au poteau, et font ainsi plusieurs fois le tour de la loge, en dansant au son du tambour, chantant leurs exploits guerriers, et faisant tourner leurs massues au-dessus de leurs têtes. D'autres se font de fortes incisions sur l'omoplate, font passer des cordes à travers les plaies, et traînent deux grosses têtes de buffle sur une éminence située à environ un mille de distance du village ; là ils dansent jusqu'à ce qu'ils tombent en défaillance. Une dernière offrande avant le départ consiste à se couper, en différentes parties du corps, de petits morceaux de chair qu'ils offrent au soleil, à la terre, aux quatre points cardinaux, pour se rendre favorables les manitous ou esprits tutélaires des différents éléments.

Le *Sioux* qui se querelle ou meurt dans un état d'ivresse, ou victime de la vengeance d'un compatriote, ne reçoit pas les honneurs ordinaires de la sépulture ; on l'enterre sans cérémonie et sans provisions. Expirer en combattant les ennemis de la nation est pour eux la mort la plus glorieuse. Les cadavres sont alors enveloppés de peaux de buffles, et placés sur des estrades près de leurs camps ou des grands chemins. J'ai tout lieu de croire, d'après plusieurs entretiens que j'ai eus sur la religion avec les chefs des différentes tribus, qu'une mission parmi eux aurait les résultats les plus consolants.

A mon arrivée au fort Vermillon, un parti de guerre *Santées* revenait d'une excursion contre mes chers *Potowatomies* de Council-Bluffs ; ils apportaient une chevelure. Les meurtriers étaient charbonnés des pieds jusqu'à la tête, à l'exception des lèvres qui étaient frottées de vermillon. Fiers de leur victoire, ils exécutèrent leur danse au milieu du camp, portant la chevelure au bout d'une longue perche. Je parus tout à coup en leur présence et les invitai à se réunir en conseil. Là je leur reprochai vivement leur infidélité à la promesse solennelle qu'ils m'avaient faite l'année précédente, de vivre en paix avec leurs voisins les *Potowatomies*. Je leurs fis sentir l'injustice qu'ils commettaient en attaquant une nation paisible, qui ne leur voulait que du bien, qui même avait empêché leurs ennemis héréditaires, les *Ottoes*, les *Pawnées*, les *Sancs*, les *Renards*, et les *Aouways*, de venir fondre sur eux. Enfin je leur recommandai d'employer tous les moyens pour opérer une prompte réconciliation et éviter de terribles représailles dont ils ne manqueraient pas de devenir les victimes, assuré que j'étais que bientôt les *Potowatomies* et leurs alliés viendraient tirer vengeance de leur parjure et peut-être anéantir toute leur tribu. Confus de leur faute et en redoutant les conséquences, ils me conjurèrent de leur servir encore une fois de médiateur, et d'assurer les *Potowatomies* de leur résolution sincère d'enterrer à jamais leurs casse-têtes.

Le lendemain, 14 novembre, accompagné d'un métis iroquois, je m'embarquai sur le Missouri dans un canot; car
mon cheval, excédé de fatigue, était incapable de me porter
plus loin. Les neiges et le froid qui survinrent remplirent le
fleuve de glaçons, qui, s'entrechoquant avec les chicots dont
le fleuve est rempli, rendirent la navigation doublement dangereuse. Nous étions encore à trois cents milles de Council-
Bluffs, le premier établissement qu'on rencontre après le Vermillon, et dans une région où tous les foins des prairies et les
herbes des forêts avaient été brûlés par les Indiens jusqu'aux
bords du fleuve, et d'où par conséquent tous les animaux
s'étaient retirés. Nous tuâmes cependant un beau chevreuil,
qui semblait embarrassé et se tenait immobile sur le bord de
la rivière comme pour recevoir le coup mortel. Cinq fois nous
fûmes sur le point de périr et d'être renversés entre les nombreux chicots au milieu desquels les glaçons nous entraînaient
malgré tous nos efforts. Nous passâmes dix jours dans cette
dangereuse et inquiétante navigation, dormant la nuit sur des
bancs de sable, et ne faisant que deux repas, le soir et le
matin; encore n'avions-nous, pour toute nourriture, que des
platates gelées et un peu de viande fraîche. La nuit même de
notre arrivée chez nos Pères à Council-Bluffs, le fleuve se
ferma. Ce serait en vain que j'essaierais de rendre ce que
j'éprouvai en me retrouvant au milieu de nos Frères, après
avoir parcouru deux mille lieues flamandes au milieu des plus
grands dangers et à travers les pays des nations les plus barbares. J'eus cependant la douleur de remarquer les dégâts que
les hommes sans principes, les vendeurs de boissons, avaient
causés dans cette mission naissante; l'ivresse, et d'un autre
côté les invasions des *Scioux*, avaient fini par disperser mes
pauvres sauvages. En attendant des circonstances plus heureuses, les bons PP. Verreydt et Hoecken s'y occupent des
soins de leur saint ministère au milieu d'une cinquantaine de
familles qui ont eu le courage de résister à ces deux ennemis.

Je me suis acquitté auprès d'eux de la commission de la part des *Scioux*, et j'ose espérer qu'à l'avenir ils seront tranquilles de ce côté-là.

Je quittai Council-Bluffs le 14 décembre, pour me rendre à West-Port, ville frontière du Missouri. Je n'ai rencontré ni obstacle ni accident sur les terres des *Ottoes*, des *Aouways*, des *Sancs*, des *Kickapoux*, des *Delawares* et *Shawanous*, que j'ai traversées. La nuit du 22, je me trouvai chez le P. Point, à West-Port. Le lendemain, je pris la diligence dans la ville d'Indépendance ; et la veille du nouvel an, j'arrivai au milieu de mes chers Frères, à l'université de Saint-Louis.

Je me prépare maintenant à retourner à cette vigne inculte du Seigneur. Je partirai de bonne heure dans le printemps, accompagné de deux Pères et de trois Frères de notre communauté. Vous savez qu'une pareille entreprise ne peut s'exécuter sans des moyens proportionnés, et c'est un fait que je n'ai rien d'assuré ; toute mon espérance est dans la Providence et dans le zèle de mes amis.

P. J. DE SMET, S. J.

SECOND VOYAGE

du 21 avril au 31 octobre 1842.

PREMIÈRE LETTRE

À MM. CHARLES DE SMET, PRÉSIDENT DU TRIBUNAL DE TERMONDE,
ET FRANÇOIS DE SMET, JUGE DE PAIX, A GAND

Des bords de la Plate, 2 janvier 1841.

Enfin nous voici de nouveau en route pour nos chères Montagnes Rocheuses, déjà presque faits à la fatigue du voyage et plein des plus belles espérances. A l'heure qu'il est (midi passé), nous sommes assis sur les bords d'une rivière qui, comme je vous l'ai dit dans ma lettre de février dernier, n'a pas sa pareille au monde. Les sauvages l'appellent la *Nébraska* ou la rivière au Cerf; les voyageurs, la *Plate*. Irving, dans son *Astoria*, l'appelle la plus merveilleuse et la plus utile des rivières. La suite fera voir que toutes ces dénominations lui conviennent. C'est pour jouir plus tôt de la beauté et de la fraîcheur de son voisinage que nous avons fait ce matin plus de vingt milles à cheval, à jeun et à travers une solitude où pas une goutte d'eau ne coule; aussi dit-on que nos pauvres montures auront besoin de repos jusqu'à demain. Je n'en suis pas fâché, puisque cela me procure le plaisir de commencer une relation qui, j'en suis sûr, vous intéressera, quoique je revienne une seconde fois sur différents sujets traités dans celle de mon premier voyage.

Comme toutes les œuvres de Dieu, les commencements de la nôtre ont eu leurs preuves ; peu s'en fallut même que dès son début elle ne fût infiniment arrêtée, par l'ajournement imprévu de deux caravanes sur lesquelles nous avions trop compté, l'une de chasseurs pour la Compagnie des pelleteries américaines, l'autre d'explorateurs pour les Etats-Unis, à la tête de laquelle devait se trouver le célèbre M. Nicolet. Heureusement Dieu inspira à deux voyageurs estimables, dont j'aurais occasion de parler dans la suite, et peu après à une soixantaine d'autres, la bonne idée de faire la même route que nous, les uns pour leur santé, les autres pour leur instruction et leur plaisir, la plupart pour aller chercher fortune dans les terres beaucoup trop vantées de la Californie. Cette caravane formait un mélange extraordinaire de différentes nations ; chaque pays de l'Europe y avait son représentant, depuis le sud de l'Italie, jusqu'aux plus froides régions de la Russie ; ma petite compagnie seule, composée de onze personnes, en comptait huit.

La difficulté du départ une fois levée, bien d'autres lui succédèrent. Il fallait des provisions, des armes, des instruments de toute espèce, des moyens de transport, des conducteurs de charrettes, un bon chasseur, un capitaine, enfin tout ce qui devient nécessaire quand on a à parcourir un désert de huit cents lieues, où l'on ne rencontre guère que des ennemis à combattre, qui pillent, qui volent, qui tuent quand ils en trouvent l'occasion, et des obstacles à vaincre, tels qu'une foule de ravins, de marais, de rivières et de montagnes, qui vous arrêtent quelquefois tout court. Ce n'est souvent qu'à force de bras qu'on en tire les bêtes de charge ; toutes ces choses ne se font ni sans fatigue ni surtout sans argent. Ce secours ne manqua pas à nos besoins : d'abondantes aumônes nous furent envoyées de Philadelphie, de Cincinnati, du Kentucki, de Saint-Louis, de la Nouvelle-Orléans, ville que j'ai visitée en personne et qui est toujours à la tête des

autres quand il s'agit de se montrer compatissante et généreuse. Ces aumônes, et une partie des fonds que l'Association
de la Foi, cette belle perle de l'Eglise militante, avait placés
à la disposition de notre R. P. provincial pour l'avancement
des missions chez les sauvages, nous ont mis à même d'entreprendre ce long voyage.

Le but de mon voyage de l'année passée, chez les *Têtes-
plates*, était de m'assurer de leurs dispositions à l'égard des
Robes-noires qu'ils demandaient depuis longtemps. Parti de
Saint-Louis au mois d'avril 1840, j'étais arrivé sur les bords
du Colorado, lieu désigné pour le rendez-vous, précisément
au moment où une bande de *Têtes-plates* y était venue à
ma rencontre. Je visitai, dans ce premier voyage, outre les
Têtes-plates, plusieurs autres peuplades, telles que les *Pends-
d'oreilles* ou *Kalispels*, les *Nez-percés* ou *Sapetans*, les
Sheyennes, les *Serpents* ou *Soshonies*, les *Corbeaux* ou *Abs-
harokès*, les *Gros-Ventres* ou *Minatarées*, les *Ricaras*, les
Mandans, les *Kants*, plusieurs tribus de la nombreuse nation
des *Sioux* ou *Dacotas*, les *Omahas*, les *Ottas*, les *Aouways*,
etc. Partout je trouvai de si heureuses dispositions en notre
faveur, que, dans le désir de seconder plus activement
les desseins invisibles de la Providence sur tant de pauvres
âmes, je résolus, malgré les approches de l'hiver et de fré-
quents accès de fièvre, de me remettre en route à travers
une autre partie de l'immense solitude que je venais de parcourir, n'ayant d'autre guide, au milieu de cet océan de prairies
et de montagnes, qu'une boussole, d'autre défenseur parmi
vingt peuples ennemis des blancs qu'un Gantois, ancien grenadier de Napoléon; enfin d'autres provisions, au sein d'un
désert aride, que ce que la poudre et le plomb avec une
grande confiance en Dieu pouvaient nous procurer.

Je ne répéterai pas ici mes petites aventures, d'autant plus
que la relation que j'en ai faite vous sera probablement par-
venue. La merveille est que j'arrivai à Saint-Louis, plein de

santé, au plus fort de l'hiver. La promptitude inespérée de mon retour, le rapport si consolant que je pus faire sur le compte des *Têtes-plates*, tout avait contribué à faire sur l'âme généreuse de mes confrères une si vive impression, que presque tous, Pères et Frères, se crurent appelés à partager les travaux d'une mission qui offrait tant d'attraits à leur zèle. Néanmoins cinq seulement furent élus pour m'accompagner : c'étaient le P. Nicolas Point, Vendéen, aussi zélé et courageux pour le salut des âmes que le fut autrefois Larochejacquelin, son compatriote, dans la cause de son roi ; le P. Grégoire Mengarini, venu récemment de Rome, et que notre R. P. général lui-même avait jugé on ne peut plus propre à cette mission, à cause de son âge, de sa vertu, de sa facilité étonnante pour les langues, de ses connaissances en musique et en médecine, et trois Frères coadjuteurs, dont deux Belges, le frère Guillaume Claessens, charpentier ; le frère Charles Huet, ferblantier, espèce de factotum ; et un Allemand, le frère Joseph Specht, forgeron ; tous trois industrieux, pleins de dévouement à l'œuvre de la Mission et de la meilleure volonté du monde. Depuis longtemps ils avaient demandé et ardemment désiré ces missions comme étant les plus nécessiteuses et les plus faciles à amener à la perfection des anciennes missions du Paraguay. Je rendis grâces à Dieu de me voir associé à de si dignes compagnons ; je n'aurais pu désirer un meilleur choix. Lancé au milieu de l'immense désert du *Far West*, combien de fois ne me suis-je pas rappelé ces beaux vers de Racine :

O Dieu, par quelle route inconnue aux mortels
Ta sagesse conduit tes desseins éternels !

Le 30 avril, j'arrivai à West-Port, ville frontière de l'ouest des Etats-Unis. De Saint-Louis, nous avions mis sept jours pour faire en bateau à vapeur ce trajet de cinq cents milles ; ce qui peut donner la mesure des difficultés que présente la

navigation sur le Missouri au sortir de l'hiver. Alors, il est
vrai, les glaces sont fondues ; mais l'eau est encore si basse,
les bancs de sable si rapprochés, les chicots si nombreux,
que les bateaux ne peuvent avancer qu'avec les plus grandes
précautions. Ces mêmes difficultés se représentent à la fin de
l'automne. Je reviendrai plus tard sur la description géogra-
phique de cette rivière.

Nous débarquâmes sur la rive droite. Il y avait là une petite
cabane abandonnée, tout à fait semblable aux demeures de
nos pauvres campagnards belges, et où quelques jours auparavant une pauvre sauvagesse était morte. C'est dans ce réduit, si semblable à celui qui mérita la préférence du Sauveur
naissant, que nous nous casâmes avec empressement ; car
nous n'allions plus avoir, pour des mois entiers, d'autre abri
qu'une tente au milieu d'un désert immense. Une voiture
brûlée sur le bateau, un cheval qui s'est échappé en débarquant
pour ne plus revenir, un autre cheval malade à devoir laisser
en route, bien des choses qui demandaient supplément et ré-
paration, nous arrêtèrent en cet endroit jusqu'au 10 mai.

Nous partîmes donc le 10 de West-Port, et après avoir
passé par les terres des Shwanées et des Delawares, où nous
ne vîmes de remarquable qu'un collège de méthodistes bâti
au milieu des meilleures terres du pays, nous arrivâmes après
cinq jours de marche sur les bords de la belle rivière des
Kants, où nous trouvâmes ceux de nos gens qui nous avaient
précédés par eau avec une partie de notre bagage. Deux parents du grand chef des Kants étaient venus à notre rencontre
à plus de vingt milles de là ; pendant que l'un d'eux aidait nos
bêtes de somme à passer la rivière en nageant devant elles,
l'autre annonçait notre arrivée aux premiers de la peuplade
qui nous attendait sur l'autre rive, et le bagage, les voitures
et les hommes traversaient l'eau dans une grande pirogue ou
tronc d'arbre creux, qui de loin avait l'apparence de ces gon-
doles qu'on voit flotter dans les rues de Venise. Aussitôt que

les Kants, accourus à notre rencontre, eurent appris que nous allions camper sur les bords de la *Rivière-aux-Soldats*, qui n'est qu'à six milles de leurs village, ils se séparèrent de la caravane au grand galop et disparurent bientôt au milieu d'un nuage de poussière. A peine notre tente était-elle dressée, que le grand chef lui-même arriva avec six de ses plus braves soldats pour nous offrir ses civilités sauvages. Après m'avoir fait asseoir sur une natte qu'il fit étendre par terre, il tira solennellement de sa poche un portefeuille et me présenta les titres honorables qu'il tenait du Congrès américain. J'en pris lecture, et après que je lui eus procuré de quoi fumer le calumet, à son tour, en homme qui connaissait les convenances, il me fit accepter pour notre garde les deux braves qui étaient venus à notre rencontre. Tous deux étaient armés en guerre : l'un portait la lance et le bouclier ; l'autre avait un arc, des flèches, un sabre nu et un collier composé des griffes de quatre ours qu'il avait tués de sa propre main. Ces deux braves restèrent fidèles à leur poste, c'est-à-dire à l'entrée de notre tente, pendant les trois jours et les trois nuits qu'il nous fallut attendre après les retardataires de la caravane. En les quittant, nous leur fîmes présent de quelques bagatelles, qui achevèrent de nous gagner leur affection.

Le 19, nous continuâmes notre route, au nombre d'environ soixante-dix personnes, dont plus de cinquante étaient en état de se servir de la carabine, nombre plus que suffisant pour entreprendre avec prudence la longue course qui nous restait à fournir. Pendant que le gros de la troupe s'avançait vers l'ouest, le P. Point, un jeune Anglais et moi, nous déclinâmes sur la gauche pour visiter le premier village de nos hôtes. Arrivés à quelque distance de leurs loges, nous fûmes frappés de la ressemblance qu'elles ont avec ces larges meules de froment qui couvrent nos guérets après la moisson. Il n'y en avait guère qu'une vingtaine groupées sans ordre à quelque distance les unes des autres ; mais chacune d'elles couvrait un

6

espace circulaire d'environ cent vingt pieds de circonférence,
ce qui suffit pour abriter commodément de trente à quarante
personnes. Tout le village nous parut devoir renfermer sept à
huit cents âmes; approximation justifiée d'ailleurs par le chiffre
total de la peuplade des Kants, qui est d'environ quinze cents,
répartis en deux villages à une vingtaine de milles de distance
l'un de l'autre. Ces loges, quoique humides, paraissent cependant réunir à la solidité la commodité et l'agrément. De la
muraille circulaire, faite de terre, et qui s'élève perpendiculairement à hauteur d'homme, partent des perches courbées,
aboutissant à une ouverture centrale, qui sert tout à la fois
de fenêtre et de cheminée. La porte de l'édifice est une peau
brute ; elle s'ouvre du côté le plus abrité contre le vent ; le
foyer est placé au milieu de quatre poteaux ou colonnes destinées à soutenir la rotonde ; les lits sont rangés en cercle
autour de la muraille, et dans l'espace compris entre les lits
et le foyer, se trouvent les habitués de la loge, les uns debout, les autres assis ou couchés sur des peaux ou sur des
nattes de jonc ; il paraît que ces dernières ont plus de valeur
à leurs yeux, car entre les honneurs qu'on nous fit lorsque
nous entrâmes dans la loge, on nous en présenta une de cette
espèce.

Il me serait impossible de peindre tout ce que nous vîmes
de curieux pendant la demi-heure que nous passâmes au milieu
de ces figures étranges ; bien certainement un Teniers y eût
vu des trésors ; ce qui me frappa davantage, c'était la physionomie vraiment à caractère de la plupart de ces personnages,
le naturel de l'attitude, la vivacité de l'expression, la singu-
larité des costumes, la variété des occupations.

Les femmes seules se livraient à un travail proprement
dit : il semblait que la tâche de gagner le pain à la sueur de
son front ne regardât qu'elles. Pour n'être point détournées
de leurs travaux par le soin de ceux de leurs enfants qui ne
marchent pas encore, elles les avaient attachés par les pieds

et les mains à un morceau d'écorce ou à une planche d'assez grande dimension pour les préserver des blessures que pourraient leur causer les objets environnants, et avaient déposé ce meuble, que je n'oserais appeler berceau ni fauteuil, quoiqu'il réunisse les avantages de l'un et de l'autre, les unes sur un lit, d'autres à leurs pieds ou dans quelque coin. En voyage, elles s'en servent également, et le portent, tantôt sur le dos, à la façon des Egyptiennes ou diseuses de bonne aventure, quelquefois à leur côté, le plus souvent suspendu au pommeau de leur selle ; tandis qu'en même temps elles traînent derrière elles ou qu'elles poussent en avant les bêtes de somme qui portent avec la tente le bagage et quelquefois les armes de leurs maris, elles galopent en cet équipage aussi vite qu'eux ; et ces innocentes créatures paraissent comprendre que crier et pleurer ne les soulage pas, car c'est rare qu'on entende leurs sons plaintifs.

Mais revenons à notre loge. Que faisaient les hommes? Lorsque nous entrâmes, les uns causaient en attendant le repas (car manger est leur principale occupation lorsqu'ils ne dorment pas) ; d'autres fumaient, s'amusant à renvoyer la fumée par leurs narines ; d'autres s'occupaient de leur toilette ; et comme ils s'arrachaient soigneusement les poils de la barbe et des sourcils, j'eus l'occasion de remarquer que l'embellissement de la tête était le principal objet de leurs soins. Contre la coutume de la plupart des sauvages qui laissent croître leur chevelure (parmi les Corbeaux il y a un chef dont la chevelure est de onze pieds), les Kants se rasent entièrement, à la réserve d'un bouquet fortement crêpé, qu'ils laissent au sommet de la tête, pour recevoir le plus bel ornement, selon eux, dont une tête d'homme soit susceptible, je veux dire la plume d'une queue d'aigle, qu'ils regardent comme le symbole du guerrier. Cette plume, tantôt s'élève sur la tête et flotte en forme de panache, tantôt descend sur la nuque, quelquefois voltige autour des tempes. Pendant que nous fumions le calumet avec les principaux de la loge, je ne pouvais me lasser de considérer une espèce de dandy, qui se mirait sans cesse pour donner à son plumet la tournure la plus gracieuse, sans pouvoir atteindre au degré de perfection qu'il paraissait chercher. Le P. Point devint bientôt une objet d'attention et presque d'hilarité pour les enfants, à cause du peu de soin qu'il avait mis à se raser. Ainsi, à leurs yeux, menton sans barbe, yeux sans cils et sans sourcils, tête sans cheveux, voilà autant de conditions de beauté essentielles. Mais ce n'est là qu'une partie de leur parure, et les peines qu'ils se donnent pour arriver à la perfection du genre sont vraiment inconcevables. Imaginez-vous donc cette tête sans poil, surmontée d'un plumet ; autour des yeux un cercle de vermillon ; sur tout le visage des sillons blancs, noirs ou rouges qui serpentent dans tous les sens ; aux oreilles, trouées du haut en bas, des pendants formés de morceaux de fer, d'étain, de faïence ou de porcelaine, qui se rabattent en grosses touffes et tintent sur les épaules ; au cou un collier de fantaisie qui tombe en large demi-cercle sur la poitrine ; au milieu de ce collier, un grand médaillon d'argent ou de cuivre ; aux bras et aux poignets des bracelets de laiton, de fil de fer, de cuivre ou de fer-blanc ; autour des reins une ceinture de couleur tranchante ; à laquelle ils attachent d'un côté un sac garni de *kennekenic* (herbe qu'ils fument avec le tabac), et de l'autre une gaîne à coutelas ; aux jambes des mitaines, et aux pieds des souliers brodés en porc-épic ; et, par-dessus tout cela, en guise de manteau, une couverture, n'importe de quelle couleur, drapée autour du corps selon le caprice ou le besoin du porteur : imaginez-vous tout cela, et vous aurez l'idée d'un *Kant* enchanté de lui-même et de sa parure.

Pour le vêtement, les formes extérieures, le langage, la manière de prier et de faire la guerre, les Kants ressemblent beaucoup aux sauvages leurs voisins, avec qui d'ailleurs ils sont en relation d'amitié de temps immémorial. Leur taille est généralement haute et bien prise : leur physionomie, comme je l'ai déjà dit, a quelque chose de mâle; leur langage, saccadé et guttural, est encore remarquable par la longueur et la forte accentuation de ses désinences, ce qui n'empêche pas leur chant d'être on ne peut plus monotone ; d'où l'on pourrait conclure que les eaux de leur rivière, quoique fort belles, n'ont cependant pas la vertu des eaux du Paraguay. Quant aux qualités qui distinguent l'homme de la brute, ils sont loin d'en être dépourvus : à la force du corps et au courage, ils ajoutent un bon sens et une adresse que n'ont pas tous les sauvages. Dans leurs guerres ou à la chasse, ils se servent, comme les blancs, de la carabine, ce qui leur donne sur leurs ennemis une grande supériorité.

Parmi les chefs de cette peuplade, il s'est rencontré des hommes vraiment distingués sous plus d'un rapport : le plus connu de tous, parce que Bonneville en parle dans ses mémoires, s'appelait la *Plume-blanche*. L'auteur de la conquête de Grenade nous le représente d'une forme et d'un caractère tout à fait chevaleresque ; le fait est qu'il était doué d'une intelligence, d'une franchise, d'un courage et d'une générosité peu communs. Il avait connu particulièrement le révérend M. de la Croix, l'un des premiers missionnaires catholiques qui visitèrent cette partie de l'Ouest, et il avait conçu pour lui, et par suite de leurs entretiens, pour toutes les Robes-noires, une profonde vénération. Il n'en était pas de même des ministres protestants, il méprisait également leur personne et leur réforme. Un jour que l'un d'eux lui parlait de conversion, « Se convertir, lui répondit ce philosophe sauvage; oui, c'est bon, pourvu qu'on ne change sa religion que contre une meilleure. Pour moi, je n'en connais de bonne que celle qui est enseignée et pratiquée par les Robes-noires. Si donc tu veux me convertir, il faut d'abord que tu laisses là ta femme, puis que tu endosses l'habit que je vais te montrer ; ensuite nous verrons. » Cet habit était une soutane, autrefois à l'usage du missionnaire, et qu'il y avait laissée avec le souvenir de ses vertus ; elle fut bientôt apportée. Mais que fit ou que répondit M. le ministre ? je suis encore à le savoir.

Bien que cette réponse fût un peu plaisante, il ne faudrait pas en conclure que ce sauvage parlât de la religion à la légère : loin de là : semblables en ce point à toutes les tribus indiennes, les Kants sont toujours sérieux quand ils parlent ou entendent parler de la religion. Pour peu qu'on les observe, on s'apercevra même que le sentiment le plus enraciné dans leur cœur et qu'ils expriment le plus souvent dans le détail de leurs actions, est l'esprit et le sentiment religieux. Jamais, par exemple, ils ne prendront le calumet sans en offrir les prémices à leur divinité tutélaire ; jamais ils n'iront à l'ennemi sans avoir consulté le Grand-Esprit : au milieu des passions les plus fougueuses, ils lui adresseront leurs vœux ; en assassinant une femme ou un enfant sans défense, ils invoqueront le Maître de la vie. Enlever beaucoup de chevelures à l'ennemi, lui voler beaucoup de chevaux, voilà l'objet de leurs vœux ; c'est aussi celui de leurs plus ardentes prières : souvent ils y ajouteront les jeûnes, les macérations, le sacrifice. Dans le cours de l'hiver dernier, que ne firent-ils pas pour se rendre le Ciel propice? et pourquoi, pour obtenir la grâce de parvenir heureusement à massacrer, dans l'absence de leurs maris et de leurs pères, toutes les femmes et tous les enfants qu'ils trouveraient dans le premier village des Pawnées, leurs voisins. Et, en effet, ils enlevèrent la chevelure à quatre-vingt-dix victimes, et firent prisonniers ceux qu'ils jugèrent à propos de ne pas massacrer. C'est qu'à leurs yeux tout est permis à la vengeance ; les massacres les plus horribles, loin d'être un crime, sont pour eux des actes de vertu religieuse, de la vertu par excellence des grandes âmes. Le Kant se venge, parce qu'à ses yeux il n'y a qu'une âme basse qui puisse pardonner des affronts, et il nourrit sa rancune, parce que sa

vengeance seule peut lui faire oublier le poids d'infamie dont
il se croit accablé par l'injure. Essayer, sans l'Evangile, de
leur faire comprendre qu'il ne peut y avoir ni mérite ni gloire
à massacrer un ennemi sans défense, ce serait peine perdue.
Il n'y a qu'une exception à cette loi barbare, c'est quand l'ennemi vient de lui-même se réfugier dans leur village. Tant
qu'il y demeure, son asile est inviolable, sa vie même y est
plus en sûreté que dans sa propre loge : mais malheur à lui
s'il s'en écarte d'un seul pas : à peine en est-il sorti, qu'il a
rendu à ses hôtes tous les droits imaginaires que l'esprit de
vengeance leur avait donnés sur lui.

Bien qu'ils soient cruels à l'égard de leurs ennemis, les
Kants ne sont pas étrangers aux sentiments les plus tendres
de la pitié, de l'amitié ou de la compassion. A la mort de leurs
proches parents, ils sont quelquefois inconsolables, et laissent croître leur chevelure pour exprimer leur douleur. Le
grand chef s'excusa devant nous de ce qu'il avait les cheveux longs, disant (ce qu'on aurait pu deviner à la tristesse
de son visage), qu'il avait perdu son fils. Je voudrais encore
pouvoir vous rendre le sentiment d'étonnement respectueux
et de compassion douce qu'on vit se peindre sur le visage de
trois Kants venus à notre petite chapelle de West-Port, lorsqu'on leur montra un *Ecce Homo* et une statue de Notre-Dame
des Sept-Douleurs ; surtout quand l'interprète leur eut fait
comprendre que cette tête couronnée d'épines et qui versait
de grosses larmes, était bien réellement l'image du Sauveur
du monde, et que ce cœur percé de sept glaives était celui de
sa Mère. Ces deux circonstances, jointes à ce que j'aurai occasion de rapporter plus tard, ne pourraient-elles pas venir à
l'appui de cette belle pensée, que l'âme de l'homme est naturellement chrétienne, et que si l'on commençait à y jeter des
germes de foi pure et d'amour de Dieu bien entendu, il serait
facile, avec le secours d'en haut, qui ne manquerait pas
alors, d'amener les cœurs les plus féroces à la plus tendre

compassion pour leurs semblables. Qu'étaient les Iroquois avant leur conversion , et que ne sont-ils pas devenus depuis? Pourquoi les Kants , et tant d'autres sauvages réunis sur les confins de la civilisation américaine , sont-ils si différents de plusieurs peuplades du Far-West et conservent-ils cette férocité de mœurs? Pourquoi les dépenses faites en leur faveur par la philanthropie protestante n'amènent-elles aucun résultat satisfaisant? Pourquoi les germes de civilisation, répandus dans le sein de ces peuplades par la main de leurs sociétés savantes , sont-ils tous comme frappés de stérilité? Ah ! il ne faut pas en douter, c'est que , pour humaniser, civiliser, convertir, surtout les sauvages , il faut autre chose que la politique humaine et le zèle du protestantisme. Puisse le Dieu de bonté , en qui seul nous mettons notre confiance , bénir notre entreprise , et prouver ainsi que les gouttes de nos sueurs ont besoin de la rosée du ciel pour féconder le sein de la terre et lui faire porter autre chose que des ronces et des épines !

Lorsque nous quittâmes le village des Kants, deux de leurs guerriers , l'un premier soldat de la nation , l'autre à qui l'on donnait le titre de capitaine, vinrent nous donner le pas de conduite. En quittant le premier village , nous traversâmes un grand champ dévasté, que les Etats-Unis avaient fait défricher et ensemencer pour eux quelques années auparavant; triste preuve de ce que je viens de dire des moyens de civilisation employés par les protestants.

Nos deux compagnons sont restés avec nous jusqu'au lendemain, et ils fussent demeurés beaucoup plus longtemps, s'ils n'avaient pas eu à craindre les plus terribles représailles de la part des Pawnées , à cause des massacres dont j'ai parlé plus haut. Ayant donc reçu de nous des remercîments et de quoi fumer le calumet pour la peine qu'ils avaient prise , ils s'en retournèrent à leur village par le plus court chemin ; et bien leur en prit, car nous n'avions pas encore marché deux jours , que quelques-uns de nos gens rencontrèrent un parti de Pawnées, se dirigeant de leur côté et ne respirant que vengeance.

Les Pawnées sont divisés en quatre tribus, répandues dans les fertiles environs de la Plate et sur les fourches supérieures de la rivière des Kants. Quoique six fois plus nombreux que les Kants, ils ont presque toujours été battus par ceux-ci, parce qu'ils n'ont ni les armes, ni l'adresse, ni la force, ni le courage de leurs rivaux. Cependant, comme le parti en question paraissait avoir bien pris ses mesures, et que chez eux la passion de la vengeance était exaspérée au dernier point, par le souvenir encore récent du massacre de leurs mères, de leurs femmes et de leurs enfants, nous ne pouvions nous empêcher de craindre beaucoup pour les Kants ; déjà même nous nous peignions les Pawnées se baignant dans le sang de leurs ennemis, lorsque deux jours après leur passage nous les vîmes revenir sur leurs pas. Les deux premiers qui s'approchèrent de nous se faisaient remarquer, l'un par une chevelure humaine pendu au mors de son cheval, l'autre par un drapeau américain drapé autour de son corps en guise de manteau : symbole de victoire qui nous firent mal augurer du sort de nos hôtes. Mais le chef de notre caravane les ayant interrogés par signes sur le résultat de leur expédition, nous apprîmes d'eux-mêmes qu'ils n'avaient pas même vu l'ennemi, et qu'ils avaient grande faim. On leur donna, ainsi qu'à une quinzaine d'autres qui les suivaient de près, non-seulement de quoi manger, mais encore de quoi fumer. Ils mangèrent beaucoup, mais ne fumèrent pas, et contre la coutume des sauvages, qui, après un repas en attendent presque toujours un autre, ils partirent d'un air qui annonçait qu'ils n'étaient pas contents. La brusquerie de ce départ, le calumet mis de côté, ce retour précipité de leur expédition, le voisinage rapproché de leurs peuplades, leur amour bien connu pour un pillage facile, tout contribuait à nous faire craindre de leur part quelques tentatives, sinon contre nos personnes, du

moins contre nos chevaux et bagages ; mais, grâce à Dieu,
nos appréhensions furent vaines, ils partirent, et pas un ne
reparut

Quoique menteurs et voleurs, chose assez étonnante, les
Pawnées sont presque vrais croyants au sujet de la vie à venir, et plus que pharisiens dans l'observance de leurs pratiques superstitieuses. La danse, la musique, aussi bien que
le jeûne, la prière et le sacrifice, font partie essentielle de
leur culte. Le plus ordinaire est celui qu'ils rendent à un
oiseau empaillé, rempli d'herbes et de racines auxquelles ils
attribuent une vertu surnaturelle. Ils disent que ce manitou a
été envoyé à leurs ancêtres par l'étoile du matin, pour leur
servir de médiateur quand ils auraient quelque grâce à demander au Ciel. Aussi, toutes les fois qu'il s'agit d'entreprendre
quelque affaire importante, ou d'éloigner quelque fléau de la
peuplade, l'oiseau médiateur est exposé à la vénération publique, et pour le rendre propice, ainsi que le grand manitou dont il n'est que l'envoyé, on fume le calumet, et la première fumée qui en sort est dirigée vers la partie du ciel où
brille leur astre protecteur.

A l'oblation du calumet, les *Pawnées*, dans les occasions
solennelles, joignent le sacrifice sanglant, et selon ce qu'ils
disent avoir appris de l'*oiseau* et de l'*étoile*, l'holocauste le
plus agréable au Grand-Esprit est celui d'un ennemi immolé
de la manière la plus cruelle possible. On ne peut entendre
sans horreur les circonstances qui accompagnèrent l'immo-
lation d'une jeune *Sciouse*, dans le cours de l'année 1837.
C'était au moment des semailles, et dans le but d'obtenir
une bonne récolte. Voici en abrégé ce que j'en ai appris.

Cette enfant, car elle n'avait que quinze ans, après avoir
été nourrie six mois dans l'idée qu'on lui préparait une fête
pour le retour de la belle saison, se réjouissait en voyant s'enfuir
les derniers jours de l'hiver. La veille du jour marqué pour
la prétendue fête, on fit une coupe de bois dans la forêt, et

l'on fit comprendre à la jeune fille qu'elle devait aider à abattre les arbres et à aiguiser les poteaux. Le lendemain, elle fut revêtue de ses plus beaux ornements, et placée au milieu des guerriers qui semblaient ne l'escorter que par honneur. Lorsque le cortége se mit en marche, chacun de ces guerriers, outre ses armes, qu'il tenait soigneusement cachées, portait deux pièces de bois qu'il avait reçues des mains de la victime. Celle-ci était elle-même chargée de trois poteaux ; mais croyant marcher à un triomphe, et n'ayant dans l'imagination que des idées riantes, elle s'avançait vers le lieu de son sacrifice, dans la plus entière sécurité, pleine de ce mélange de timidité et de joie si naturelle à une enfant prévenue de tant d'hommages.

Pendant la marche, qui fut longue, le silence ne fut interrompu que par des chants religieux et des invocations réitérées au Maître de la vie ; en sorte qu'à l'extérieur tout contribuait à entretenir l'illusion si flatteuse dont on l'avait bercée jusqu'alors. Mais lorsqu'on fut parvenu au terme, et qu'elle ne vit plus que des feux, des torches et des instruments de supplice, alors ses yeux commençant à s'ouvrir sur le véritable sort qui l'attendait, quelle ne fut pas sa surprise ! et lorsqu'il ne lui fut plus possible de se faire illusion sur son sort, qui pourrait dire les déchirements de son âme ? Des torrents de larmes coulèrent de ses yeux ; son cœur se répandait en cris lamentables ; ses mains suppliantes s'élevaient vers le ciel ; puis elle priait, conjurait ses bourreaux d'avoir pitié de son innocence, de sa jeunesse, de ses parents ; mais en vain : ni ses larmes, ni ses cris, ni ses prières, ni les promesses libérales d'un marchand qui se trouvait là, rien ne fut capable d'adoucir ces barbares. Malgré la résistance de la jeune fille, ils l'attachent impitoyablement aux branches de deux arbres et aux trois poteaux dont ses épaules avaient été chargées comme d'un trophée ; ils lui brûlent ensuite les parties du corps les plus sensibles, avec des torches ardentes faites de ce même bois que ses propres mains avaient distribué aux guerriers de l'escorte. Après que son supplice eut duré aussi longtemps que la soif de la vengeance et la rage du fanatisme peuvent permettre à des cœurs féroces de jouir d'un si horrible spectacle, le grand chef lui décocha au cœur une flèche qui fut à l'instant suivie d'une grêle de traits, lesquels, après avoir été violemment tournés et retournés dans ses blessures, en furent arrachés de manière à ne faire de son corps qu'un amas de chairs meurtries d'où le sang ruisselait de toutes parts. Quand il eut cessé de couler, le grand sacrificateur, pour couronner dignement tant d'atrocités, s'approcha de la victime expirante, en arracha le cœur encore palpitant, et vomissant mille imprécations contre la nation sciouse, le porta à sa bouche et le dévora aux acclamations des guerriers, des femmes et des enfants de la tribu. Après avoir laissé le corps en proie aux bêtes féroces, et répandu le sang sur les semences pour les féconder, chacun se retira dans sa loge, content de soi-même et plein de l'espérance d'une bonne récolte.

De telles atrocités n'étaient propres qu'à attirer sur ces sauvages les plus cruelles représailles. Aussi à peine la nouvelle s'en fut-elle répandue, que les Scioux, brûlant de venger leur nation, jurèrent tous qu'ils ne seraient satisfaits que lorsqu'ils auraient massacré autant de Pawnées que leur victime avait de phalanges aux doigts et d'articulations dans chacun de ses membres. L'effet ne tarda pas à suivre la menace. Déjà plus de cent Pawnées sont tombés sous les coups de leurs ennemis ; et le massacre de leurs femmes et de leurs enfants, commis l'hiver dernier par les Kants, a mis le comble à leur désolation.

A la vue de tant d'horreurs, qui pourrait ne pas reconnaître l'influence invisible de l'ennemi du genre humain, et être prêt à tout faire, pour donner à ces pauvres peuples la connaissance du vrai Médiateur et du véritable sacrifice, sans lesquels il est impossible d'apaiser la justice divine ?

DEUXIÈME LETTRE

Rivière d'Eau-Sucrée, le 14 juillet 1841.

Voilà deux longs mois que nous sommes en route; mais enfin nous commençons à apercevoir ces chères montagnes, où nos vœux nous transportent depuis si longtemps. On les appelle *Rocheuses,* à cause de leur composition qui n'admet guère que le granit et le silex. La longueur, le cours et l'élévation de cette chaîne imposante lui ont fait donner le surnom d'*Épine dorsale* du Nouveau-Monde. Parcourant du nord au sud presque toute l'Amérique septentrionale, renfermant les sources des plus grands et des plus beaux fleuves de l'univers, elle a pour branche du côté de l'ouest, l'éperon des *Cordilières,* qui s'étendent dans le Mexique, et du côté du levant, les montagnes moins connues peut-être, mais non moins admirables, de la *Rivière-aux-Vents.* Ces dernières renferment les sources de plusieurs grandes rivières, dont les unes se déchargent dans la mer Pacifique, et les autres dans le grand fleuve qui porte le tribut de ses eaux à l'Atlantique. Les *Côtes-Noires,* les plaines élevées qui séparent les sources du haut Missouri de celles du Mississipi et qu'on appelle le *Coteau des prairies,* les montagnes *Azark* et les *Massernes* peuvent être considérées comme les ramifications des Montagnes Rocheuses.

D'après les observations faites au moyen du baromètre, d'accord avec les calculs de la trigonométrie, les mémoires de Bonneville portent la hauteur de quelques-uns de leurs pics à vingt-cinq mille pieds au-dessus du niveau de la mer, élévation

qui paraîtrait plus qu'exagérée si l'on s'en rapportait au seul
témoignage des yeux ; mais tout le monde sait que les montagnes placées au milieu d'une plaine immense ressemblent
aux vaisseaux qui flottent sur la mer ; elles paraissent toujours
moins élevées qu'elles ne le sont en effet. Quoi qu'il en soit
de leur plus ou moins d'élévation, c'est au pied de ces colosses
de la création que nous avions l'espérance de trouver nos
chers néophytes ; mais un exprès envoyé pour leur annoncer
notre arrivée prochaine vient de revenir avec la nouvelle que
des sauvages qui y ont campé, il y a environ quinze jours,
sont descendus vers le sud pour la chasse du buffle. Ces
sauvages appartiennent-ils à la tribu des *Têtes-plates* ou à
d'autres, nous n'en savons rien ; un second messager va partir
pour s'en informer ; en attendant son retour, je continue ma
relation.

L'extrême lenteur de notre marche, qui nous a permis de
prendre de nombreuses notes sur les lieux, peut aussi en garantir l'exactitude, qualité d'autant plus désirable qu'elle ne
se trouve pas toujours dans les récits publiés sur ces régions
lointaines. Cependant, pour ne pas outrepasser les bornes d'une
très-longue lettre, je ne dirai que quelques mots sur les perspectives, les fleurs, les oiseaux, les animaux, les sauvages et
les aventures de notre route.

A l'exception des buttes qui courent parallèlement des deux
côtés de la *Plate* jusqu'aux *Côtes-Noires*, et des Côtes-Noires
elles-mêmes qui viennent se joindre aux Montagnes Rocheuses,
on pourrait appeler un océan de prairies, les quinze cents milles
que nous avons parcourues de *West-Port* aux sources de
l'*Eau sucrée* ; le terrain offre partout ce genre d'accidents qui
ressemblent aux ondulations de la mer quand elle est agitée
par quelque tourmente. Nous avons rencontré sur le sommet
de quelques tertres, des pétrifications et des coquillages tels
qu'il s'en trouve dans certaines montagnes de l'Europe. Je ne
doute nullement que des géologues de bonne foi ne recon-

naissent ici, comme ailleurs, des vestiges incontestables du déluge. Un fragment de pierre que je conserve me semble en renfermer plusieurs.

A mesure que, s'éloignant du Missouri, on s'enfonce dans les contrées de l'ouest, les forêts diminuent d'épaisseur, d'élévation et de profondeur, à peu près en raison directe de la moindre quantité d'eau qui les arrose. Bientôt sur les bords des torrents on ne voit plus qu'une lisière de bois assez étroite, où se trouvent rarement des arbres de haute futaie. Dans le voisinage des ruisseaux il ne croît guère que des buissons de saules, et là où l'eau manque, on chercherait en vain autre chose que de l'herbe; encore ne se montre-t-elle que dans les plaines fertiles qui s'étendent de *West-Port* jusqu'à la *Plate*. Cette liaison intime entre les eaux et les bois est si sensible à tous les yeux, que nos bêtes de somme n'avaient pas cheminé huit jours dans ce désert, que déjà on les voyait, surtout quand la marche avait été longue, tressaillir et doubler le pas, à la vue des arbres qui s'élevaient dans le lointain. Cette rareté de bois dans les contrées de l'ouest, si contraire à ce qui se faisait remarquer dans les autres parties de l'Amérique septentrionale, provient de deux causes principales ; dans les plaines située en deçà de la Plate, elle est le résultat de la coutume qu'ont les Indiens dans ces parages de brûler leurs prairies vers la fin de l'automne pour avoir de meilleurs pâturages au retour du printemps ; et dans le Far-West, où les sauvages se gardent bien d'agir ainsi, soit pour ne pas éloigner les animaux nécessaires à leur subsistance, soit pour ne pas se laisser découvrir par les partis ennemis, cette rareté de bois provient de la nature du sol. En effet, le sol n'y est que de sable et de terre si légère et partout si aride, qu'à l'exception des éternelles absinthes qui couvrent les plaines et de la sombre verdure des arbres résineux qui ombragent les montagnes, toute la végétation est obligée, sous peine de mort, de chercher un refuge dans les sinuosités des rivières, ce qui rend les voyages du *Far-West* extraordinairement longs et ennuyeux.

De loin en loin, surtout dans la rivière des *Kants* et la *Plate*, on trouve des blocs de granit de différentes grandeurs et couleurs ; le rosâtre ou le granit porphyre est le plus commun. On voit aussi dans quelques sites pierreux des *Côtes-Noires* une infinité de petits cailloux de mille nuances diverses ; j'en ai vu de tellement coagulés ensemble qu'ils ne formaient plus qu'une seule masse ; bien polis, ces blocs feraient de superbes mosaïques. La fameuse colonnade de la chambre du Congrès américain, qui passe pour une des plus riches qui existent, est de cette composition.

Le 29 juin, fête de saint Pierre, nous trouvâmes une carrière non moins curieuse, que nous prîmes d'abord pour du marbre blanc ; mais bientôt nous nous aperçûmes que c'était quelque chose de mieux. Etonnés de la facilité avec laquelle se façonnait cette pierre, la plupart des voyageurs s'en firent des calumets ; moi-même, j'en fis tailler plusieurs dans le dessein d'en faire présent aux chefs sauvages ; en sorte que pendant deux jours on ne vit parmi nous que des lapidaires. Mais, hélas ! incapable de résister à l'action du feu, tous nos calumets se brisèrent à la première épreuve ; c'était une belle carrière d'albâtre.

Le premier rocher vraiment digne de ce nom que nous rencontrâmes, et comme le premier degré de cette fameuse chaîne que nous allions gravir, est le roc *Indépendance*. Il est de la même nature que les Montagnes Rocheuses. D'abord je crus que ce titre fastueux lui venait de son isolement des autres et de la force extraordinaire de son assiette ; mais ensuite j'appris qu'il était ainsi appelé uniquement parce que les voyageurs qui eurent les premiers l'idée de lui donner un nom étaient arrivés dans son voisinage le jour même où les Etats-Unis célèbrent l'anniversaire de leur séparation d'avec l'Angleterre. Nous y arrivâmes le lendemain du même jour. Nous avions avec nous un jeune Anglais non moins jaloux que les Amé-

ricains de la gloire de sa nation, raison de plus pour ne pas
crier *Vive l'Indépendance*. Cependant, le jour suivant, pour
qu'il ne fût pas dit que nous passions avec indifférence devant
ce grand monument du désert, nous inscrivîmes nos noms sur
le flanc du roc qui regarde le sud, à la suite du saint nom de
Jésus (IHS), que nous voudrions avoir gravé partout, et à
côté d'un grand nombre d'autres dont plusieurs peut-être ne
devraient se trouver nulle part. A cause de ces noms et de
toutes les dates qui les accompagnent, ainsi que des hiéro-
glyphes des guerriers sauvages, j'avais appelé ce roc, à mon
premier voyage, *le grand Registre du désert*.

Un mot des buttes qui se trouvent dans le voisinage de la
Plata. La plus curieuse de toutes, du moins la plus connue
des voyageurs ordinaires, est celle qu'ils nomment *la Cheminée*. Elle est ainsi appelée à cause de sa forme extérieure ;
mais à ne consulter que la ressemblance, peut-être eût-il
mieux valu l'appeler l'*Entonnoir*. En y comprenant le sou-
bassement, la base et la colonne, sa hauteur ne serait guère
que de quatre à cinq cents pieds ; la Cheminée proprement dite
n'en aurait même que cent trente à cent cinquante. Ce n'est
donc pas dans la grandeur de ces dimensions que consiste le
merveilleux ; mais comment ce reste d'une montagne de sable
et d'argile a-t-il pu, malgré les vents dont la violence est extrême dans ces contrées, subsister aussi longtemps sous
cette forme ? comment même la Cheminée a-t-elle pu se former ainsi ? voilà ce qui est vraiment étonnant. Il est vrai
que, comme toutes les buttes qui l'environnent, elle présente
successivement dans sa composition des couches horizontales
et perpendiculaires, et que toutes ces buttes ont à mi-côté une
espèce de ceinture d'argile à l'état de pétrification ou qui tient
de milieu entre la terre et la pierre. Si l'on pouvait conclure
de ces deux faits qu'à une certaine hauteur, selon la
portion horizontale et perpendiculaire de ses couches, cette
espèce de terrain est susceptible de se durcir de manière à se

7

rapprocher de la pierre, peut-être cela servirait-il un peu à
expliquer l'étonnante formation de ce singulier monument ;
mais son existence n'en resterait pas moins un problème. Si
quelque savant désire en donner la solution, qu'il se hâte de
visiter la Cheminée ; car une crevasse qui la sillonne dans le
haut, et qui bientôt, je le pense, s'étendra jusqu'au pied ,
nous prédit que dans peu il n'en restera plus que le souvenir.

La Cheminée n'est pas la seule merveille qui se fasse remarquer dans cette vaste solitude. Parmi les plus curieuses,
l'une est appelée *la Maison*, une autre *le Château*, une troisième *le Fort*, etc.; et vraiment, si l'on ne savait qu'on voyage
dans un désert où il n'existe réellement d'autre édifice que la
tente que l'on dresse le soir et qu'on enlève le matin, on
dirait que toutes les buttes comprises dans un espace d'environ
cinquante milles sont autant de vieilles forteresses et de châteaux gothiques ; et avec un peu d'imagination et une teinture
d'histoire, on se croirait transporté au milieu des antiques
castels de la chevalerie errante. Ici, ce sont de larges fossés ;
là, de hautes murailles ; ailleurs, des avenues, des jardins,
des vergers ; plus loin, le parc, les étangs, la haute futaie :
vous croyez voir un de ces vieux manoirs du moyen âge. Aidez
encore un peu à l'illusion, et le château va vous apparaître sur
ses lointains créneaux ; c'est bien lui, c'est sa voix que vous
venez d'entendre dans le murmure confus des brises du
désert... Mais approchez, et, au lieu de ces antiquités imaginaires, vous ne trouvez qu'une terre aride et crevassée en
tous sens par la chute des eaux, un repaire où s'agite une
infinité de serpents à sonnettes et d'autres reptiles venimeux.

Après le *Missouri*, qui est dans l'ouest ce que le *Mississipi*
est du nord au sud, les plus belles rivières sont le *Kanzas*,
la *Plate*, la *Roche-jaune* et l'*Eau-sucrée*. La première se
décharge immédiatement dans le Missouri et se fait remarquer
par un grand nombre de ses tributaires. Dans le seul espace
qui la sépare de la *Plate*, nous en avons compté jusqu'à dix-

huit, ce qui suppose un grand nombre de sources, consé-
quemment un sol compact ; aussi l'herbe y croît partout. C'est
le contraire dans le voisinage de la *Plate* : même sur les buttes
qui courent parallèlement à quelque distance de chacune de
ses rives , on ne rencontre ni sources ni ombrages, parce que
le sol, qui n'est guère composé que de sable, est partout si
poreux, que les eaux à peine tombées des nues coulent déjà
dans le fond des vallées ; aussi, en revanche, les prairies
voisines sont d'une grande fertilité, parce que les eaux de la
rivière, coulant toujours a pleins bords, y répandent constamment la fraîcheur. Dans le printemps surtout, elles sont fort
belles, à cause de la grande variété de fleurs qu'elles produisent. La veille du Sacré-Cœur, nous n'en cueillîmes qu'une
de chaque espèce, et il y en eut assez pour former une cor-
beille magnifique.

Je ne puis m'empêcher de revenir encore sur la description
de la *Plate*, quoique j'en aie déjà parlé dans le récit de mon
premier voyage. Si, malgré ses beautés, elle porte un nom si
commun, qu'on se souvienne que la plus belle de ses buttes
ne se nomme que la *Cheminée ;* et qu'on le pardonne à de
pauvres voyageurs qui, ne pouvant prendre pour terme de
comparaison ce qu'ils ne connaissent pas, appellent les choses
du premier nom qui leur paraît caractériser l'objet qu'ils ont
devant les yeux. C'est ainsi qu'ils ont donné à cette rivière
le nom de *Plate*, à cause de sa largeur, qui est souvent de
six mille pieds, tandis qu'elle n'en a tout au plus qu'un à cinq
ou six de profondeur. Ce peu de proportion lui fait perdre aux
yeux du commerce plus des trois quarts de sa valeur ; car il
est inouï qu'on ait vu le moindre canot la remonter ; et si des
berges, partant du fort *la Ramée*, la descendent jusqu'à son
embouchure, c'est que, de berges qu'elles sont , elles peuvent
devenir et deviennent en effet souvent des traîneaux qu'on
fait avancer à force de bras. Irwing, dans la définition qu'il en
donne, corrige ce qu'il y aurait eu de peu noble ou d'exagéré

dans une seule expression , en la nommant en même temps
la plus *magnifique* et la plus *inutile* des rivières.

Ce côté défectueux une fois reconnu, qu'il soit permis de
le dire, rien de plus magnifique ni de plus varié que la perspective offerte par la *Plate*, surtout vers le milieu de son cours.
Vous ne voyez partout sur ses rives délicieuses, outre les
fleurs de la plaine, que la rose des forêts avec toutes ses teintes
imaginables, la vigne des prairies et la renoncule de nos jardins ; la haute végétation a été obligée de chercher un refuge
contre les feux de l'automne jusque dans le sein des îles qui
couvrent la surface des fleuves. Ces îles sont si nombreuses et
si capricieusement groupées , qu'elles forment, au milieu des
flots, comme un labyrinthe de bosquets embellis de toutes les
nuances qui flattent la vue. Tout respire un air de jeunesse.
La souplesse des rameaux, qui obéissent au moindre souffle
des brises, ajoute de la vie à la fraîcheur de l'ensemble. Aux
ondulations si suaves de la rivière et de la verdure, joignez une
distribution parfaite de jours et d'ombres qui varient à chaque
instant, une harmonieuse profusion d'îles échelonnées les unes
derrière les autres de manière à graduer la perspective , les
coteaux de la rive opposée rendus si fuyants par la pureté de
l'atmosphère, enfin le déplacement du spectateur qui dans sa
marche saisit à chaque pas un point de vue nouveau, et vous
aurez l'idée des sensations qu'éprouve le voyageur en parcourant ces bords enchantés. A leur aspect, on se croirait transporté au moment où la création venait de sortir des mains de
son Dieu.

Sous ce climat tempéré, les beaux jours sont continuels ;
cependant il arrive de loin en loin que les nuages, en pressant
leur course, ouvrent des courants d'une violence si grande ,
qu'ils glacent l'air subitement et produisent des grêles capables
de tout détruire. J'ai vu de ces grêlons de la grosseur d'un
œuf de dinde. Malheur alors à celui qui se trouve en rase
campagne ! Un *Sheyenne* renversé par ses grêlons demeura

une heure entière sans mouvement. Un jour que ce fléau exer-
çait sa fureur à quelques pas de nous, un spectacle vraiment
sublime s'offrit à nos yeux : nous vîmes tout à coup dans les
airs, à peu de distance de nous, comme un vaste abîme se
creuser en spirale, et dans son sein les nuages se poursuivre
avec tant de rapidité, qu'ils attiraient à eux tous les objets d'a-
lentour ; d'autres nuages, trop éloignés ou trop grands pour
subir cette influence, tournoyaient en sens inverse ; un bruit
épouvantable de tempête se faisait entendre; on eût dit que
tous les vents étaient déchaînés à la fois de tous les points de
l'horizon ; et, ce qui est bien certain, s'ils se fussent rapprochés tant soit peu plus près de nous, la caravane entière,
hommes, chevaux, bœufs, mulets, chariots et charrettes, eût
fait une ascension dans les nuages ; mais, comme aux flots de
la mer, le Tout-Puissant leur avait dit : *Vous n'irez que jusque-
là*. De dessus nos têtes, le tourbillon recula majestueusement
vers le nord et s'arrêta sur le lit de la *Plate*. Alors nouveau
spectacle : les eaux, attirées par son souffle puissant, se mirent à tourner avec un bruit affreux ; toute la rivière bouillon-
nait, et en moins de temps qu'il n'en faut à une pluie d'orage
pour tomber des nues, elle s'éleva vers le tourbillon sous la
forme d'une immense corne d'abondance, dont les mouvements onduleux ressemblaient à l'action d'un serpent qui essaie-
rait de se dresser vers le ciel. Sa hauteur n'était pas moindre
d'un mille. La force des vents qui descendaient perpendiculairement était telle, que dans un clin d'œil les arbres étaient écrasés
et tordus jusqu'à terre ; les branches, arrachées des troncs,
couvraient au loin l'espace de leurs débris. Mais ce qui est
violent ne dure pas ; au bout de quelques minutes, l'effrayante
spirale cessa ; le tourbillon ne pouvant plus en soutenir le
poids, on la vit se fondre aussi rapidement qu'elle s'était for-
mée. Bientôt le soleil reparut, le calme se rétablit, et nous
continuâmes en paix notre route.

A mesure que nous remontions vers les sources de cette

merveilleuse rivière, les teintes de la végétation devenaient
plus sombres , la forme des collines plus sévère , le front des
montagnes plus sourcilleux; tout paraissait offrir l'image, non
de la caducité, mais de la vieillesse, ou plutôt de l'antiquité la
plus vénérable. Jugez de notre joie, quand il nous fut permis
de chanter notre cantique sur les Montagnes Rocheuses (1) :

Non , ce n'est plus une ombre vaine,
Dans l'azur d'un brillant lointain
Mes yeux ont vu, j'en suis certain ,
Des Monts Rocheux la haute chaîne.

J'ai vu la neige éblouissante
Blanchir leur front majestueux ,
Et d'un beau jour les premiers feux
En dorer la masse imposante.

Comment de leurs cimes glacées
Descendent les fécondes eaux ?
Et d'un miel pur les doux ruisseaux
Serpentent-ils dans leurs vallées ?

C'est que sur la plus haute cime
Flotte l'étendard des élus,
Et que là le Roi des vertus
Place son pavillon sublime.

Salut roche majestueuse,
Futur asile du bonheur ;
De ses trésors le divin Cœur
T'ouvre aujourd'hui la source heureuse.

Non , non , désormais plus d'alarmes ;
De la paix j'entends les concerts ,
Et les sauvages des déserts
En l'écoutant versent des larmes.

Bientôt de leur vive allégresse
L'écho redira les accents ;
Et la bouche de leurs enfants
Du Ciel publiera la tendresse.

(1) Traduction de l'anglais.

Grand Dieu, qu'ils sont donc admirables
Les chemins par où ton amour
Appelle au céleste séjour
Des cœurs naguère si coupables !

Ayant parlé de la *Plate*, il faut bien que je dise un mot de
l'*Eau-bourbeuse* ou du *Missouri* qui se grossit de ses eaux ;
toutefois je ne toucherai que quelques points géographiques qui
le regardent. Le Missouri est le fleuve que je connais le mieux.
Dans les quatre années qui viennent de s'écouler, je l'ai monté
et descendu de toutes les manières, par eau, par terre, en
berge, en canot de bois et de peau, en bateau à vapeur. J'ai
parcouru les plaines de ses deux plus grands tributaires, à
travers un espace de plus de huit cents milles. J'ai traversé
presque toutes les fourches qui lui paient le tribut de leurs
eaux, depuis la source de la *Roche jaune*, jusqu'à l'endroit
où le *Missouri*, s'associant au *Mississipi*, va communiquer sa
fougue au plus paisible des fleuves. J'ai bu des eaux limpides
de ses sources ; et à une distance de trois milles, j'ai goûté les
eaux bourbeuses de son embouchure. Sa prodigieuse étendue,
son volume d'eau, sa bourbe remarquable, son caractère va-
riable, impétueux, sauvage et destructeur, arrachant souvent
avec furie des arpents entiers de l'un de ses bords et déposant
sa vase sur l'autre, engloutissant les belles forêts qui l'ombragent pour parsemer son sein d'écueils dangereux, changent
à chaque instant la physionomie et le site de ses char-
mantes îles. Ce fleuve *Furieux* (c'est le nom que les *Dacotahs*
lui donnent) semble, surtout dans un espace de six à sept
milles (la basse plaine), se jouer de tous les obstacles qu'il
rencontre ; car là où il veut passer, il passe, rien n'a jamais
pu l'arrêter. Les régions singulières qu'il traverse lui donnent
un air de grandeur qui n'appartient qu'au sublime. Chaque
fois qu'on le traverse, une espèce d'enthousiasme s'empare de
l'imagination ; on se transporte d'avance dans ces contrées
lointaines, dans cet océan de prairies qu'il arrose, jusqu'aux

pieds des colosses américains qui lui donnent naissance.

C'est donc du sein fécond des Montagnes Rocheuses que le *Missouri* sort, avec tant d'autres grands fleuves, l'*Arkansas*, la *Rivière-Rouge*, le *Mississipi*, qui tous s'entremêlent ensuite dans un seul réservoir, après avoir orné leurs deux bords, dans leurs immenses étendues, des riches débris arrachés aux montagnes.

Le *Missouri* proprement dit est formé par trois fourches considérables, qui s'unissent à l'entrée d'une gorge de l'une des principales chaînes des Montagnes Rocheuses. La fourche du nord s'appelle *Gefferson* ; celle du milieu, le *Madison*, et celle du sud, le *Gallatin*. Chacune se divise en petites branches qui descendent des montagnes dans tous les sens, et entrelacent leurs eaux avec les fourches supérieures de la *Columbie* et du *Rio-Colorado* (1), qui coulent à l'ouest des montagnes. J'ai bu des fontaines des unes et des autres, à la distance de moins de cinquante verges, le même champ de neige fournissant des eaux au grand Océan et à la mer Pacifique. Après la jonction des trois fourches, le *Missouri* ne présente à une distance considérable qu'un torrent fougueux et écumant. Il s'étend ensuite dans un lit plus spacieux et par conséquent plus tranquille ; on y rencontre de petites îles et des rochers noirâtres et escarpés qui s'élèvent jusqu'à la hauteur de mille pieds au-dessus de son courant. Les montagnes dont il lave les bases sont couvertes de térébenthines, telles que le pin, le sapin et le cèdre, et de toutes sortes de tamarins ; on y voit beaucoup de grosses-cornes à une hauteur en apparence inaccessible. Bientôt ces montagnes prennent un aspect solitaire et offrent aux regards les masses les plus imposantes. Dans un parcours de dix-sept milles, la rivière est dans une rage éternelle, roulant et lançant ses ondes écumantes de cataracte avec des mugissements épouvantables dont tous les échos d'alentour re-

---

(1) La *Columbie* est le réservoir commun de toutes les eaux de l'Orégon. Le *Rio-Colorado*, après avoir traversé le désert le plus affreux, va ensuite fertiliser la plus belle partie de la Californie.

tentissent. La première chute est de quatre-vingt-dix-huit pieds, la seconde de dix-neuf, la troisième de quarante-sept, et la quatrième de vingt-six. Le *Missouri* conserve la fougue et la rapidité de son cours assez loin au delà. Immédiatement après sa dernière chute, il reçoit la belle *Rivière-à-Marie*, qui vient paisiblement du nord. Plus bas, du côté opposé, entre le *Déarn-Born* et la *Fantaisie*, chacune par une embouchure de cent cinquante verges, les *Manolles*, la *Grosse-Corne*, la *Coquille*, toutes de cent verges; la *Grande-Sèche* de quatre cents verges, la *Sèche* de cent, et le *Porc-épic* de cent douze. Après ces rivières, on voit paraître la *Roche-jaune*, le second en grandeur de tous les tributaires du *Missouri*. Elle lui ressemble sous bien des rapports et prend sa source dans les mêmes montagnes; son lit est large, son courant rapide; aux deux cents derniers milles de son cours, ses deux bords sont bien boisés, et ses bas-fonds larges et fertiles. L'ours gris et l'ours noir, la biche, la grosse-corne, le chevreuil commun et le chevreuil à queue noire, la gazelle et le buffle, sont les animaux les plus communs de ces parages. Les mines de charbon et de fer y paraissent très-abondantes; lorsqu'on les exploitera, elles fourniront de l'emploi à une infinité de machines à vapeur. La *Roche-jaune* se décharge dans le *Missouri* par le sud, après un cours de seize cents milles; à son embouchure, qui est de huit cent cinquante verges, elle paraît plus large que le fleuve qui la reçoit.

Le *Missouri*, après sa jonction avec la *Roche-jaune*, commence à s'étendre dans des plaines et des bas-fonds, malheureusement dénués de bois, ce qui retardera encore longtemps la culture de ces riches terres. Il reçoit successivement par le nord la *Rivière-de-la-terre-blanche*, et par le sud la *Rivière-à-l'oie*, le *Petit-Missouri*, peu profond et très-rapide; la *Rivière-aux-couteaux*, près des villages des Mandans; la *Rivière-aux-boulets*, le *Winnipentin*, la *Sewarzerna*, la *Sheyenne*, navigable jusqu'à environ trois cents milles de son embou-

chure, qui est de quatre cents verges; son courant est très-
rapide, et son eau très-bourbeuse; ensuite la *Rivière-à-
Tyber* et la *Rivière-blanche*. Cette dernière tire son nom de
la blancheur de ses eaux qui sont très-malsaines et resserrent
le corps lorsqu'on en boit; les terres hautes qui l'avoisinent
sont stériles et abondent en pétrification du règne animal et
végétal; ses coteaux sont d'un aspect fantastique et singulier;
son flux est rapide; depuis son embouchure, qui est de trois
cents verges, on peut la remonter en bateau à la distance de
trois cents milles. Le *Poncas* et l'*Eau-qui-court* entrent du
même côté; du côté opposé on rencontre la petite *Rivière-
à-médecine*, la *Rivière-à-Jacques*, qui est de temps immémorial un rendez-vous de chasseurs à castors; la *Pierre-
blanche*, le *Vermillon*, la *Sciouse* qui possède une belle
carrière rouge à calumets, la *Petite-Sciouse*, la *Rivière-à-Floy*,
le *Royer*, le *Maringouin*, le *Nishuebatlana*, la *Rivière-aux-
tonneaux*, le *Torquios*, le *Nodowa*.

Alors vient la *Plate*, la principale fourche du *Missouri*;
elle prend sa source dans les mêmes chaînes des Montagnes
Rocheuses, parcourt une étendue d'environ deux mille milles,
et présente à son embouchure environ un mille de largeur,
mais si peu de profondeur, qu'elle n'est pas navigable. Les
deux *Newahas* entrent par le sud, la *Petite-Plate* par le nord;
le *Kanzas*, par le sud, a un cours d'environ mille milles,
navigable à une grande distance; l'*Eau-bleue* et trois autres
petites rivières viennent du même côté. Du côté opposé viennent la *Rivière-grande*, large, profonde et navigable; les
deux *Charetons*, la *Bonne-femme* et le *Manitou*. Au sud sont
la *Mine*, la *Salée* et l'*Osage*, belle rivière et de grande importance, navigable jusqu'à six cents milles; vers sa source, ses
eaux s'entrelacent avec celles de l'*Arkansas*. Trois autres,
peu considérables, entrent du côté opposé, la *Bourbeuse*, la
Houtre et le *Cèdre*. La *Gasconnade* est navigable à soixante-
six milles; elle est importante, à cause de ses belles forêts

de pins, qui pourvoient aux besoins de Saint-Louis et du pays adjacent. Avant d'arriver à cette ville, où le *Missouri* se décharge dans le *Mississipi*, on rencontre encore plusieurs autres rivières, telles que le *Buffalo*, le *Saint-Jean*, la *Rivière-au-bois*, le *Bon-Homme*, au sud, et la *Charrette*, la *Femme*, etc., au nord.

Je passe sous silence une infinité de petites rivières qui se déchargent immédiatement dans le *Missouri* : celles que je nomme suffiront pour donner une idée de l'immense volume d'eau que cette rivière charrie. Depuis ses sources jusqu'à l'embouchure de la *Roche-jaune*, elle a une étendue de huit cent quatre-vingts milles ; depuis l'embouchure de la *Roche-jaune* jusqu'à sa jonction au *Mississipi*, deux mille deux cents milles.

Concluons de là quelle masse imposante d'eau doit offrir le *Mississipi* après sa jonction au *Missouri*. La plus grande fourche du haut *Mississipi* est la *Rivière-Saint-Pierre*, qui prend sa source dans les plaines du nord-ouest, et entre dans le grand fleuve en bas des chutes Saint-Antoine. Le *Kaskaskias* et la *Rivière-des-Illinois* le joignent ensuite après un cours de plusieurs centaines de milles. Vient alors le *Missouri ;* puis l'*Ohio*, grand fleuve formé par la jonction de l'*Alleghany* et du *Monongahela ;* la *Rivière-blanche*, qui parcourt une distance d'au delà de mille milles; plus bas l'*Arkansas*, qui descend des confins du Mexique. Le dernier grand tributaire du *Mississipi* est la *Rivière-rouge*, qui prend sa source dans le Mexique et parcourt une distance d'au delà de deux mille milles.

Le *Père-des-eaux*, après avoir ainsi rassemblé toutes les eaux d'une région d'un million trois cent mille milles carrés, a un lit de plusieurs milles de largeur et de plusieurs brasses de profondeur. Dans ses marées annuelles, en bas de l'*Ohio*, il se déborde et s'étend quelquefois de trente à quarante milles dans l'intérieur, couvrant, pour une partie de l'année, les prairies , les bas-fonds et les marais. Après la jonction de la *Rivière-rouge* , ce grand fleuve ne peut plus se contenir dans un seul lit; il se divise, et, comme le Nil , va se jeter dans l'Océan par différentes embouchures à une grande distance les unes des autres.

Un auteur récent , parlant des avantages que le *Mississipi* présente au commerce , fait la remarque suivante. Quatre berges peuvent partir des points les plus opposés de l'Amérique septentrionale : une du lac *Chataque*, dans l'Etat de New-York; une autre de l'intérieur de la Virginie ; une troisième des lacs au Riz , où le *Mississipi* prend sa source principale , au 47ᵉ degré nord , et une quatrième des sources du *Missouri* aux Montagnes Rocheuses ; et toutes se réuniront à l'embouchure de l'*Ohio* et descendront en compagnie jusqu'à l'Océan.

J'avais laissé la narration de mon voyage à l'endroit où, quittant la fourche nord de la *Plate*, nous traversâmes pendant deux jours des côtes arides pour arriver aux bords de l'*Eausucrée*. Mais il est temps de prendre un peu de repos. Aussi bien faut-il que je sois tout oreille pour entendre les bonnes nouvelles qu'on nous rapporte.

Fourches principales des grands tributaires du Missouri que j'ai vues et traversées dans mes différents voyages.

Fourches du Jefferson.	Tête au castor. Fourche du grand trou. L'eau qui pue.
Fourches de la Roche-jaune.	Rivière à la foudre. — à la langue. — bouton de rose. — grosse-corne. — à Clark. La Rocheuse.

Fourches de la Roche-jaune (suite).	Rivière à travers. — à la loutre. — des 25 verges. — gallatine. — au vent.
Fourches de l'Osage.	Grand os. Jungar. Palate. Grande fourche.
Fourches du Kansas.	Rivière aux soldats. Waggère-roussé. Vermillon. Vermillon noir. Rivière malade. — aux couteaux. — de l'eau bleue.
Fourches de la Plate.	La Corne. Rivière au loup. Gros-bois. Fourche du sud. Fourche du nord. Perche de loge. Rivière aux chevaux. Fourche la ramée. Eau-sucrée.
Branche de la fourche du nord qui se jette dans la Plate.	Grande sableuse. Fer à cheval. Saint-Pierre. Rivière-rouge. Cotonnier. Kennion. Rivière aux chevreuils. Le Torrent.

TROISIÈME LETTRE

Fort-Hall, 15 août 1841.

C'est hier soir, fête de l'Assomption , que nous avons rencontré l'avant garde des *Têtes-plates ;* sous quels meilleurs
auspices pouvait se faire cette rencontre ? Aussi , que de joie
de part et d'autre ! La joie du sauvage n'est pas démonstrative ;
celle de nos chers néophytes était tranquille ; mais à la séré-
nité de leurs regards , à la manière affectueuse dont ils nous
serraient la main , il était facile de sentir qu'elle était profonde
et réfléchie , comme celle qui a sa source dans la vertu. Que
n'avaient-ils pas fait pour obtenir des *Robes-noires ?* Depuis
vingt ans, ils n'avaient cessé de faire des instances auprès du
Père des miséricordes ; pendant tout ce temps, d'après le conseil de quelques pauvres Iroquois qui s'étaient fixés parmi
eux , ils s'étaient rapprochés , autant que possible , de nos
croyances, de nos mœurs et même de nos pratiques religieuses. Le dimanche , par exemple , dans quelle paroisse catholique fut-il jamais plus religieusement observé ? Mais je
reviendrai plus tard sur ces points. Dans l'espace des dix
dernières années , quatre députations , parties des bords de
la *Racine-amère,* où ils se réunissent le plus ordinairement ,
avaient eu le courage d'aller jusqu'à Saint-Louis, c'est-à-dire
de traverser plus de trois mille milles de vallées et de montagnes , presque toutes infestées de *Pieds-noirs* et d'autres
ennemis. Les cinq Indiens qui composaient la troisième députation , partie en 1837, avaient été impitoyablement massacrés

par les *Scioux*. En 1839, ils envoyèrent de nouveaux députés iroquois, nommés Pierre et le petit Ignace (pour le distinguer d'un autre appelé le grand Ignace), et les chargèrent de faire encore les plus vives instances pour obtenir enfin ce dont ils avaient un si grand besoin, *une Robe-noire pour les conduire au ciel.* Cette fois, leurs vœux furent exaucés et au delà de leurs espérances : un missionnaire fut chargé de les visiter, et on leur en promit plusieurs s'ils étaient nécessaires pour leur plus grand bien. Pendant que Pierre se hâtait de retourner vers la peuplade pour lui faire part du plein succès de sa mission, Ignace restait à West-Port pour servir de guide au missionnaire. J'eus le bonheur d'être choisi pour cette œuvre sainte ; je les visitai, je pris connaissance de leurs besoins, de leurs dispositions, du besoin des peuplades voisines. Maintenant, après une absence qui avait duré près d'un an, je revenais au milieu d'eux, non plus seul comme l'année précédente, mais avec deux Pères, trois Frères, trois ouvriers et tout ce qu'il fallait pour faire plus que réaliser leurs espérances. De leur côté, ils avaient fait plus de trois cents milles pour venir au devant de nous. Nous étions enfin pleins de santé et d'espérance les uns en présence des autres. Quelle joie ne devaient pas éprouver ces bons sauvages ! Ne sachant comment exprimer leur bonheur, ils restaient muets devant nous, et assurément leur silence ne venait ni d'un défaut d'intelligence ni d'un manque de sentiments. Les *Têtes-plates* sont très-sensibles, la plupart ont de l'esprit, et la députation était composée d'hommes d'élite ; on en jugera par ce rapide dénombrement.

Le chef de la petite ambassade s'appelait *Wittispö* ; il se peignit lui-même dans l'allocution suivante, qu'il adressa à ses compagnons quelques jours après, à la vue du plan de la première réduction : « Mes enfants, leur dit-il, je ne suis qu'un ignorant et un méchant ; cependant je remercie le Grand-Esprit de ce qu'il a fait pour nous. » Et, entrant ici dans un

détail admirable, il termina par ces paroles : « Oui, mes chers
amis, mon cœur est content, et malgré ma méchanceté, je
ne désespère pas de la bonté de Dieu. Je ne veux plus vivre
que pour prier ; jamais je n'abandonnerai la prière, je prierai
jusqu'à la mort, et quand viendra ma dernière heure, je me
remettrai entre les bras du Maître de la vie. S'il veut me
perdre, je me soumettrai à ses ordres, car je l'ai mérité ;
s'il veut me sauver, je le bénirai toujours. Encore une fois,
mon cœur est content. Que ferons-nous donc pour prouver à
nos Pères que nous les aimons ?... » Ici venaient les résolutions pratiques ; mais je dois me borner.

Simon, le plus âgé de la nation tête-plate, Simon, si
accablé sous le poids de la vieillesse, que même assis il avait
besoin de son bâton pour se soutenir, était un des adultes que
j'avais baptisés l'année dernière. A peine eut-il appris que
nous étions en route, que, montant à cheval et se confondant
avec les jeunes guerriers qui se disposaient à venir à notre
rencontre, « Mes enfants, leur dit-il, je suis des vôtres ; si
je meurs en route, nos Pères du moins sauront pourquoi je
suis mort. » Dans le cours du voyage, il répétait souvent :
« Courage, mes enfants, souvenez-vous que nous allons au-
devant de nos Pères. » Et, le fouet animant les coursiers, on
faisait à sa suite jusqu'à cinquante milles par jour.

Francis, enfant de six à sept ans, petit-fils de Simon,
orphelin dès le berceau, avait servi l'année dernière à l'autel ;
il voulut absolument accompagner son grand-père ; son cœur
lui disait qu'il allait retrouver auprès des *Robes-noires* le bonheur qu'il avait à peine eu le temps de goûter dans les bras
de ses parents.

Ignace, qui avait conseillé la quatrième députation, qui en
avait fait partie, qui avait réussi dans sa mission, qui avait
introduit le premier la *Robe-noire* dans la peuplade, qui venait
tout récemment encore de s'exposer à de nouveaux dangers
pour faciliter notre retour, Ignace avait couru sans boire ni

manger pendant quatre jours, afin de nous revoir plutôt.

Pilchimoë, compagnon d'Ignace et frère de l'un des martyrs de la troisième députation, était un jeune guerrier déjà réputé brave parmi les braves ; l'année dernière, par sa présence d'esprit et son courage, il avait sauvé soixante-dix de ses frères d'armes de la fureur de près de quinze cents Pieds-noirs qui les enveloppaient.

François-Xavier était fils du grand Ignace ; qui fut le chef de la seconde et de la troisième députation, et qui périt, avec cette dernière, victime de son dévouement pour la religion et pour ses frères. A l'âge de dix ans, ce jeune homme était venu à Saint-Louis, dans la compagnie de son courageux père, uniquement pour avoir le bonheur d'y recevoir le baptême. S'étant ensuite attaché sans réserve au service de la mission, il apportait chaque jour à notre table tous les fruits de sa pêche.

Gabriël, métis de naissance, mais enfant adoptif de la nation et interprète des missionnaires, fut le premier qui nous rejoignit sur les bords de la *Rivière-verte* ; il mérita ainsi le titre de précurseur des Têtes-plates. Gabriël fut assez brave et assez zélé pour entreprendre trois fois à cause de nous de franchir un espace de quatre cents milles qui nous séparaient du grand camp.

Tels étaient les néophytes venus à notre rencontre, et qu'avaient-ils à nous apprendre ? Laissons-les parler eux-mêmes. Ils nous dirent qu'ils n'avaient cessé de prier tous les jours pour m'obtenir du Ciel un heureux voyage et un prompt retour ; que leurs frères étaient toujours dans les mêmes dispositions ; que la plupart, même les vieillards et les petits enfants, savaient par cœur les prières que je leur avais enseignées l'année précédente ; que deux fois les jours ordinaires et trois fois le dimanche, la peuplade réunie faisait les prières en commun ; que la caisse d'ornements d'église laissée à leur garde était portée comme une arche de salut partout où l'on transportait le camp ; que cinq ou six enfants , du nombre de ceux que j'avais baptisés , étaient allés au ciel pendant mon absence ; que le lendemain de mon départ , un jeune guerrier que j'avais baptisé la veille, était mort des suites d'une blessure mortelle reçue des Pieds-noirs plus de trois mois auparavant ; qu'un autre , qui m'avait accompagné jusqu'au fort des Corbeaux et qui n'était encore que catéchumène , était mort de maladie en revenant à la peuplade , mais dans de si bonnes dispositions , que sa mère était toute consolée de sa perte , dans la pensée qu'il était au ciel ; qu'une petite fille de douze ans , se voyant sur le point de mourir, avait demandé le baptême avec instance , et que l'ayant reçu de Pierre l'Iroquois avec le nom de Marie , elle avait dit par trois fois aux témoins de son bonheur : *Priez pour moi* , *priez pour moi* , *priez pour moi ;* qu'alors elle se mit à prier elle-même , et qu'après avoir chanté un cantique d'une voix plus forte que celle des assistants , elle s'écria sur le point d'expirer : « Oh ! que c'est beau ! je vois Marie , ma Mère ! mon bonheur n'est pas sur cette terre , ce n'est qu'au ciel qu'il faut le chercher ! Ecoutez les Robes-noires, parce que ceux-là disent la vérité.» Immédiatement après, elle rendit le dernier soupir.

Tant de faveurs du Ciel devaient exciter la jalousie de l'enfer ; aussi plus d'une fois l'homme ennemi essaya-t-il de semer la zizanie parmi le bon grain, en insinuant aux principaux de la peuplade qu'il en serait de moi comme de tant d'autres , qu'une fois parti je ne reparaîtrais plus. Mais le grand chef osait toujours répondre : « Vous vous trompez , je connais notre Père , sa langue n'est pas fourchue , il nous a dit *Je reviendrai ;* il reviendra , j'en suis sûr. » L'interprête ajouta que , dans cette conviction , le vénérable vieillard, malgré son grand âge , avait voulu se mettre à la tête du détachement de quarante hommes venu sur la *Rivière-verte ;* qu'ils étaient arrivés au rendez-vous le jour fixé , c'est-à-dire le 1ᵉʳ juillet ; qu'ils y étaient restés jusqu'au 16, et qu'ils y seraient encore

si la disette de vivre ne les avait obligés de s'en éloigner ;
que d'ailleurs la peuplade entière était décidée à se réunir
dans un lieu stable pour y bâtir une réduction ; que dans
cette vue on avait déjà fait choix de deux emplacements que
l'on croyait convenables ; que l'on n'attendait plus que notre
présence pour prendre une dernière détermination, et que
l'on comptait tellement sur notre arrivée prochaine, qu'en
partant de la *Rivière-verte* le chef y avait laissé trois de ses gens
pour nous attendre, en leur recommandant de tenir bon autant
qu'ils pourraient.

Ici, que de choses à ajouter non moins édifiantes que curieuses ! Mais avant de m'engager dans ce sujet intéressant,
je dois prendre congé de mes compagnons de voyage qui nous
quittèrent au *Fort-Hall*, et payer à M. Ermatinger, commandant du fort, le tribu de reconnaissance que nous lui devons.
Quoique protestant de naissance, ce brave Anglais nous fit
l'accueil le plus amical. Plusieurs fois il voulut nous avoir à
sa table ; non-seulement il nous remit au prix-coûtant, c'est-
à-dire pour le tiers de leur valeur dans le pays, toutes les
choses dont nous avions besoin, mais encore il y ajouta en
pur don plusieurs objets qu'il croyait pouvoir nous faire plaisir. Il fit plus, il promit de nous recommander à la bienveillance du gouverneur de l'honorable Compagnie anglaise de la
baie d'Hudson, déjà prévenue en notre faveur, et ce qui est
encore plus digne d'éloges, de seconder notre ministère auprès de la nombreuse nation des Serpents, avec laquelle il
était en relation. Tant de zèle et de générosité lui donnent
droit à notre estime et à notre reconnaissance. Puisse le Ciel
lui rendre au centuple le bien qu'il nous a fait !

C'est au Fort-Hall que nous nous séparâmes tout à fait de
la colonie américaine, qui jusqu'alors avait fait la même route
que nous depuis la rivière des *Kants*. Déjà, sur la *Rivière-
Verte*, ceux qui n'étaient venus dans ces parages que pour
leur instruction ou pour leur agrément, s'en étaient retour-

nés avec quelques illusions de moins, au nombre de six,
parmi lesquels se trouvait le jeune Anglais qui, depuis Saint-
Louis, avait été notre commensal. En se séparant de nous,
cet estimable jeune homme nous assura que si jamais la Providence nous réunissait encore, il nous reverrait avec le plus
grand plaisir, et que partout où il nous rencontrerait, il se
ferait un bonheur de nous être utile. Il était d'une bonne
famille d'Angleterre, et comme la plupart des Anglais, grand
amateur des voyages; il avait déjà vu les quatre parties du
monde; mais il avait de si forts préjugés contre l'Eglise romaine, que malgré ses bons désirs, il nous fut impossible
de lui être d'aucune utilité sous le rapport le plus essentiel.
Nous le recommandâmes à nos amis. J'ai retenu de lui cette
belle réflexion : « Il faut voyager dans le désert pour savoir
combien la Providence est attentive aux besoins de l'homme. »
Quant à ceux qui étaient partis uniquement dans le dessein
d'aller chercher fortune en Californie, poursuivant leur entreprise avec la constance qui est le propre des Américains, il
nous avait quittés seulement quelques jours avant notre arrivée au Fort-Hall, dans les environs des sources d'eau chaude
qui se jettent dans la *Rivière-à-l'Ours*.

Il ne restait plus avec nous que quelques-uns de leurs gens,
venus au fort pour se ravitailler. Parmi ceux-ci était le colonel B..., conducteur de la colonie, et M. W..., soi-disant
diacre méthodiste-épiscopolain; tous deux étaient d'un caractère fort paisible. Ils n'eurent pour nous que des égards;
mais le premier, comme tant d'autres, fort indifférent en ma-
tière de religion, avait pour maxime : « que le meilleur était
de n'en avoir aucune, ou bien de suivre celle du pays où l'on
se trouvait; » et pour preuve de son paradoxe, il me citait,
comme un texte de saint Paul, l'ancien proverbe : *Si fueris
Romæ, Romano vivito more*. Le diacre était de son avis sur
ce dernier point; mais il voulait une religion, et, bien entendu, la sienne était la meilleure; je dis la sienne, car il en

avait une à lui, n'étant ni méthodiste, ni protestant , ni catholique, pas même chrétien, prétendant que les Juifs, les Turcs,
les idolâtres pouvaient être aussi agréables aux yeux de Dieu
que tout autre. Pour prouver sa thèse (qui le croirait?) il
s'appuyait sur l'autorité de saint Paul, et en particulier sur
ce texte : *Unus Dominus*, *una fides*, *unum baptisma*. C'est
même avec ces paroles qu'il nous salua la première fois qu'il
nous vit; il les avait aussi prises pour texte du long discours
d'adieu qu'il fit dans l'une des succursales de West-Port,
avant son départ pour sa mission de l'Ouest. Par qui était-il
envoyé? Nous ne l'avons jamais su. Son zèle le portait souvent à s'aboucher avec nous ; mais il n'était pas difficile de
lui démontrer, qu'à l'exception d'une, ses idées n'étaient pas
bien fixes; il en convenait lui-même ; mais après avoir volé
de branche en branche, il en revenait toujours à ce qui, dans
son opinion, était la racine de toute vraie science : *l'amour de
Dieu est le premier des devoirs ; et pour faire aimer Dieu, il
faut être tolérant.* C'était là son point d'appui le plus ferme,
le fond de tous ses discours et l'aiguillon de son zèle. Le mot
catholique, selon lui, signifiait *amour* et *philanthropie.* Les
absurdités et les contradictions qui lui échappaient, excitaient
souvent l'hilarité dans tout le camp. Sa naïveté était encore
plus grande que sa tolérance ; en voici une preuve : « Hier,
me disait-il un jour, comme un des gens de ma religion me
rendait un livre que je lui avais prêté, en lui faisant croire
qu'il contenait l'exposition de la religion romaine : Qu'en pen-
sez-vous? lui demandai-je, et il me répondit que le livre était
rempli d'erreurs. Or, ajouta le ministre, c'étaient les principes
méthodistes que contenait le livre. Voyez donc, reprenait-il
avec emphase, ce que c'est pourtant que la prévention ! »

Tous les jours, j'avais eu des conférences avec l'un ou
l'autre de la caravane, souvent avec plusieurs à la fois ; et
quoique l'Américain soit lent à changer de religion, nous
eûmes la consolation de voir s'éloigner nos compagnons de

voyage, déchargés d'un fardeau pesant de préjugés contre la sainte Eglise. Ils partirent au contraire en donnant les plus grandes marques de respect et de vénération pour le catholicisme, dont plusieurs n'étaient pas éloignés ; il ne manquait guère à ces derniers qu'un peu plus de courage pour vaincre le respect humain et en faire une profession publique. Ces controverses me préoccupaient tellement l'esprit, que j'arrivai presque sans le savoir sur les bords de la *Rivière-aux-Serpents:* Là nous attendaient un grand danger et une bonne leçon ; mais, avant de parler des aventures du voyage, hatons-nous de finir ce qui nous reste à raconter sur le pays parcouru.

Nous en étions restés sur les bords de l'*Eau-sucrée*. Cette rivière n'est qu'une des fourches de la Plate, mais c'en est une des plus belles ; elle doit son nom à la pureté de ses flots comparée aux eaux bourbeuses et malsaines des environs. Ce qui la distingue aussi des autres rivières, ce sont les nombreuses sinuosités de son cours, preuve du peu d'inclination de son lit. Mais bientôt, changeant d'allure, on la voit ou plutôt on l'entend descendre avec rapidité à travers la longue crevasse d'une chaîne de rochers. Ces rochers, en harmonie avec le torrent, offrent les scènes les plus pittoresques. Les voyageurs ont nommé cette gorge *Entrée-du-diable* ; ils eussent mieux fait, selon moi, de l'appeler *Chemin-du-ciel* ; car si elle ressemble à l'enfer à cause du désordre et de l'horreur qui y règnent, ce n'est toutefois qu'un passage, et d'ailleurs elle représente bien mieux le chemin du ciel, par le terme délicieux où elle aboutit. Qu'on s'imagine, en effet, deux pans de rochers s'élevant à pic à une hauteur étonnante ; au pied de ces murailles informes, un lit tortueux, encombré de troncs, de débris et de blocs de toute dimension ; et au milieu de ce chaos d'obstacles, les ondes mugissantes s'ouvrant une issue, tantôt en se précipitant avec furie, tantôt en s'épanchant avec majesté, selon que dans leur cours elles trouvent un passage ou plus resserré ou plus large. Au-dessus de ces scènes tumultueuses et bruyantes, des masses sombres, ici éclairées par un jet de lumière, là rembrunies par le feuillage de quelques cèdres ou pins ; enfin, dans l'enfoncement de cette suite de hautes galeries, une perspective de lointain, si douce à l'œil, qu'il serait impossible d'y reposer la vue sans avoir l'idée du bon : voilà ce que nous admirions dans la matinée du 6 juillet, à neuf ou dix milles du roc *Indépendance*. Je doute que la solitude de la Grande-Chartreuse, dont on dit tant de merveilles, puisse, du moins au premier abord, offrir plus d'attraits à celui que la grâce appelle à la vie contemplative. Pour moi, qui n'y suis point appelé exclusivement, après une demi-heure de ravissement bien naturel, je finis par comprendre le mot du chartreux, *pulchrum transeuntibus*, et je me hâtai de passer outre.

De là nous nous dirigeâmes de plus en plus vers les hauteurs du Far-West, jusqu'à ce qu'enfin nous atteignîmes les sommets, d'où l'on découvre un autre monde. Le 7 juillet, nous étions en vue de l'immense Orégon. On a fait de trop pompeuses descriptions du spectacle que nous avions sous les yeux, pour que j'ose entreprendre d'y rien ajouter. Je ne parlerai donc ni de la hauteur, ni du nombre, ni de la variété de ces pics éternellement couverts de neiges, ni des belles sources qui en descendent avec fracas, ni du changement subit de leur cours, ni de la plus grande raréfaction de l'air, ni des effets qui en résultent pour les objets susceptibles de contraction. Ce que je dirai à la gloire de Notre-Seigneur Jésus-Christ, c'est le besoin que j'éprouvai de graver son saint nom sur un rocher qui dominait toutes ces grandeurs. Puisse ce nom à jamais adorable être pour tous les voyageurs qui nous suivront un monument de notre reconnaissance et un gage de salut !

Dès lors nous descendîmes vers la mer Pacifique, suivant d'abord, puis traversant la *Petite* et la *Grande-Sableuse*.

Dans les environs de ce dernier torrent, notre guide ayant pris une direction pour une autre, la caravane erra trois jours à peu près à l'aventure ; moi-même, un beau soir, je m'égarai plus que personne. Isolé du reste de la troupe, je me trouvai tout à fait perdu. Que faire ? Je fis ce qu'eût fait à ma place tout bon croyant : je priai, et puis je fouettai mon cheval. De cette manière, j'avais parcouru plusieurs milles, quand l'idée me vint de rebrousser chemin, et bien m'en prit, car la caravane était loin derrière moi, déjà campée, mais toujours sans savoir où, et sur un sol si aride, que nos pauvres bêtes dûrent terminer par le jeûne les fatigues de la journée. Les jours se suivent mais ne se ressemblent pas ; deux jours après nous étions dans l'abondance, dans une grande joie, en grande compagnie, et sur les bords d'une rivière non moins connue des chasseurs de l'Ouest que les rives de la Plate. Cette rivière, que vous reconnaîtrez avant que je la nomme, se perd non loin de là dans des fentes de rochers qui, dit-on, n'ont pas moins de deux cents milles d'étendue, et où fourmillent des républiques entières de castors ; mais jamais trappier (c'est le nom propre qu'on donne aux chasseurs de castors) n'y a mis le pied, tant l'entreprise paraît effrayante ! Tous les ans, à une certaine époque, affluent de toute part sur ses bords, pour faire échange de leurs marchandises, les trappiers, les chasseurs et les sauvages de toutes nations ; il n'y a guère que huit ans, les chars qui entreprirent les premiers de se frayer un chemin à travers les Montagnes Rocheuses, y rencontrèrent les colonnes d'Hercule. Cette rivière enfin, où nous trouvâmes le précurseur des Têtes-plates, dont j'ai déjà parlé, c'est le *Rio-Colorado* de l'Ouest, connu dans les montagnes sous le nom de *Rivière-Verte*. Nous nous y reposâmes deux jours, dans la compagnie du capitaine Frab et de plusieurs autres qui revenaient de la Californie. Ce qu'ils dirent de ce lointain pays fit tomber bien des illusions, et ceux de notre caravane qui voyageaient pour leur agrément, prirent aussitôt le parti de retourner chacun chez soi.

Le 26 juillet, nous songeâmes sérieusement à continuer notre route. Avec un train comme le nôtre, ce n'était pas une petite affaire. Le souvenir de l'expédition de Bonneville était encore récent; mais notre but nous encourageait. Quoique nous n'eussions avec nous que les objets de première nécessité, les charrettes seules pouvaient les transporter convenablement. Nous mîmes notre confiance en Dieu; les charretiers fouettèrent leurs mulets, les mulets firent leur devoir, et bientôt, la rivière passée, la file de nos charrettes se déroula de son mieux, serpentant, errant dans presque toutes les directions, au milieu d'un labyrinthe de vallées et de montagnes, obligée de s'ouvrir un passage tantôt au fond d'un ravin, tantôt sur le penchant d'une roche escarpée, souvent à travers les buissons; et pour cela il fallut ici dételer les mulets, là doubler les attelages; plus loin faire un appel à toutes les épaules, pour soutenir le convoi sur le bord incliné d'un abîme ou l'arrêter dans une descente trop rapide, pour éviter enfin ce qu'on n'évita pas toujours; car de combien de culbutes n'avons-nous pas été témoins! combien de fois surtout nos bons frères, devenus charretiers par nécessité beaucoup plus que par vocation, ne s'étonnèrent-ils pas de se voir, celui-ci sur la croupe, celui-là sur le cou, un autre entre les quatre fers de ses mulets, sans trop savoir comment ils y étaient venus, et toujours remerciant le Dieu des voyageurs d'en être quittes à si bon marché! Pour les cavaliers, même protection. Dans le cours du voyage, le P. Mengarini fit six chutes; le P. Point ne culbuta pas moins souvent; une fois, au grand galop, je passai par-dessus la tête de mon cheval qui était tombé; et, à nous tous, en ces diverses occurrences, pas la moindre égratignure. Mais revenons aux charrettes.

C'est ainsi qu'elles furent conduites pendant dix jours jusqu'à la *Rivière-à-l'Ours*, qui coule au milieu d'une large et belle vallée, environnée de montagnes en apparence inaccessibles, et interceptée de distance en distance par d'affreux rochers qui occasionnèrent de longs détours à nos charrettes. Cette rivière décrit dans sa course la figure d'un fer à cheval, et se jette dans le grand lac *Salé*, qui a environ trois cents milles de circonférence et n'offre aucun débouché vers la mer. Chemin faisant, nous rencontrâmes sur cette rivière plusieurs familles de *Soshonies* ou *Serpents* et de *Soshocos* ou *Déterreurs de racines*. Ils sont issus de la même souche, parlent la même langue, et se montrent amis des blancs. La seule différence que l'on puisse remarquer entre eux, c'est que les derniers sont les plus pauvres. Nous remarquâmes de temps en temps parmi eux ce véritable grotesque indien qu'on chercherait en vain ailleurs. Imaginez-vous une bande de chevaux, ou plutôt de misérables rosses, hors de proportions dans tous leurs contours ; tâchez de vous les peindre empaquetés et comme enchâssés dans toutes sortes d'objets, de manière à leur donner une hauteur double, et alors surmontés par des êtres à forme humaine, vieux et jeunes, hommes et femmes, dans une variété de figures et de costumes telles que les pinceaux d'un Cruykland ou d'un Breugel auraient peine à les rendre avec fidélité. La charge de l'un de ces animaux, haut à peine de quatre pieds, était quatre gros ballots de viandes sèches, deux de chaque côté pour s'entre-balancer ; au-dessus étaient attachés horizontalement d'autres paquets formant une plate-forme sur le dos de la bête; et sur le sommet de tout cet échafaudage, à une élévation quelque peu périlleuse, un personnage très-vieux, assis sur une peau d'ours et à la turque, fumant son calumet. A ses côtés, sur une pareille rossinante, on voyait une vieille borgnesse, apparemment sa femme, accroupie dans la même attitude au-dessus de ballots sur ballots contenant des racines amères, du messawia (racine noire), du kamath, des racines à biscuits, des cerises, des graines, des baies, le ménage enfin et toutes les productions qu'accordent à ces sauvages pour leur provision d'hiver leurs arides montagnes et leurs riantes vallées. Nous vîmes en différentes circonstances des familles entières sur un même cheval, nichées du cou jusqu'à la croupe, chacun selon son âge, les petits enfants et les femmes par-devant, et les hommes à l'arrière. En deux occasions diverses, je comptai cinq personnes ainsi montées dont deux, certes, paraissaient aussi capables, chacune à elle seule, de porter la pauvre bête, que le cheval était à même de supporter leur poids.

Plusieurs endroits sur la *Rivière-à-l'Ours* renferment de grandes curiosités en fait d'histoire naturelle. Une petite plaine de quelques arpents carrés présente une surface unie de terre blanche (terre à foulon) sans la moindre tache ; elle ressemble à une pièce de marbre blanc ou à un champ couvert d'une neige éblouissante. Dans les environs se trouve un grand nombre de fontaines de grandeur et de température différentes ; il y en a qui ont un petit goût de soude ; ces dernières sont froides : les autres sont d'une chaleur douce, semblable à celle du lait qu'on vient de traire.

Une de ces fontaines est surtout remarquable ; elle forme un petit monticule d'une substance mêlée de pierre et de soufre, et de la forme d'un chaudron renversé, ne laissant au sommet qu'une petite ouverture où l'on peut à peine passer la main ; de ce trou s'échappe alternativement tantôt un jet d'eau, tantôt une vapeur. Ces eaux doivent être fort saines ; peut-être ne seraient-elles pas inférieures aux célèbres eaux de Spa et de Chaudfontaines en Belgique. Tout ce que je sais, c'est qu'elles se trouvent entre les montagnes d'où nos charrettes ont eu tant de peine à se tirer ; aussi n'inviterai-je à en venir faire l'essai ni les santés délabrées, ni même celles qui ne le sont pas. Le terrain, durant un certain espace, y résonne sous les pieds et effraie le voyageur solitaire qui la traverse.

C'est à cet endroit remarquable que nous quittâmes la *Rivière-à-l'Ours*. Le 14 août, nos charrettes, après avoir roulé dix heures sans s'arrêter, arrivèrent au bout d'un défilé qui parut le bout du monde ; à droite et à gauche, des montagnes effrayantes ; derrière nous, un chemin par où l'on n'était pas tenté de retourner ; en face , un passage où se précipitait un torrent, mais si étroit qu'à peine le torrent seul paraissait y pouvoir. passer. Les bêtes de somme étaient rendues. Pour la première fois il y eut des murmures contre le capitaine de la caravane ; mais lui, imperturbable, et , selon sa coutume , ne reculant jamais devant une difficulté, s'avance pour reconnaître le terrain : bientôt il fait signe d'approcher. Une heure après, on était hors d'embarras, puisqu'on avait traversé la plus haute chaîne des Montagnes Rocheuses et qu'on se trouvait presque en vue du Fort-Hall.

La veille du départ des charrettes des fontaines à soude , je m'étais acheminé vers le fort, pour y prendre quelques arrangements nécessaires, accompagné seulement du jeune François Xavier. Nous fûmes bientôt engagés dans un labyrinthe de montagnes. Vers minuit, nous atteignîmes le sommet de la plus haute chaîne : mon pauvre guide, ne voyant à un faible clair de lune que des précipices affreux devant nous, se trouvait tellement embarrassé qu'il tournait sur lui-même comme une girouette et s'avouait perdu. Ce n'était ni l'endroit ni le moment d'errer à l'aventure ; je pris donc le seul parti qui nous restait, celui de desseller mon cheval et d'attendre le soleil pour nous tirer d'embarras. M'étant d'abord recommandé à Dieu, puis enveloppé dans ma couverture , la selle me servait d'oreiller, je m'étendis sur le roc, et ne tardai pas à y faire un bon somme. Le lendemain, de grand matin, nous descendîmes entre deux rochers énormes par une petite crevasse que l'obscurité de la nuit avait dérobée à notre vue, et nous arrivâmes bientôt dans la plaine qu'arrose le *Pont-Neuf,* tributaire de la *Rivière-aux-Serpents.* La région que nous parcourûmes ce jour-là , au grand trot et au galop, présenta partout, dans un espace de cinquante milles de chemin, des restes évidents de convul-

sions volcaniques ; nous y remarquâmes, dans toutes les directions, des monceaux de débris de lave. Dans toute sa longueur,
la rivière offre une succession d'étangs à castors, l'un se vi-
dant dans l'autre par une étroite ouverture creusée dans chaque digue et formant une cascade de trois à six pieds d'élévation. Toutes ces digues, ouvrage des eaux (selon les trappiers, l'ouvrage des castors), sont formées de la même ma-
tière, et offrent les mêmes accidents que les stalactites qu'on
trouve dans quelques cavernes.

Nous arrivâmes le soir à un demi-mille du fort ; mais n'y
voyant plus et ne sachant où nous étions, nous campâmes cette
nuit dans les broussailles, sur les bords d'un petit ruisseau et
au milieu d'une nuée de maringoins (1).

QUATRIÈME LETTRE

Camp du Grand-Visage, 1er septembre 1841.

Ce n'est donc qu'environ quatre mois après notre départ
de West-Port, que nous atteignîmes le gros de la peuplade
vers laquelle nous étions spécialement envoyés. Là se trouvaient les principaux chefs. Quatre d'entre eux étaient venus

(1) Après la petite lettre qui suit, le P. de Smet a interrompu sa relation,
pour donner successivement différents détails sur les productions des contrées
qu'il a traversées, sur les dangers qu'il a courus, sur les dispositions morales
des tribus sauvages, sur le plan qu'il se propose de suivre pour assurer et con-
solider leur conversion et leur civilisation, sur le lieu qu'il a choisi pour leur
résidence permanente, sur les coutumes qu'il y a introduites, sur un voyage qu'il
a fait dans l'intérêt de sa peuplade, enfin sur ce qui s'est passé dans la réduction pendant qu'il faisait ce voyage. Il n'a repris la suite de sa narration que
l'année suivante, dans sa relation d'une année de séjour aux Montagnes Rocheuses,
adressées à M. le chanoine de la Croix.   (*Note de l'éditeur.*)

au-devant de nous à une journée de chemin ; ils nous rencontrèrent sur l'une des sources du Missouri , dite *la Tête-au-
Castor*, où nous étions campés avec quelques Raaax , dont je
parlerai plus tard. Le 30 août, sous la conduite de ces nouveaux guides , après avoir passé la petite rivière , nous nous
avançâmes dans une grande plaine, à l'horizon de laquelle, vers
l'ouest , se trouvait le camp des *Têtes-plates*. Nous ne l'aperçûmes distinctement que sur le soir ; mais longtemps avant de
le découvrir, nous avions rencontré de distance en distance de
nombreux courriers qui nous annonçaient que nous n'en étions
plus éloignés. A leur empressement, il était facile de discerner
le contentement et la joie qui les animaient. Déjà le guerrier
tête-plate, surnommé *le Brave des braves*, m'avait envoyé jusqu'au Fort-Hall son plus beau cheval , avec recommandation
qu'il ne fût monté par personne avant de m'être présenté. Bientôt cet Indien apparut lui-même, accourant à toute bride ; il se
distinguait des autres par l'habileté avec laquelle il faisait caracoler son coursier lorsqu'il approcha de nous , et par le
grand cordon rouge qu'il portait comme insigne de sa bravoure.
C'est, comme guerrier, le plus sauvage que je connaisse.

Nous nous avancions au grand trot, et déjà nous n'étions
qu'à deux ou trois milles du camp, lorsque nous aperçûmes
dans le lointain un nouveau cavalier de haute stature ; bientôt plusieurs voix se font entendre : *Paul ! Paul !* Et en effet
c'était Paul, le grand chef que l'on croyait absent , mais qui
venait d'arriver, comme par une permission de Dieu, pour
avoir la satisfaction de nous présenter lui-même à son petit
peuple. Après les témoignages d'amitié bien cordiale donnés
de part et d'autre, le bon vieillard voulut retourner vers les
siens pour nous annoncer. Un quart d'heure après , tous les
cœurs étaient réunis dans un seul sentiment ; c'était comme
un troupeau de brebis se pressant autour de leur pasteur.
Combien les mères, en nous présentant leurs petits enfants ,
étaient émues ? Nous l'étions aussi nous-mêmes à un tel point

que nous avions peine à retenir nos larmes. Cette soirée fut
assurément pour nous une des plus belles de notre vie. Il
semblait que nous pouvions dire : *Enfin nous voici arrivés au
lieu de notre repos.* Toutes les fatigues, tous les dangers,
toutes les épreuves semblaient avoir disparu ; une seule
pensée, celle que nous allions revoir les beaux jours de la
primitive Eglise, préoccupait tous les esprits. Nous ne songeâmes plus qu'à une seule chose, le fond de toutes nos con-
versations était : « Comment allons-nous faire pour ne pas
manquer à notre grande vocation ? » Je recommandai au
P. Point, bon dessinateur et architecte, de tracer le plan
des réductions futures. Dans mon esprit et surtout dans mon
cœur, au plan matériel se rattachaient essentiellement le plan
moral et le plan religieux. Rien ne paraissait plus beau que
la relation de Muratori ; nous en avons fait notre *vade-mecum.*
Ce seront ces sortes de sujet qui nous occuperont à l'avenir,
et nous laisserons de côté les belles perspectives, les arbres,
les animaux, les fleurs, ou du moins nous n'y jetterons plus
qu'un coup d'œil en passant.

Du Fort-Hall nous remontâmes la *Rivière-aux-Serpents*
jusqu'à l'embouchure de la *Fourche-à-Henry.* Ce désert est
sans contredit le plus aride des montagnes, couvert d'absinthes, de cactus et de toutes les herbes qui se plaisent le
plus dans les mauvaises terres. Nous eûmes recours à la pêche
pour notre subsistance ; mais nos bêtes de somme eurent
leurs nuits de misère et de jeûne, car à peine y trouva-t-on
une bouchée de gazon pendant les huit jours que nous mîmes
à le traverser. Dans le lointain nous apercevions les Montagnes Rocheuses. Les *Trois-Tétons* étaient à notre droite, à
la distance d'environ cinquante milles, et les *Trois-Buttes* à
notre gauche, à une trentaine de milles.

De l'embouchure de la Fourche-à-Henry, nous nous dirigeâmes vers la montagne, par une plaine sablonneuse, entrecoupée de ravins et parsemée de blocs de granit ; nous y

passâmes un jour et une nuit sans eau. Le lendemain, vers le
soir, nous gagnâmes un petit ruisseau; mais telle est l'aridité
de ce sol poreux, que nous le vîmes bientôt se perdre dans
les sables, sans laisser le moindre vestige. Le troisième jour
de cette traversée vraiment fatigante, nous arrivâmes dans un
défilé arrosé par un large ruisseau, et où la verdure était encore
belle et abondante. Nous appelâmes cet endroit *le défilé des
Pères*, et le ruisseau qui n'avait point de nom, *la rivière de
Saint-François Xavier.*

Du défilé des Pères jusqu'à notre destination, le pays est
bien arrosé. Aux pieds des montagnes, nous trouvâmes partout des fontaines, de petits lacs et des fourches. Aucun pays
au monde ne fournit une eau plus limpide et plus pure; n'importe la profondeur d'une rivière, on en voit toujours le fond
comme si rien ne l'interceptait.

La fontaine la plus remarquable que nous ayons vue dans
les montagnes est la *Loge-aux-chevreuils*. Elle se trouve sur
les bords de la fourche principale de la *Racine-amère*, que
j'ai appelée *rivière Saint-Ignace*. Cette fontaine est entourée
d'un marais; elle jaillit d'un monticule très-régulier d'environ
trente pieds d'élévation, accessible seulement d'un côté, et
formé d'une croûte pierreuse à mesure que la fontaine s'est
élevée. L'eau bouillonne sur le sommet, et s'échappe par un
grand nombre d'issues à l'entour de la base, qui a cinquante
à soixante pieds de circonférence. On y trouve des eaux froides,
tièdes et chaudes, à quelques pieds de distance les unes des
autres. Quelques-unes sont si chaudes qu'on peut y faire cuire
la viande; nous en avons fait l'essai. Adieu.

CINQUIÈME LETTRE

A M. ROLLIER, AVOCAT A OPDORP, PRÈS DE TERMONDE

Rivière Saint-Ignace, 10 septembre 1841.

Sans autre préambule qu'une simple excuse de mon long silence, je viens vous offrir mes observations en fait d'histoire naturelle, sachant que les fleurs, les arbres, les animaux ne sont pas sans charmes pour vous.

FLEURS. Nous nous trouvions dans les environs de la Cheminée, lorsque le P. Point fit son beau bouquet en l'honneur du Sacré-Cœur. De là, en s'avançant vers les *Côtes-noires*, les fleurs deviennent plus rares; cependant, de loin en loin, nous en rencontrâmes que nous n'avions vu nulle part ailleurs. Parmi les doubles, les plus communes et les plus caractéristiques du sol où elles prennent naissance sont : en deçà de la Plate, les *lupins roses*; dans les plaines de la *Plate* jusqu'à la *Cheminée*, l'*épinette des prairies*, fleur jaune à cinq feuilles (plante médicinale); et au delà, dans le sol le plus stérile, trois espèces de *cactus*; elles sont connues, parmi les botanistes, sous le nom de *cactus americana*, et déjà naturalisées dans les parterres d'Europe. Je n'ai rien vu, même dans les plus belles roses, ni d'aussi pur ni d'aussi vif que l'incarnat de cette charmante fleur; toutes les nuances du rose et du vert décorent l'extérieur de son calice qui va s'évasant comme celui du lis; beaucoup mieux que la rose, elle paraît être l'emblème des plaisirs de ce bas monde; elle est environnée

9

de beaucoup plus d'épines et ne s'élève pas à deux pouces
de terre.

Parmi les fleurs simples, la plus élégante ressemble à la
cloche bleue de nos parterres ; mais elle la surpasse de beaucoup par l'agrément de ses formes et par la délicatesse de ses
teintes, qui varient depuis le blanc pur jusqu'à l'azur sombre.
L'*aiguille d'Adam*, qui ne croît que sur les côtes stériles,
est la plus noble parmi les pyramidales ; sa tige s'élève à plus
de trois pieds ; à mi-hauteur commence une pyramide de
fleurs fort serrées les unes contre les autres, sous la forme
d'un diadème renversé, nuancées légèrement de rouge, et
diminuant de grosseur à mesure qu'elles approchent de leur
commun sommet qui se termine en pointe. Sa base est défendue par une espèce de feuilles dures, fibrées, oblongues
et aiguës ; c'est ce qui lui a fait donner le nom d'*aiguille*. Sa
racine, blanche et semblable dans sa forme à une carotte, a
ordinairement six pouces de diamètre ; les sauvages s'en
nourrissent au besoin, et les Mexicains en fabriquent une
espèce de savon.

Il est encore trois autres espèces de fleurs très-remarquables;
elles sont rares, même en Amérique, et leurs noms sont
inconnus du commun des voyageurs. La première, dont les
feuilles bronzées sont disposées de manière à imiter le chapi-
teau corinthien, a reçu de nous le nom de *corinthienne*. La
deuxième, couleur de paille, rappelle, par sa tige environnée
de onze branches, comme d'autant de satellites, le fameux
songe de Joseph; elle a été nommée la *Joséphine*. La troisième,
la plus belle des reines-marguerites que j'aie vues, ayant
autour d'un disque jaune, nuancé de noir et de rouge, sept
à huit rayons dont chacun serait à lui seul une belle fleur, a
été appelée la *dominicale*, non-seulement parce qu'elle nous
a paru la maîtresse-fleur de ces parages, mais encore parce
que nous l'avons rencontrée un dimanche.

ARBUSTES. Les arbustes qui portent des fruits sont en

petit nombre. Les plus communs sont le groseiller, le cerisier, le cormier, le houx et le framboisier. Les groseilles, grosses et petites, sont, comme en Europe, de différentes couleurs, blanches, rouges, oranges, jaunes, noires ; on les rencontre en grande quantité dans presque toutes les parties des montagnes, ainsi que dans les plaines, où elles sont meilleures, comme étant plus exposées au soleil. J'ai rangé les cerisiers et les cormiers parmi les arbustes, parce qu'en effet la tige qui les porte n'atteint jamais la hauteur commune d'un arbre. Le cormier, qui se présente sous la forme d'un buisson, porte un fruit excellent que les voyageurs appellent la *poire* des montagnes ; mais il n'a rien de commun avec ce fruit et n'excède pas la grosseur d'une cerise commune. La cerise d'Amérique diffère de celle d'Europe en ce qu'elle forme des grappes sur la tige, à peu près comme nos groseilles noires, et qu'elle n'a que la grosseur de nos cerises des bois. La corme et la cerise forment en partie la nourriture des sauvages dans la saison, et ils les sèchent pour leurs provisions d'hiver. Les cénelles, fruit du houx, sont de deux sortes, blanches et rouges. Voyez à la fin de ma lettre la liste des fruits, plantes et racines qui croissent spontanément dans les différentes parties de l'Ouest, et qui, à défaut d'autre chose, tiennent lieu de nourriture.

Le lin est fort commun dans nos vallées ; la même racine (ce qui est fort remarquable) est assez féconde pour pousser de nouveaux jets pendant un certain nombre d'années. Nous en avons eu la preuve sous les yeux, dans une racine à laquelle sont encore attachées une trentaine de tiges de différentes crues. Le chanvre est plus rare que le lin.

ARBRES. Comme nous avons presque toujours côtoyé les rivières, nous n'avons pu rencontrer une grande variété d'arbres. On n'y voit guère que des buissons, des saules, des bouleaux, ainsi que l'aune, le sureau, le cotonnier ou peuplier blanc dont l'écorce sert en hiver de nourriture aux

chevaux , le tremble dont la feuille est toujours en mouvement ; les Canadiens y attachent une idée supertitieuse : ils
disent que c'est sur ce bois qu'on a crucifié Notre-Seigneur,
et que depuis la feuille ne cesse de trembler. Sur les montagnes on ne trouve de haute futaie que le pin et le cèdre
blanc et rouge ; ce dernier est le plus en usage pour les
meubles ; c'est , après le cyprès , le bois le plus durable de
l'Ouest. Il y a cinq espèces de pins : le pin de Norwége , le
résineux, le blanc , le pin à goudron , et le pin élastique ,
dont les sauvages se servent pour faire des arcs. L'if, quoique
rare , se trouve aux montagnes , ainsi que l'érable blanc ; les
tamarins y croissent en abondance. Vers les *Côtes-noires* , la
violence des vents est telle que les cotonniers, qui y croissent
à l'exclusion de presque tout autre arbre, revêtent les formes
les plus étranges. J'en ai vu dont les branches , violemment
tordues , rentraient dans le tronc principal , et finissaient par
prendre de si singulières positions , qu'il eût été impossible
à une certaine distance de dire quelle partie visible de l'arbre
touchait immédiatement la racine.

OISEAUX.   Les oiseaux ne sont pas moins variés que les
fleurs : on en voit de toute forme , de toute grandeur et de
tout plumage , depuis le pélican blanc et le cygne , jusqu'au
roitelet et l'oiseau-mouche. Muratori, dans sa relation du Paraguay, fait chanter ce dernier comme un rossignol, et s'étonne
à juste titre que d'un corps aussi petit il puisse sortir des
sons aussi forts. A moins que l'oiseau-mouche de l'Amérique
du Sud ne soit pas celui des Montagnes Rocheuses , ni même
celui des Etats-Unis , on doit dire que c'est par erreur que
le célèbre auteur a ajouté la beauté du chant à celle du plumage. Le seul son que l'on entende , lorsque cet oiseau voltige d'une fleur à une autre , est une espèce de bourdonnement semblable à celui de l'abeille , encore n'est-il produit
que par la rapidité avec laquelle l'air est frappé de ses petites

ailes. Le *noutka* est une nouvelle espèce d'oiseau-mouche propre à l'Orégon. Toute la partie supérieure de l'oiseau est rougeâtre ; la tête tire sur le vert ; le cou, cuivré et cramoisi , varie selon l'incidence de la lumière. Par la gorge , il ressemble à l'oiseau-mouche commun , connu à l'est des montagnes ; mais il est plus riche dans ses couleurs, et ses plumes métalliques sont disposées en un large collier dans la partie inférieure du cou , au lieu de former une partie principale de tout le plumage.

INSECTES , REPTILES. Je ne ferai mention des reptiles que pour remercier Dieu de nous avoir servi contre eux, et contre le plus terrible de tous , le fameux serpent à sonnettes , le bouclier impénétrable à leurs dards. En effet, comment s'est-il fait que pas. un homme de la caravane , ni même un cheval ou un mulet , n'ait été piqué une seule fois, lorsque, dans un seul jour, sans quitter la ligne droite de leurs charrettes, nos charretiers en tuaient jusqu'à douze à coups de fouet.

Il est un point controversé entre les naturalistes au sujet des fourmis : c'est de savoir si le grain qu'elles ramassent doit servir à leur nourriture d'hiver ou seulement à la construction de leurs cellules. Peut-être nos remarques pourront-elles servir à résoudre la difficulté. Il n'y a ici dans les fourmilières ni froment ni grain qui en tiennent lieu, par conséquent point de provision de bouche de cette nature ; à leur place , ce sont de petits cailloux , que ces insectes laborieux élèvent en monceaux de trois ou quatre pieds de diamètre sur un pied de haut ; d'où il est , ce semble , permis de conclure que le grain employé ailleurs au même usage que ces petits cailloux n'est point destiné à nourrir la fourmi, mais bien plutôt à lui bâtir une demeure.

Chose étonnante! la puce n'a pas encore fait son apparition dans les montagnes ; la vermine, au contraire, ronge les pauvres sauvages ; et ce qu'il y a de plus triste, c'est que, loin

de songer à s'en débarrasser, ils l'entretiennent par leur malpropreté.

On a souvent parlé des *maringoins* ; ils m'ont tant tour-
menté dans ce voyage que je peux bien contribuer pour ma
part à publier leur méchanceté. Quand il s'agit de nuire à
l'homme, il n'y a point d'animal qui l'emporte sur ces insectes. Au milieu de la journée, ils ne vous inquiéteront pas,
mais à condition que vous quittiez l'ombre, et que vous alliez
vous exposer aux ardeurs du soleil. Le soir, le matin, la
nuit, leur bourdonnement aux oreilles ne cessent pas un instant ; ils s'attachent avec avidité à la peau comme des sang-
sues, et enfoncent dans la chair leur dard empoisonné, contre
lequel il n'y a point d'autre défense que de se cacher entièrement sous sa couverture, ou de s'envelopper la tête de
quelque tissu impénétrable, au risque d'étouffer. C'est surtout pendant le repas qu'ils sont incommodes. Alors, pour
s'en débarrasser, il faut produire, à l'aide de bois pourri ou
d'herbes vertes, une épaisse fumée sans flamme. Ce remède
est efficace : mais on ne l'emploie qu'en désespoir de cause ;
car on est presque suffoqué par les nuages épais qui vous environnent. On pourrait donner à ces sortes de repas le titre de
festins à tristes figures : chacun y fait la grimace, et les plus
insensibles même ont les larmes aux yeux. Tant que la fumée
dure, ces petits trouble-tout voltigent à l'entour ; mais aussitôt que l'atmosphère s'éclaircit, ils reviennent à la charge
dans toutes les directions, et s'attachent aux parties du corps
qui sont à découvert, jusqu'à ce qu'un autre tas de bois
pourri, jeté sur les charbons, les mette de nouveau en fuite.

Les *frappe-d'abord* ou *brûlots* se trouvent par myriades au
désert, et ne sont pas moins nuisibles que les maringoins.
Comme ils sont si petits que l'œil peut à peine les apercevoir,
ils attaquent aisément la peau, et se glissent jusque dans les
yeux, les narines et les oreilles. Pour s'en débarrasser, on
met des gants, et sur la tête un mouchoir qui couvre le front,

le cou et les oreilles ; on garantie le visage par la fumée d'une
courte pipe.

Les *mouches-à-feu* ou vers luisants des montagnes ne sont
pas nuisibles ; leur grosseur est à peu près celle de l'abeille.
Lorsqu'on les aperçoit en grand nombre le soir, c'est un signe
certain de pluie ; alors, n'importe l'obscurité de la nuit , sil-
lonnant l'air comme autant d'étoiles errantes ou de feux fol-
lets , leurs belles formes phosphoriques vous rendent la route
distincte et visible. Les sauvages s'en frottent parfois le visage,
et par plaisanterie , pour faire peur aux enfants , ils se pro-
mènent le soir comme des météores dans les environs du
village.

Comme le gibier a manqué rarement à nos chasseurs, nous
n'avons guère eu recours à la pêche que pour les jours maigres.
Il est cependant arrivé que , nos vivres, commençant à manquer, nous vîmes nos lignes plus heureuses que nos fusils.
Les poissons que nous prîmes le plus souvent sont les mulets,
deux espèces de truites ; les carpes , et deux ou trois différentes espèces inconnues. Un jour, campé sur les bords de la
Rivière-aux-Serpents , je pris à la ligne plus de cent poissons
en moins d'une heure. L'anchois , l'esturgeon abondent dans
un grand nombre de rivières de l'Orégon , ainsi que six différentes espèces de saumons. Ces derniers remontent les
rivières vers la fin d'avril , pour ne plus les redescendre. Les
jeunes descendent au mois de septembre vers l'Océan , et les
sauvages croient qu'ils ne remontent que quatre ans après.

Nous avons vu les ouvrages des *castors* ; le pays où nous
sommes est leur pays par excellence. Tout le monde sait
l'emploi qu'ils font de leurs dents et de leur queue ; mais ce
qu'on ignore peut-être , et ce qui nous a été assuré par les
trappiers , c'est que pour faire tomber l'arbre qu'ils abattent
du côté où ils veulent construire leur digue , ils choisissent
parmi les arbres du rivage celui qui penche le plus sur l'eau ;
et s'il ne s'en trouve pas qui aient une inclinaison suffisante,

ils attendent qu'un bon vent vienne à leurs secours. Qu'on ne
s'étonne donc pas qu'une tribu indienne considère les castors
comme une race dégradée d'êtres humains, dont les crimes
et les vices, ayant irrité le Grand-Esprit, celui-ci, pour les
punir, les réduisit pour un temps à la condition de brutes ;
mais tôt ou tard ils seront rendus à leur force primitive ; et
même, dans leur état actuel, ils ont une espèce de langage ; car
on les a vus, disent-ils, s'entretenir, se consulter, délibérer
sur le sort d'un criminel de la communauté. Tous les trappiers nous assurent que les castors qui refusent de travailler
sont chassés de la république à l'unanimité des voix et à coups
de dents ; que ces proscrits sont obligés de passer un hiver
misérable, à moitié affamés, dans un trou abandonné d'une
rivière, où on les prend facilement. Les trappiers les appellent *castors paresseux*, et disent que leur peau ne vaut pas
la moitié de la peau de ceux que l'industrie persévérante et
la prévoyance ont munis d'abondantes provisions et mis à
l'abri des rigueurs de l'hiver. La chair du castor est grasse et
délicate ; on en sert la queue comme en Europe le beurre.
Leur peau, si recherchée, se paie sur les lieux de neuf à dix
piastres, mais en marchandises, ce qui ne revient pas à un
piastre en argent ; car une seule pinte de genièvre, par
exemple, qui ne coûte pas dix sous aux vendeurs, se vend
ici jusqu'à vingt francs. Est-il étonnant que ces gens fassent
si facilement des fortunes colossales ; tandis que des employés,
à qui l'on donne jusqu'à neuf cents piastres par an, n'ont pas
même une chemise à la fin de l'année? Dans cette catégorie
de vendeurs n'est pas comprise l'honorable Compagnie de la
baie d'Hudson dans l'Orégon ; la vente de toute liqueur y
est strictement défendue.

La *loutre*, brune et noire, abonde dans les rivières de
nos montagnes ; mais comme le castor, elle est poursuivie avec
avidité par les chasseurs.

A propos des amphibies, un mot de la *grenouille*. La

plus ordinaire est celle que l'on voit en Europe ; mais il y en
a une autre qui en diffère du tout au tout, en ce qu'elle porte
une queue et des cornes , et qu'elle ne se trouve que dans
les sables arides. Des voyageurs donnent à cette espèce le nom
de *salamandre*.

Le *rat des bois* , espèce de blaireau , est très-commun ; on
le trouve ordinairement dans les endroits marécageux , où il
se nourrit de petites écrevisses. Voici le stratagème dont il se
sert pour obtenir son met favori : placé sur le bord d'un
étang, il laisse tomber dans l'eau sa longue queue dépourvue de
poil ; les écrevisses , avides d'un si bon morceau, s'en sai-
sissent. Aussitôt que le rat sent leurs pinces acérées , il donne
une forte secousse de sa queue ; les écrevisses lâchent prise
en quittant leur élément, et le rat s'en empare , les met en
sûreté à une petite distance de l'eau , puis les dévore avec
avidité. Il a toujours soin de les prendre par derrière, les
tenant de travers pour garantir sa bouche de leurs pinces.

Le *blaireau* proprement dit habite dans toute l'étendue du
désert, mais il ne se montre guère ; il se tient toujours près
de son gîte , et à l'approche du moindre danger, il y rentre au
plus vite. Il est à peu près de la grosseur de la marmotte ; sa
couleur est un gris argenté ; ses pattes sont courtes ; sa force
est prodigieuse. Un jour, nous en surprîmes un assez éloigné
de son trou pour qu'on pût l'empêcher d'y rentrer ; il se ré-
fugia dans le creux d'un rocher ; un Canadien le saisit aussitôt par la patte de derrière , mais il eut besoin de l'assistance
d'un camarade pour l'en retirer.

D'où vient le nom qu'on a donné au *chien-de-prairie?* Personne n'a pu nous le dire. Pour la forme , la grosseur, la
couleur, l'agilité , il ressemble à l'écureuil , et habite en communauté dans des villages qui ont parfois plusieurs milliers
de loges ; la terre répandue autour de chaque trou fait un
tallus qui facilite l'écoulement de la pluie. A l'approche de
l'homme , ce petit animal se hâte de rentrer dans son trou en

jetant un cri perçant qui , répété de loge en loge , avertit la peuplade de se tenir sur ses gardes. Au bout de quelques minutes, on voit les plus hardis ou les plus curieux mettre le nez à la fenêtre ; le chasseur, qui le guette, choisit ce moment pour tirer son coup , ce qui demande beaucoup d'adresse , vu qu'ils n'exposent à l'air que le sommet d'une tête fort petite et fort agitée. Quelquefois ils sortent tous ensemble; c'est, au dire des sauvages , pour s'assembler en conseil. Quel est alors l'objet de leurs délibérations? Il n'est pas facile de le deviner. Nos pareils sont des profanes dont ils évitent la présence ; seulement, à en juger par les hôtes qu'ils reçoivent, on peut croire que la sagesse y préside. Les habitués du logis sont le pigeon, l'écureuil barré, le serpent à sonnettes; sympathie singulière qu'on ne peut guère expliquer que par la différence des appétits. Cet animal ne se nourrit, dit-on , que de rosée et de racine de gazon. Ce qui confirmerait cette opinion , c'est la position de leur village , toujours éloignée des eaux , et l'herbe menue qui en tapisse le sol.

Le *mephitis-americana* , ou la bête puante , est un gentil quadrupède de la grosseur d'un chat ordinaire, bigarré de différentes couleurs. Lorsqu'il est poursuivi , il dresse sa belle queue touffue , et lance à diverses reprises , à mesure qu'il s'éloigne , une décharge de fluide que la nature lui a donné pour sa défense ; cette liqueur est si infecte, qu'il n'y a ni homme ni animal capable d'y résister.

Le bon P. Van Quickenborne en fit un jour l'expérience, lorsque nous étions ensemble à Saint-Louis. En revenant avec moi d'une excursion , il vit deux *mephitis* sur sa route ; et comme c'était la première fois qu'il faisait une pareille rencontre , il crut avoir trouvé deux petits ours. L'envie lui prit de s'en rendre maître et de les emporter dans son grand chapeau ; il descendit de cheval, s'approcha lentement et avec prudence pour s'assurer de la proie qu'il guettait; il n'avait plus qu'un pas à faire, il étendait déjà le bras et le chapeau ;

tout à coup la décharge du fluide eut lieu, il en fut inondé.
Bien qu'il fût encore à cent verges de nous, déjà nous sentions
cette insupportable odeur ; pendant plusieurs jours il n'y eut
presque pas moyen de l'approcher ; toute la maison était in-
fectée ; à la fin on se vit obligé de détruire tous ses vêtements.

Le *cabri*, pour la forme et la grosseur, tient du chevreuil ;
seulement le bois du mâle est plus petit et n'a que deux
branches. Son poil, imitant celui du cerf, est nuancé de blanc
sur la croupe et sur le ventre ; ses yeux sont grands et très-
perçants. Quand il traverse le désert, son allure ordinaire
est un petit galop fort élégant ; de temps en temps il s'arrête
tout court, se tourne et dresse la tête pour mieux voir ; c'est
le bon moment pour le chasseur. S'il manque son coup, le
cabri part comme un trait ; mais sa curiosité le porte à regar-
der encore ; le chasseur connaît son faible, paraît s'amuser
en agitant quelque objet de couleur tranchante ; l'animal s'approche de plus près, mais son imprudence cause sa perte. Le
cabri est la gazelle ou l'élan des naturalistes. La chair en est
saine, mais de moindre qualité que celle du cerf ou du chevreuil. On ne le tue que lorsque le chevreuil, la grosse-corne,
la biche, la vache du buffle manquent.

La grande chasse au cabri est très-remarquable ; les sauvages en font un jour de réjouissance. Ils choisissent d'abord
un carré de cinquante à quatre-vingts pieds qu'ils entourent
de perches et de branches d'arbres, n'y laissant qu'une petite
entrée de deux à trois pieds. Des deux bouts de cette entrée,
comme du sommet d'un angle aigu, partent en ligne droite
deux haies très-serrées, qu'ils forment avec des branches, et
qu'ils continuent jusqu'à une distance de plusieurs milles.
Alors de nombreux coureurs donnent la chasse aux cabris,
et les poussent devant eux jusqu'à ce que, les ayant engagés
entre les deux haies, ils les serrent de si près qu'ils sont
obligés de se jeter pêle-mêle par la petite entrée de l'enclos
préparé pour les recevoir. Là, les Indiens les assomment à

coups de massue. On m'a assuré que souvent en une seule fois les sauvages tuent ainsi jusqu'à deux cents cabris et au delà.

La chair de la femelle du *buffle* est la plus saine et la plus délicate des viandes de l'Ouest, et en même temps si commune qu'on peut l'appeler le pain quotidien des sauvages ; ils ne s'en dégoûtent jamais et se la procurent avec la plus grande facilité. Elle est bonne dans toute ses parties, mais pas également pour tous : les uns préfèrent la langue, d'autres la bosse ou les broches, d'autres les plats-côtés ; chacun a son morceau favori. Pour conserver les viandes, on en fait des tranches assez minces qu'on sèche au soleil, ou bien une sorte de hachis qu'on pétrit avec la moelle des plus gros ossements, la plus esquise de toutes les graisses. Ce hachis, auquel on donne les singuliers noms de *taureau* et de *fromage*, se mange ordinairement cru ; mais cuit, il est moins indigeste et de meilleur goût pour les bouches civilisées.

Les formes et la grosseur du buffle sont connues. Cette majesté du désert de l'Ouest aime la nombreuse compagnie ; rarement on le rencontre seul. Très-souvent on en voit plusieurs milliers réunis, les mâles d'un côté, les femelles de l'autre, excepté pendant l'été, où le mélange a lieu. Dans le courant de juin, nous en vîmes aux environs de la *Plate* une si prodigieuse quantité, qu'elle devait surpasser, ce me semble (pour me servir encore de l'expression de ma lettre de l'année passée), le nombre des animaux réunis de toutes les foires de l'Europe. C'est en pareille circonstance qu'a lieu la grande chasse. Au signal donné, les chasseurs, tous montés sur des coursiers rapides, se précipitent vers le troupeau qui se disperse à l'instant ; chacun choisit des yeux sa victime, c'est à qui l'abattra le premier ; car, aux yeux du chasseur, avoir abattu le premier buffle, ou plutôt la première vache, plus estimée que le bœuf, c'est un coup de maître. Mais pour l'abattre plus sûrement, il doit caracoler autour de l'animal jusqu'à ce qu'il soit à portée de le blesser à mort. Malheur à lui si la blessure qu'il lui fait n'est pas mortelle ! la crainte alors se changeant en fureur, le buffle se retourne brusquement et poursuit à outrance le chasseur. Un jour, nous fumes témoins d'un de ces revers de fortune qui faillit causer la mort à un jeune Américain. Il avait poussé l'imprudence jusqu'à se dépouiller de ses habits et passer la rivière à la nage sans armes, dans la pensée que son couteau lui suffirait pour achever une vache blessée. Mais à peine eut-il atteint le rivage que la vache, en l'apercevant, se retourne vers lui avec furie. Malgré sa prompte fuite, il se vit poursuivi de si près qu'il allait être la victime de sa témérité, lorsque le jeune Anglais qui nous accompagnait vint heureusement à son secours. Il ajusta l'animal de la rive opposée, et d'un coup le fusil l'étendit raide mort.

Quand un de ces fiers animaux est blessé, le comble de la gloire pour le chasseur, c'est de le conduire par une fuite simulée dans un endroit où il peut facilement s'en rendre maître. Le nôtre, nommé John Gray, était réputé le meilleur chasseur des montagnes ; il avait donné plus d'une fois les preuves d'une adresse et d'un courage vraiment extraordinaires, jusqu'à attaquer cinq ours à la fois. Un jour, voulant nous régaler d'un plat de son métier, il se fit suivre, jusqu'au milieu de notre caravane, d'un buffle énorme qu'il avait blessé mortellement ; cet animal essuya le feu de plus de cinquante fusils, plus de vingt balles l'atteignirent ; trois fois il succomba : mais la fureur lui rendant de nouvelles forces, trois fois il se releva, menaçant des cornes le premier qui oserait s'en approcher.

La petite chasse se fait à pied. Un chasseur adroit et expérimenté affronte seul tout un troupeau. Pour s'en approcher suffisamment sans être aperçu, il faut qu'il prenne le dessous du vent ; car le buffle a l'odorat si fin que, sans cette précaution, il est capable de sentir l'ennemi à plusieurs milles de distance. Il doit ensuite marcher lentement, courbé le plus

possible, avec une casquette à poils sur la tête, de manière
à ressembler de loin aux animaux qu'il poursuit. Enfin, lorsqu'il est arrivé à la portée du fusil, il doit s'embusquer dans
quelque bas-fond ou derrière un objet quelconque, afin de
rester inaperçu aussi longtemps que possible. C'est alors que
le chasseur tire à coup sûr. La chute d'un buffle tué et le
bruit de l'arme à feu ne font qu'étonner le reste du troupeau;
le chasseur a le temps de recharger et de tirer successivement plusieurs coups, aussi longtemps que les buffles hésitent
entre la surprise et la peur; de cette manière il en tue cinq,
six, et quelquefois davantage, sans changer de place. Un de
nos chasseurs en tua un jour jusqu'à treize. Les sauvages
croient que chez les buffles, comme chez les abeilles, chaque
troupeau a sa reine, et que lorsque la reine tombe tout le
troupeau l'environne pour la secourir. Si le fait est vrai, on
conçoit que le chasseur, assez heureux pour abattre la reine,
a ensuite beau jeu avec la multitude de ses sujets. Quand
l'animal est tué, on l'accommode, c'est-à-dire on le dépouille
de sa peau, on le dépèce, on en prend les meilleurs morceaux,
dont on charge sa monture; quelquefois on ne prend que la
langue, et on abandonne le reste à la voracité des loups. Ceux-
ci ne tardent pas à se rendre au festin qui leur est préparé,
à moins qu'ils n'en soient empêchés par la proximité du camp;
dans ce cas ils remettent la partie à la nuit close. Alors le
voyageur novice doit renoncer au sommeil; leurs hurlements
se font entendre sur tous les tons et presque sans interruption
tant que dure le festin. A la longue on s'y habitue, et au milieu de tous les loups de la contrée on finit par dormir aussi
tranquillement que si l'on était seul.

Il y a différentes espèces de *loups*, gris, noirs, blancs et
bleus. Les loups gris sont les plus communs, du moins ceux
qu'on voit le plus souvent. Le noir est très-grand et féroce;
quelquefois il s'insinue dans un troupeau de buffles de l'air
le plus paisible du monde; on ne s'aperçoit pas de sa présence;

mais malheur au jeune veau qu'il rencontre éloigné de sa
mère ; il est aussitôt terrassé et mis en pièces. S'ils rencontrent
dans le voisinage d'un précipice quelque vieil ours estropié,
ils le fatiguent par leurs assauts réitérés, et le forcent à chercher son salut dans le gouffre, où ils n'ont pas de peine à
l'achever. Les loups sont très-nombreux dans ces parages ; la
surface des plaines est remplie de trous où ils se retirent lorsque la nécessité ne les oblige pas à rôder. Ces trous, ordinairement profonds, sont pour eux des abris sûrs contre les
chasseurs.

Un petit loup, surnommé le *loup de médecine*, passe pour
une espèce de manitou parmi les sauvages ; ils attachent une
idée superstitieuse à son aboiement, qui se fait surtout entendre le soir et pendant la nuit. Leurs jongleurs prétendent
comprendre les nouvelles qu'il vient leur annoncer ; le nombre
et la lenteur ou la rapidité de ses hurlements servent de règle
à leurs interprétations. Ce sont, ou bien des amis qui approchent dans leur camp, ou des blancs qui se trouvent dans
le voisinage, ou des ennemis aux aguets prêts à fondre sur eux.
Et aussitôt chacun se règle en conséquence. Pour une nouvelle vraie que le loup annonce, les sauvages, comme toutes
les dupes, en publieront cent autres controuvées.

Les montagnes renferment quatre espèces d'*ours*, le gris,
le blanc, le noir et le brun. Les deux premiers sont ici les
rois des animaux, comme le lion l'est en Asie ; ils ne lui
cèdent guère en force et en courage. Cette année, je me suis
trouvé plusieurs fois en personne à la chasse aux ours ; j'y ai
même pris part, dans la compagnie de quatre chasseurs *Têtes-
plates* qui couraient autour de la bête en jetant de hauts cris.
Cette chasse est fort dangereuse, parce que l'ours blessé devient furieux comme le buffle et poursuit à toute outrance
son agresseur. En moins d'un quart d'heure, j'en vis tomber
deux sous les coups de mes camarades, mais si bien atteints
qu'ils avaient perdu tout pouvoir de nuire.

Les capitaines Lewis et Clarke, dans la relation de leurs voyages aux sources du Missouri, donnent un exemple frappant de la force physique de cet animal. Un soir, les hommes du dernier canot découvrirent un ours couché dans la prairie, à peu près à trois cents verges de la rivière; six d'entre eux, tous chasseurs adroits, s'avancèrent pour lui livrer bataille. Cachés derrière une petite éminence, ils s'approchèrent à la distance de quarante pas sans être aperçus. Quatre lachèrent alors leur coup de fusil, et les quatre balles furent logées dans le corps de l'animal; deux passèrent à travers les poumons. L'ours, furieux, se leva en sursaut, et, la gueule béante, se précipita vers ses ennemis. Comme il approchait, les deux chasseurs, qui avaient réservé leur feu, lui firent deux nouvelles blessures, dont l'une, lui cassant l'épaule, retarda un instant ses mouvements; néanmoins, avant qu'ils eussent le temps de recharger leurs armes, il était déjà si près d'eux qu'ils furent obligés de courir à toutes jambes vers la rivière. Deux eurent le temps de se réfugier dans le canot, les quatre autres se séparèrent, et se cachant derrière les saules, tirèrent coup sur coup aussi vite qu'ils purent recharger. Toutes ces blessures ne firent que l'exaspérer davantage; à la fin, il en en poursuivit deux de si près, qu'ils cherchèrent leur salut dans la rivière en s'élançant d'une hauteur d'environ vingt pieds. L'ours plongea après eux; il ne se trouvait plus qu'à quelques pieds du dernier, lorsqu'un des chasseurs, sorti des saules, lui tira dans la tête un coup qui l'acheva. Ils le traînèrent ensuite sur le bord de la rivière; huit balles l'avaient percé de part en part.

Tous les sauvages des montagnes confirment l'opinion qu'en hiver l'ours suce sa patte et vit de sa propre graisse; les Indiens ajoutent qu'avant d'entrer dans ses quartiers d'hiver, c'est-à-dire dans le creux d'un rocher ou d'un arbre, ou dans quelque trou souterrain, il se purge, puis se remplit de semences sèches qu'il ne digère point. Alors il reste couché pendant plusieurs semaines sur le même côté, le talon d'une patte toujours dans le gueule; puis il se retourne, ce qu'il ne fait que quatre fois de tout l'hiver.

Les *tigres* sont très-nombreux dans les parages d'où j'écris; mais il paraît que la peur de l'homme ne les domine pas moins que les autres animaux. Il n'y a que quelques jours un chasseur indien revenait au camp avec trois belles peaux de tigres de huit à neuf pieds de long depuis l'extrémité de la queue jusqu'au nez. Il avait aperçu leurs traces, et quoiqu'il ne fût armé que d'arc et de flèches, et accompagné seulement de deux petits chiens, il s'était mis hardiment à leur poursuite, jusqu'à ce que, les ayant aperçus dans un arbre, il réussit à les tuer à coups de flèches. Les tigres ont une force extraordinaire dans la queue, et s'en servent adroitement pour étrangler les chevreuils, les grosses-cornes, les cerfs et les autres animaux dont la chair leur sert de nourriture.

Ci-joint, vous trouverez la liste des animaux, poissons, oiseaux, arbres, arbustes, fleurs et fruits que nous avons vus pendant notre voyage.

ARBRES.

Aune.	Mûrier.
Bouleau.	Noyers (de différentes espèces).
Cèdres (rouge et blanc).	Rabajapières.
Chêne.	Sapin et pin (cinq espèces).
Cotonniers (trois espèces).	Saule.
Cyprès.	Sureau.
Frêne. Erable blanc.	Tremble.
Hêtre.	

ARBUSTES ET PLANTES.

Absynthe.	Cormier.
Baume.	Epinette.
Cerisier.	Framboisier.

10

Genévrier.   Kinnekenic.
Groseiller.   Menthe.
Herbe à la puce.   Salsepareille.
Houblon.   Tamarin.
Houx.   Vigne (fruit rouge).
If.

FRUITS.

Aiguille d'Adam.   Gland d'églantier.
Biscuit (racine).   Graine de buffle.
Cactus americana.   Graine blanche.
Cerise.   Graine du bois gris.
Champignon.   Grappe.
Cotonnier.   Groseille.
Ecorce de sapin.   Kamath.
Framboise.   Mûres.
Fruit de kinnekenic.   Ognons doux.
Gadelles.   Patate.
Plantin.   Racine amère.
Pomme de sapin.   Racine du charbon.
Pomme blanche.   Tabac.
Poire.   Tournesol.
Pois.   Vigne.
Prune de prairie.

FLEURS.

Aiguille d'Adam.   Joséphine.
Cactus (trois espèces).   Lin.
Campanule.   Lupins (œillet).
Chanvre.   Lynchnis.
Chardon (trois espèces).   Lis rose.
Corinthienne.   Lis Saint-Jean.
Dominicale.   Marguerites.
Eléphantine.   Marianne.
Epinette.   Ognon doux.
Fleur bleu d'azur.   Racine amère.
Fleur bleue de kamath.   Renoncule.
Gueule de lion.   Sonnette.
Iris (trois espèces).   Tournesol.

ANIMAUX.

Blaireau (deux espèces).
Buffle.
Cabri.
Carcajou.
Cerf de biche.
Chat sauvage.
Chat souris.
Ecureuil (dix espèces).
Grosse-corne.
Lapin.
Lièvre.
Loup (cinq espèces).
Marte.
Mephtis americana.
Mouton blanc.

Cheval sauvage.
Chevreuil à mulet.
Chevreuil à queue noire.
Chevreuil commun.
Chien de prairie.
Chien sauvage.
Cochon de terre.
Original.
Ours (quatre espèces).
Porc-épic.
Rat des bois.
Renard (quatre espèces).
Renne.
Taupe.
Tigre rouge.

OISEAUX.

Aigle noir.
Aigle nonne.
Alouette.
Avocette.
Bec à l'envers.
Bécassine.
Bois-pourri.
Butor.
Canard.
Caracro.
Cardinal.
Coq des plaines.
Corbeaux.
Cormoran.
Dindon.
Epervier.
Etourneau.
Faisan.
Geai.
Grue.

Hibou.
Hirondelle.
Mangeur des maringoins.
Martin-pêcheur.
Moqueur.
Noutka.
Oie.
Oiseau-bleu.
Oiseau-buffle.
Oiseau-jaune.
Oiseau-mouche.
Oiseau-noir.
Oiseau-rouge.
Outarde.
Pélican.
Perroquet.
Pie.
Pique-bois.
Pivert.
Pluvier.

Poule des prairies.	Rossignol.
Robin.	Sarcelle.
Roitelet.	Tourterelle.

AMPHIBIES.

Castor.	Loutre.
Crapaud.	Rat musqué.
Grenouille à queue.	Salamandre.
Grenouille commune.	Tortue.

POISSONS.

Anchois.	Mulet.
Carpe.	Saumon (six espèces).
Esturgeon.	Truite (trois espèces).

SIXIÈME LETTRE

A MADAME ROSALIE VAN MOSSEVELDE, A TERMONDE

Porte de l'Enfer, 21 septembre 1841.

« Il faut voyager dans le désert pour voir combien la Providence est attentive aux besoins de l'homme. » Je répète avec plaisir cette pensée du jeune Anglais dont j'ai parlé dans mes lettres à Charles et à François, parce que cette vérité si consolante est mise dans tout son jour dans le récit que j'ai commencé, et de plus encore dans ce qui me reste à ajouter. Aujourd'hui je me bornerai à quelques détails sur les dangers que j'ai courus depuis mon entrée sur le territoire des sauvages.

Quand je ne dirais qu'un mot sur chaque passage des rivières, l'énumération serait encore longue ; puisque dans l'espace de cinq jours seulement nous en avons traversé dix-huit,
et jusqu'à cinq fois la même en cinq quarts d'heure. Je ne
parlerai donc que de ceux qui nous ont présenté le plus de
difficultés. Le premier passage vraiment difficile fut celui de
la fourche du sud de la *Plate* ; mais comme nous étions avertis depuis longtemps des difficultés qu'il offrait, nous avions
pris nos précautions d'avance, et nos jeunes Canadiens en
explorèrent si bien le fond, que nous le traversâmes, sinon
sans tumulte et grande peine, du moins sans grave accident.
Les chiens de la caravane eurent à faire le plus d'efforts ;
laissés sans bateau sur l'autre rive, il fallut à ces pauvres
bêtes une bien grande fidélité à leurs maîtres pour les déterminer à passer à la nage une rivière de près d'un mille de
large, et dont le courant est si rapide qu'il eût emporté les
charrettes, si on ne les eût soutenues de tous les côtés pendant que les mulets tiraient de toutes leurs forces pour les
faire avancer. Aussi nos chiens ne la traversèrent-ils que
lorsqu'ils eurent vu qu'il n'y avait pour eux d'autre alterna-
tive que de vaincre les flots ou de perdre leurs maîtres.
Comme nous ils furent heureux dans leur traversée. Ordinairement on passe cette fourche en *bulbooat* (c'est le nom qu'on
donne à des bateaux construit sur les lieux avec des peaux
de buffle crues) ; quand l'eau est grosse et qu'on ne trouve
pas de gué, leur emploi est absolument nécessaire ; il ne le
fut pour nous, ni dans cette occasion, ni dans d'autres semblables.

Le second passage est celui de la fourche du nord de la
Plate, moins large, mais plus rapide et plus profonde que
celle du sud. Nous avions passé celle-ci dans nos charrettes ;
devenus un peu plus hardis, nous résolûmes de passer l'autre
à cheval. Ce qui nous détermina à cette tentative, ce fut
l'exemple de notre chasseur qui, portant sur son dos une

petite fille d'un an, chassait encore devant lui un autre cheval sur lequel était sa femme, et se faisait suivre d'un petit poulain dont on ne voyait que la tête lorsqu'il se dressait dans les flots. Reculer en pareille conjoncture eût été honteux pour des missionnaires. Nous nous avançâmes donc, les Frères dans leurs charrettes, les PP. Point, Mangarini et moi sur nos coursiers. Après la traversée, des voyageurs nous dirent qu'ils nous avaient vu pâlir au plus fort du courant, et je le crois sans peine; toutefois nous en fûmes quittes pour la peur, et après avoir nagé quelque temps sur nos montures, nous arrivâmes au rivage, n'ayant de mouillé que les jambes, et pour être témoin de la scène du monde la plus risible, si elle n'avait été plus sérieuse. Dans un même instant, nous vîmes le plus grand wagon emporté par le courant malgré les efforts, les cris, enfin tout ce que peut dire ou faire un attelage, un char et un chartier qui pensent se noyer; une autre charrette renversée de fond en comble; un mulet n'ayant hors de l'eau que les quatre pieds; d'autres allant à la dérive embarrassés dans leurs traits : ici un colonel américain, les bras étendus et criant au secours; là un petit voyageur allemand et sa faible monture disparaissant ensemble pour se montrer, un moment après, l'un à droite et l'autre à gauche; ailleurs un cheval abordant seul au rivage; plus loin deux cavaliers ensemble sur un autre cheval; enfin le bon frère Joseph et son cheval faisant un plongeon; le P. Mangarini faisant chose une et indivisible avec le cou du sien; et au milieu de la bagarre, un seul mulet de noyé. Il appartenait à celui de nous tous qui avait montré le plus de dévouement pour sauver et montures et cavaliers. En reconnaissance, la caravane, s'étant cotisée, lui fit présent d'un autre cheval.

Vous vous rappellerez que dans une de mes lettres précédentes, parlant de notre arrivée sur les bords de la *Rivière-aux-Serpents* (1), je disais que là nous attendaient un grand

(1) Lettre III. p. 118.

danger et une bonne leçon ; je pourrais ajouter, et de beaux
exemples. Cette rivière, beaucoup moins large et, au gué que
nous traversions, moins profonde que la *Plate*, ne pouvait
être dangereuse que pour des gens inattentifs. Ses eaux étaient
si limpides, que partout on pouvait en voir le fond ; il n'y
avait donc rien de plus facile que d'éviter les encombres ; mais
soit inadvertance ou distraction, soit désobéissance de l'attelage, la charrette du frère Charles se trouva sur la pente d'un
roc et déjà trop avancée pour pouvoir reculer : mulets, voiture et voiturier, tout fit la culbute, et malheureusement dans
un trou assez profond pour ne laisser aucune espérance de
salut, si d'un côté notre chasseur ne se fût jeté à la nage
au risque de sa vie, pour aller tirer au fond de sa voiture le
pauvre frère qui s'y tenait blotti dans un coin, tandis que de
l'autre toutes les *Têtes-plates* présents plongeaient pour sauver la voiture, le bagage et les mulets. Le bagage, à peu de
chose près, fut sauvé. A force d'efforts, on était parvenu à relever la charrette, lorsqu'un pauvre sauvage, qui seul la sou-
tenait en ce moment, s'écria, n'en pouvant plus : « Je me
noie. » De son côté, le chasseur, chargé du poids du Frère,
qui faisait sans cesse des efforts pour se tenir sur l'eau, était
sur le point de périr victime de son dévouement. Enfin tous
ceux qui savaient nager, hommes, femmes, enfants, ayant
fait des prodiges pour nous donner des preuves de leur attachement, il se trouva que nous n'eûmes à regretter personne ;
l'attelage seul périt, lui qui paraissait avoir dû se sauver de
lui-même, puisque l'on avait pris la précaution de couper les
traits ; mais les mulets, dit-on, une fois les oreilles dans
l'eau, ne s'en tirent plus. La perte de ces trois mulets, les
plus beaux de la caravane, quoique considérables, fut bientôt
réparée. Pendant qu'on s'occupait à faire sécher le bagage,
je retournai au Fort-Hall, où, retrouvant dans M. Ermatinger la même sympathie et la même générosité qu'il m'avait
toujours témoignées, je fis l'acquisition de trois autres mulets,

pour une somme modique en comparaison de ce que j'eusse dû payer si j'avais eu à faire à des gens capables de profiter de la circonstance. Voilà le danger évité; voici la leçon. On fit la remarque que ce jour avait été le seul dans tout le cours de notre voyage où, à cause de l'embarras du départ et des adieux que nous faisions à nos amis, nous nous étions mis en marche sans songer à réciter l'*itinéraire*.

Dangers d'une autre nature, encore évités par la grâce de Dieu, je n'en doute nullement. Nous cheminions tranquillement sur les bords de la *Plate*. Malgré les avis du capitaine Fitz-Patrick qui dirigeait la caravane, plusieurs jeunes gens s'étaient écartés de la bande, pendant que le capitaine, le P. Point et moi nous avions pris les devants pour chercher un endroit propre à asseoir le camp. Nous venions précisément de le relever et de desseller nos chevaux, lorsque tout à coup nous entendîmes le terrible cri d'alarme : *Les Indiens! les Indiens!* Et, en effet, nous vîmes dans le lointain un grand nombre de sauvages se grouper d'abord, puis se diriger vers nous à toute bride. Sur ces entrefaites arrive à la caravane un jeune Américain à pied et sans armes; il s'était laissé surprendre par les sauvages, qui lui avait tout enlevé. Pendant qu'il se lamente de la perte qu'il vient de faire, et surtout qu'il s'indigne des coups qu'il a reçus, il saisit brusquement la carabine chargée de l'un de ses amis et déclare qu'il retourne à l'ennemi pour tirer de l'offense une vengeance éclatante. A cette vue, tout le monde s'émeut; la jeunesse américaine veut se battre : le colonel, en sa qualité d'homme de guerre, range les wagons sur deux lignes et fait placer au milieu tout ce qui peut courir ailleurs quelque risque; tout se prépare pour une action d'éclat. De son côté, l'escadron sauvage, considérablement grossi, s'avance fièrement, présentant un large front de bataille, comme s'ils avaient l'intention d'envelopper notre phalange; mais à notre bonne contenance, et à la vue du capitaine qui s'avance vers eux, bientôt ils ralentissent le pas et finissent par s'arrêter. On parlemente, et le résultat de la négociation ayant été qu'on rendrait au jeune Américain tout ce qu'on lui avait pris, à condition que lui ne rendrait pas les coups qu'il avait reçus, tout s'apaisa, et on convint de part et d'autre de fumer le calumet. Ces sauvages étaient un parti d'environ quatre-vingts *Sheyennes* ; leur tribu passe pour la plus brave de la prairie. Ils suivirent notre camp deux ou trois jours, leurs chefs furent admis à notre table, et tout se passa à la satisfaction générale.

Une autre fois, comme nous étions avec l'avant-garde des *Têtes-plates*, mais acculés dans une gorge de montagnes, après avoir marché inutilement une journée entière, nous fûmes obligés de retourner sur nos pas. Le soir, on s'aperçut qu'il y avait dans les environs un parti de *Ronax*, sauvages qui encore cette année ont tué plusieurs blancs ; trois ou quatre de leurs loges étaient dressées dans le voisinage. Mais il paraît qu'ils avaient plus peur que nous ; avant le jour, ils avaient disparu.

Quelques jours seulement après la réception de cette nouvelle, nous pensâmes un instant que nous allions avoir à nous défendre nous-mêmes contre un grand parti de *Pieds-noirs*. Nous étions sur les terres que leurs guerriers infestent le plus souvent ; déjà on croyait les avoir vus en grand nombre derrière la montagne en face de nous. Mais, incapables de s'effrayer à la vue des *Pieds-noirs*, eussent-ils été cent fois plus nombreux, nos braves *Têtes-plates*, dont le courage était centuplé par le désir de nous introduire chez eux, se montrèrent tout disposés à se défendre. *Pilchimoe*, élevant en l'air sa carabine, part comme un éclair, se dirige droit vers le lieu où il suppose l'ennemi, escalade la montagne et disparaît à nos yeux, suivi de loin de trois ou quatre de ses camarades. Cependant le camp se préparait à soutenir l'assaut ; les chevaux étaient attachés, les armes prêtes, lorsque nous vîmes descendre de la montagne, non des *Pieds-noirs*, mais nos braves Indiens suivis d'une douzaine de *Ranax*. Un parti de ces sauvages se trouvait dans les environs. En nous apercevant dans le lointain, ils s'étaient rassemblés, beaucoup plus pour fuir que pour nous attaquer. Il y avait parmi eux un chef qui nous parut avoir les meilleures dispositions en faveur de la religion. J'eus avec lui une longue conférence, dans laquelle je reçus de lui la promesse que tous ses efforts tendraient à inspirer à ses gens les sentiments que je lui inculquais. Il nous quitta avec sa suite, le lendemain du jour où les quatre chefs des *Têtes-plates* arrivèrent pour nous féliciter de l'heureuse issue de notre voyage.

Nous vîmes en cette occasion combien la raison sait rendre un sauvage maître de lui-même. Ce chef *ranax* était le frère d'un *Ranax* tué par l'un des chefs *têtes-plates* qui venaient d'arriver. Ils se saluèrent devant nous en se voyant, et se séparèrent au départ, comme l'eussent fait deux nobles chevaliers chrétiens qui n'ont d'animosité contre l'ennemi que sur le champ de bataille. Cependant les *Têtes-plates* ne fumèrent pas avec les *Ranax*, qui les avaient indignement trahis en plusieurs circonstances. Je pense qu'il ne nous sera pas difficile de les réconcilier enfin une bonne fois. Les *Têtes-plates* feront assurément ce qui leur sera conseillé, et je suis sûr que les autres n'en exigeront pas davantage.

Je me recommande à votre bon souvenir, particulièrement dans vos prières.

SEPTIÈME LETTRE

AUX RELIGIEUSES THÉRÉSIENNES DE TERMONDE

Racine-amère, de l'emplacement choisi pour
la 1re réduction, 26 octobre 1841.

Vous qui priez tant pour nous et pour nos pauvres sauvages, vous méritez sans doute une longue lettre de notre
part. Je prends d'autant plus volontiers la plume, que je sais
que les nouvelles que j'ai à vous communiquer ne contribue-
ront pas peu à vous entretenir dans vos bons propos, et à
augmenter, s'il se peut, la ferveur et l'assiduité de vos
prières.

Après un voyage à cheval de quatre mois et demi dans le
désert, et malgré la privation continuelle de pain, de vin, de
fruits, de café, de tout ce que le monde appelle les douceurs
de la vie, nous nous sentons plus forts, plus dispos et plus
encouragés que jamais à travailler à la conversion de ces
pauvres âmes que la divine miséricorde nous adresse de toutes
parts. Après celui qui est l'Auteur de tout bien, grâces en
soient rendues à Celle que l'Eglise nous permet d'appeler *notre
vie, notre douceur et notre espoir*, puisqu'il a plu à la divine
bonté que les grandes consolations nous vinssent les jours de
ses fêtes. C'est le jour de sa glorieuse assomption dans le ciel
que nous avons rencontré l'avant-garde de nos chers néophytes, et que pour la première fois nous avons assisté à leur
pieuse réunion. C'est le dimanche de l'octave que nous avons
célébré tous les trois au milieu d'eux les saints mystères. C'est

huit jours après que ces bons sauvages se consacrèrent, eux
et leurs enfants, au Cœur immaculé de Marie. C'est le jour
où l'Eglise célèbre la fête de son saint Nom que le camp du
grand chef renouvela cette consécration au nom de toute la
peuplade. C'est le 24 septembre, fête de Notre-Dame de la
Merci, que nous arrivâmes sur le bord de la rivière qui est
encore appelée la *Racine-amère*, mais où doit bientôt couler
le lait et le miel. C'est le premier dimanche d'octobre, fête
du saint Rosaire, que nous nous sommes fixés dans la terre
promise, en plantant une grande croix sur le sol destiné à la
première réduction, circonstance qu'on m'assure avoir été
prédite par une petite fille de douze ans, baptisée et morte
pendant mon absence, comme je l'ai rapporté dans une autre
lettre (*p.* 114). Que de motifs d'encouragement vint encore
nous donner le deuxième dimanche du même mois ! Ce jour,
l'Evangile offre à nos espérances la belle parole du festin ; ce
jour, 10 octobre, un grand protecteur (saint François de Borgia) nous bénit du haut du ciel ; ce jour enfin, fête de la Mater-
nité divine, que ne nous promet pas la Vierge qui a donné
son Fils pour le salut du monde ! Quinze jours après, le quatrième dimanche d'octobre, fête du Patronage de la sainte
Vierge, nous lui offrions, comme prémices de la première réduction maternelle, la première chambre de notre résidence ;
vingt-cinq petits sauvages recevaient le baptême ; des représentants de vingt-cinq nations différentes assistaient aux instructions ; et pour tant de faveurs reçus par l'entremise de
Marie, tous, d'une voix unanime, nous la proclamions Reine
de la réduction naissante, en donnant à cette dernière le nom
de *Sainte-Marie*.

Peut-être certains esprits-forts souriraient-ils en lisant ces
remarques ; mais il me semble que les âmes pieusement éclairées conviendront volontiers que la réunion de ces circonstances, jointe à la manière dont nous avons été appelés,
envoyés et amenés dans ces parages, jointe surtout aux dis-

positions de nos bons Indiens en faveur de notre religion, que
tout cela, dis-je, est bien propre à nous fortifier dans l'espérance que nous avions conçue depuis si longtemps, de revoir
bientôt ici ce qui s'est vu de si admirable dans les réductions
du Paraguay ! Aussi est-ce là maintenant l'unique pensée qui
nous occupe le jour, le rêve de nos nuits ; et ce qui me prouve
que ce beau idéal n'est pas seulement un rêve, c'est qu'au
moment où j'écris ces lignes, les voix bruyantes de nos charpentiers, le forgeron qui fait résonner le marteau sur l'en-
clume, m'annoncent qu'il est question, non plus de poser les
fondements, mais bien d'élever le comble de la *maison de
prières* (église) ; c'est qu'aujourd'hui même trois sauvages
députés de la tribu des *Cœurs-d'alènes*, qu'attire ici la nouvelle
du bonheur futur des *Têtes-plates*, sont venus nous conjurer
d'avoir aussi pitié de leurs compatriotes. « Père, me disait
l'un d'eux, nous sommes vraiment dignes de pitié, nous désirons servir le Grand-Esprit, mais nous ne savons que faire
pour cela ; nous avons besoin de quelqu'un pour nous l'apprendre, voilà pourquoi nous nous adressons à vous. »

Et le jour de la plantation de la Croix au milieu du camp,
que j'eusse voulu que nos Pères et Frères d'Europe, et vous
aussi, mes Sœurs, vous eussiez été présents à la cérémonie
qui eut lieu vers le soir. Combien tous les cœurs n'eussent-ils
pas été émus en voyant s'élever dans les airs le signe auguste
de notre salut, au milieu d'un peuple, petit il est vrai, si l'on
n'envisage que le nombre, mais bien grand pour le zèle d'un
missionnaire qui peut trouver parmi eux des apôtres et des
martyrs de la cause sacrée ! Vous eussiez vu avec quels sentiments de foi et d'amour tous ceux qui étaient présents, depuis
le grand chef jusqu'aux plus petits enfants, venaient se pros-
terner aux pieds de l'arbre des élus et coller leurs lèvres sur
le bois qui a sauvé le monde ; avec quel dévouement ils pre-
naient à haute voix le saint engagement de souffrir plutôt mille
morts que de jamais abandonner la prière !

Si nous étions en nombre encore quelques années, que de nouvelles provinces ne viendraient pas s'adjoindre au royaume de notre Seigneur ! Je n'en doute pas, deux cent mille âmes seraient sauvées. Les *Têtes-plates* et les *Cœurs-d'alènes* ne sont pas nombreux, il est vrai ; mais les *Pends-d'oreilles* forment une tribu trois fois plus nombreuse et non moins bien disposée. L'année dernière, j'ai baptisé plus de deux cent cinquante de leurs enfants. Le grand chef, déja baptisé et nommé Pierre, est un véritable apôtre, et ils ne sont éloignés de nous que de quatre à six journées de chemin. Viendront ensuite six cents *Shlishatkumche*, huit cents *Stiet-Shoi*, trois cents *Zingomènes*, deux cents *Shaistche*, trois cents *Shuyelpi*, cinq cents *Tchilsolomi*, quatre cents *Sim-poils*, deux cents cinquante *Zinabsoti*, trois cents *Yinkaeéous*, mille *Yejakomi*, tous de la même souche, et parlant à peu près la même angue. Les *Spokanes*, leurs voisins, ne tarderaient pas à suivre leur exemple ; les *Nez-percés*, déja envahis par les ministres protestants, se dégoûtent de leurs prêches et nous tendent les bras. Les *Ranax*, dont le chef s'est montré si bien disposé, les *Serpents* et les *Corbeaux* que j'ai visités l'année dernière, les *Sheyennes* que j'ai rencontrés deux fois sur les bords de la *Plate*, la nombreuse nation des *Sioux*, les *Mandans* avec les *Arikaras* et les *Gros-Ventres* ou *Minatares* (trois tribus réunies, ensemble trois mille âmes) qui m'ont reçu avec tant de marques d'estime et d'amitié, les *Omalhas*, d'autres nations encore qu'il serait trop long d'énumérer, ne sont pas éloignés du royaume des cieux.

Il n'y a que les *Pieds-noirs* dont on aurait lieu de désespérer, si les pensées de Dieu ressemblaient toujours aux pensées des hommes. Ce sont des assassins, des voleurs, des traîtres, pis que cela encore. Mais qu'étaient primitivement, dans l'Amérique du Nord, les *Chiquites*, les *Chiriganes*, les *Hurons* et les *Iroquois* ? et avec le temps et le secours d'en haut que ne sont-ils pas devenus ? N'est-ce pas à ces derniers que les

Têtes-plates sont redevables des germes de bien qui produisent aujourd'hui sous nos yeux de si beaux fruits? D'ailleurs les *Pieds-noirs* n'en veulent pas aux *Robes-noires* ; loin de là, les autres Indiens nous assurent que, si nous nous présentions en cette qualité, nous n'aurions rien à craindre d'eux. C'est même en cette qualité que, l'année dernière, étant tombé entre les mains d'un de leurs partis, je fus conduit comme en triomphe à leur village, porté par douze guerriers sur un manteau de peaux de buffle, et invité à un festin auquel assistaient tous les braves du camp, et au commencement duquel je fus émerveillé de les voir, tandis que je récitais le *Benedicite*, frapper d'une main la terre et lever l'autre vers le ciel, pour signifier que tout bien vient d'en haut tandis que la terre n'enfante que le mal.

Vous prierez beaucoup, mes Sœurs, pour que le bon Dieu inspire à nos supérieurs de nous envoyer des ouvriers ; j'en ai demandé de tous les points du globe. Mais pour la plus grande gloire de Dieu, pour le salut d'un si grand nombre d'âmes, qu'on pèse en Europe ce que j'ai encore à dire ; je ne dirai rien que d'exact.

Au jugement des PP. Mengarini et Point qui m'accompagnent, au témoignage de tous les voyageurs de l'Ouest que j'ai vu (et j'en ai vu beaucoup qui ont parcouru toutes ces contrées et logé longtemps sous les loges des *Têtes-plates* en particulier), enfin d'après toutes les observations que j'ai pu faire moi-même dans mes deux voyages, les *Têtes-plates* sont d'une simplicité, d'une droiture, d'une docilité d'enfant, à tel point que de mauvais plaisants, abusant de ces aimables qualités, les portèrent plus d'une fois à faire des choses que nous-mêmes aurions peine à croire, si elles ne nous étaient attestées par des témoins dignes de foi, comme de les faire danser jusqu'à l'entier épuisement de leurs forces, sous prétexte de détourner de prétendus fléaux dont ces imposteurs assuraient qu'ils étaient menacés à cause de leurs péchés.

Mais s'ils sont des enfants pour leur simplicité, on peut dire aussi qu'ils sont des héros pour le courage. Jamais ils n'attaquent personne, mais malheur à qui les provoque injustement! On a vu des poignées de leurs braves attendre de pied ferme des forces vingt fois plus nombreuses que les leurs, en soutenir le choc sans plier, et, en les mettant bientôt en pleine déroute, les faire repentir de leur injuste agression. Quelques semaines seulement avant ma première arrivée aux montagnes, soixante-dix *Têtes-plates* se voyant forcés d'en venir aux mains avec les *Pieds-noirs* d'environ cinq cents loges (ce qui suppose à peu près quinze cents guerriers,) résolurent d'en soutenir l'attaque en hommes déterminés à mourir plutôt qu'à lâcher pied. Déjà l'ennemi fondait sur eux, qu'ils étaient encore à genoux, adressant au Grand-Esprit toutes les prières qu'ils savaient; car le chef avait dit : «Qu'on ne se relève pas qu'on n'ait bien prié. » Leur invocation finie, ils se relèvent pleins de confiance, supportent sans reculer le choc de l'ennemi, et bientôt l'obligent à douter de la victoire. Le combat commencé, laissé et repris plusieurs fois, dura cinq jours de suite, c'est-à-dire jusqu'à ce que les *Pieds-noirs*, effrayés d'une audace qui tenait du prodige, se virent contraints de battre en retraite, abandonnant sur le champ de bataille un grand nombre de morts et de blessés; et, chose vraiment étonnante! du côté des *Têtes-plates*, dont chacun avait vingt adversaires à combattre, pas un mort, pas un prisonnier; un seul mourut des suites d'une blessure, mais seulement plusieurs mois après l'action, et le lendemain du jour où je l'eus baptisé, quoique la pointe d'une flèche lui fût restée tout entière dans la cervelle.

C'est dans cette affaire que le brave *Pilchimoe*, dont j'ai parlé plusieurs fois dans mes lettres, sauva ses frères par son dévouement. Les chevaux de toute la troupe passaient isolés dans la prairie; tout à coup arrive de loin au grand galop une bande de Pieds-noirs dans le dessein de s'en emparer. *Pilchimoe* voit le danger ; il était à pied, mais près de lui se trouvait une femme à cheval, courir aux autres chevaux, les rassembler et les ramener au camp; tout cela fut pour lui l'affaire de quelques minutes.

Un autre guerrier, nommé *Sechelmela*, voyant un Pied-noir isolé des autres, s'apprêtait à l'attaquer, lorsque celui-ci, le prenant pour un des siens, le pria en grâce de le laisser monter en croupe sur son cheval. Le Pied-noir avait une carabine, la Tête-plate n'avait que son arc. Aussitôt il conçoit le dessein de s'emparer de cette arme ; avant de se découvrir, il laisse monter son ennemi derrière lui, chevauche quelque temps dans la prairie, et tout à coup, lorsque l'autre s'y attendait le moins, il saisit avec force la carabine et s'écrie : « Pied-noir, je suis Tête-plate, lâche ton arme. » A ces mots, plus mort que vif, le Pied-noir lâche prise, et Sechelmela, désormais bien armé, se met à la poursuite d'autres ennemis.

Mais voici un trait beaucoup plus beau, ce me semble ; il est de Pierre, le grand chef que j'ai déjà nommé; il y a aujourd'hui quinze jours, un Pied-noir, grand voleur de chevaux, venait d'être surpris par nos gens en flagrant délit ; c'était pendant la nuit, il faisait fort obscur. Quoique blessé, ou plutôt parce qu'il était blessé, il n'en était que plus redoutable, ayant encore à la main son fusil, dont il menaçait de faire usage contre le premier qui se mettrait à sa portée. Personne n'osait avancer ; Pierre, petit de taille et âgé d'environ quatre-vingts ans, sentit se ranimer son courage. « Quoi donc, s'écrie-t-il, vous avez peur ? laissez-moi faire. » Et courant droit à l'ennemi, il l'achève d'un coup de lance. Aussitôt il se jette à genoux, tourne les yeux vers le ciel, et fait à haute voix sa prière à peu près en ces termes : « Grand-Esprit, vous savez pourquoi j'ai tué ce Pied-noir, ce n'était pas par vengeance, il le fallait bien pour faire un exemple qui rendît les autres plus sages. Ah ! je vous en supplie, faites-lui miséricorde dans l'autre vie, nous lui pardonnons de bien bon cœur le mal qu'il a voulu

11

nous faire, et pour vous prouver que je dis la vérité, je vais
le couvrir de mon habit. » En disant ces paroles, il se dé-
pouilla de son manteau, et ne se retira qu'après en avoir revêtu
le cadavre.

Ne le perdons pas de vue, Pierre était l'année passée à la
tête de la peuplade nombreuse des Pends-d'oreilles qui demande des Robes-noires; Pierre baptisé est maintenant un
véritable apôtre. Avant son baptême, il pouvait déjà se rendre
cet heureux témoignage : « Si jamais j'ai fait le mal, ce n'a
été que par ignorance ; tout ce que j'ai cru bon, j'ai toujours
tâché de le faire. » Rapporter toutes ses bonnes œuvres serait
une chose impossible. Tous les jours, de grand matin, il parcourt le village, adressant à chaque loge soit des encourage-
ments, soit de simples avis, soit des réprimandes, selon qu'il
le juge à propos pour le bien de ceux à qui il s'adresse. Son
cheval, qui se distingue par deux cornes de bœuf attachées
entre les deux oreilles, est si habitué à ce manége, que sans
être stimulé ni retenu, il s'arrête lorsque l'exhortation du cavalier commence, et se remet en marche dès qu'elle est finie.

J'ai parlé de la simplicité et du courage des Têtes-plates;
que vous dirai-je encore? Qu'ils ne ressemblent nullement à
la plupart des autres sauvages ; qu'ils ne sont ni grossiers, ni
importuns, ni imprévoyants, ni inconstants, encore moins
cruels ; qu'ils sont d'un désintéressement, d'une générosité,
d'un dévouement rares envers leurs frères et leurs amis ; que
du côté de la probité et des mœurs publiques, ils sont irré-
prochables et même exemplaires; que les querelles, les injures, les divisions, les inimitiés, les rixes leur sont inconnues.
L'année dernière, pendant un séjour de plusieurs mois au
milieu d'une grande partie de la peuplade, jamais je n'ai pu
observer le moindre dérèglement; que si quelques enfants
vont nus, usage qu'il serait facile d'abolir, personne ne paraissait avoir l'air de s'en apercevoir.

J'ajouterai que toutes leurs bonnes qualités sont déjà surnaturalisées par des vues de foi, et par leur grand zèle pour pratiquer ce que commande et éviter ce que défend notre sainte religion ; qu'on ne rencontre plus chez eux aucun vestige de superstition ; que leur confiance en nous est telle, qu'il ne leur vient pas même à la pensée que nous puissions être ni trompés ni trompeurs ; qu'ils croient sans la moindre difficulté les mystères les plus profonds, aussitôt qu'ils leur sont proposés. J'ai dit ailleurs ce qu'ils avaient fait pour obtenir des Robes-noires , les dangers courus , les voyages entrepris, les maladies, les morts, les massacres qui en ont été la suite. Ce qu'ils ont fait pendant mon absence , et jusqu'à notre retour parmi eux, rend également témoignage de la droiture de leurs intentions. Maintenant quelle exactitude à se rendre aux offices ! quel recueillement à la chapelle ! quelle attention au catéchisme ! quelle modestie ! quelle piété ! quelle ferveur dans leurs prières ! quelle humilité ! quelle simplicité dans ce qu'ils racontent de leur ancien aveuglement ou des actions qui peuvent leur faire honneur ! En les entendant sur ce dernier article , on dirait qu'ils parlent de tout autre que d'eux-mêmes ou de choses qui leur sont absolument étrangères. Je ne connais pas de simplicité religieuse qui surpasse la leur. « Père, disent-ils ordinairement en baissant modestement les yeux et le ton de la voix, ce que je vous dis, je ne l'ai jamais dit, et je ne le dirai à nul autre qu'à vous ; mais je vous le dis, parce que vous me le demandez et que vous avez droit de le savoir »

Les chefs, qui seraient mieux appelés les pères de la peuplade, dont les ordres, se bornant presque à l'expression d'un désir, sont cependant toujours écoutés, ne se distinguent pas moins par leur docilité à notre égard que par leur ascendant sur la tribu.

Le plus influent d'entre eux , surnommé le Petit-Chef, à cause de l'exiguité de sa taille , considéré comme guerrier et comme chrétien, serait comparable aux plus beaux caractères de l'antique chevalerie. Un jour, lui septième, il soutint l'assaut de tout un village de *Ranax* qui attaquait injustement ses compagnons. Une autre fois, il ne se signale pas moins contre les mêmes Ranax qui venaient de se rendre coupables envers lui de la plus noire trahison ; il marche contre eux avec dix fois moins de guerriers qu'ils n'en avaient. Ces braves, se croyant invincibles sous sa conduite et sous la protection du Ciel qu'ils invoquaient, se précipitent sur les traîtres, les mettent en déroute, en tuent neuf, et en eussent tué un nombre plus considérable, si, au plus fort de la poursuite, le petit-chef ne se fût souvenu que ce jour-là était un dimanche, et n'eût arrêté ses compagnons en leur criant : « Mes amis, c'est l'heure de la prière, hâtez-vous de retourner au camp ! » A sa voix, ils abandonnent les fuyards, retournent sur leurs pas, et à peine sont-ils arrivés au camp, que sans même songer à panser leurs blessures, ils tombent à genoux dans la poussière, pour rendre au Dieu des armées tout l'honneur de la victoire. Le petit-chef atteint d'une balle au travers de la main droite, en avait perdu entièrement l'usage ; mais voyant deux de ses compagnons blessés plus grièvement que lui, il banda leurs plaies avec la main qui lui restait libre, et prit soin d'eux pendant toute la nuit de cette glorieuse journée.

Dans mainte autre occasion, il ne s'est montré ni moins courageux ni moins prudent ; aussi plusieurs fois les *Nez-percés*, nation beaucoup plus nombreuse que les Têtes-plates, lui ont-ils offert la dignité de grand-chef, s'il voulait passer dans leurs rangs. Il aurait pu le faire sans blesser les droits de personne, tout sauvage étant libre de quitter un chef pour passer sous un autre quand bon lui semble, à plus forte raison quand il s'agit de devenir soi-même grand-chef. Mais le petit-chef, content du poste que lui avait assigné la Providence, repoussa toujours des offres si honorables, sans jamais donner d'autre raison de son refus que celle-ci : « Le Maître de la vie m'a fait naître chez les Têtes-plates, c'est au milieu des Têtes-plates que je dois mourir. » Amour de la patrie bien recommandable sans doute, mais ce qui l'est peut-être encore plus dans un guerrier, c'est la vraie humilité dont toutes ses paroles sont empreintes : « Avant de connaître le vrai Dieu, me disait-il un jour, hélas ! que nous étions aveugles ! on priait, mais à qui adressait-on ses prières ?.... Vraiment, je ne sais comment ni pourquoi le Grand-Esprit nous a soufferts si longtemps... » Aujourd'hui, non content d'être le premier à tous les offices qui se font à la chapelle, il est toujours le dernier qui cesse de prier ou de chanter dans sa loge, et le matin, avant le point du jour, ses chants et ses prières ont déjà recommencé.

Le fond de son caractère est la douceur, ce qui ne l'empêche pas de s'armer d'une sainte sévérité lorsqu'il voit quelque chose d'inconvenant. En voici une preuve. Quelques jours avant notre arrivée, une jeune personne s'étant absentée de la prière pour une raison qui ne lui semblait pas légitime, il prit un fouet, et reprochant à cette fille légère de se trouver où elle ne devait pas être et de n'être pas où elle devait se trouver, il la flagella en public de manière à donner un exemple dont on se souvint dans la suite. La pauvre sauvagesse reçut cette correction en toute humilité et promit de se corriger.

Les Têtes-plates aiment à prier. Après la prière du soir, faite en commun, ils prient encore en famille, ou bien ils chantent des cantiques. Ces pieux exercices se prolongent quelquefois bien avant dans la nuit, et pendant le sommeil, quand quelqu'un s'éveille, il se met encore à prier. Le bon vieux *Simon* a pris l'habitude avant de se coucher, de rassembler les braises de son foyer; puis il fait dévotement sa prière, fume son calumet et se couche. Toutes les fois qu'il se réveille, il recommence les mêmes opérations, pour l'ordinaire, trois ou quatre fois chaque nuit. Il y eut même un temps où celui qui s'éveillait le premier dans chaque loge se chargeait d'éveiller les autres pour leur faire recommencer la prière en commun. Ce pieux excès provenait d'un petit avis que je leur avais donné dans ma première visite : *que quand on s'éveillait la nuit, il était bon d'élever son cœur à Dieu.* On leur a expliqué depuis comment il fallait entendre la chose.

La nuit du 24 au 25, les chants et les prières n'ont pas cessé. Hier mourut une jeune femme, baptisée quatre jours auparavant. A cette occasion nous leur expliquâmes la doctrine de l'Église sur le purgatoire, en leur recommandant de prier pour le repos de son âme. En ce moment on dépose les restes de la défunte au pied du calvaire planté au milieu des loges ; on peut écrire en toute confiance sur la croix de sa tombe : *In spem resurrectionis.* Bientôt nous célébrerons la commémoration des fidèles trépassés ; elle nous fournira l'occasion d'établir la coutume si chrétienne et si touchante d'aller prier sur les tombeaux.

Les dimanches, les pieuses pratiques, quelques longues et multipliées qu'elles soient, ne sont jamais trouvées fatigantes. On sent ici que le bonheur des petits et des humbles est de parler au Père céleste, et que nulle maison ne leur offre tant d'attraits que la maison du Seigneur. Ici encore, le repos du dimanche est si religieusement observé, que même, avant notre arrivée, le cerf le plus timide eût pu se promener en toute sécurité au milieu de la peuplade, lors même que, faute de nourriture, elle eût été réduite au jeûne le plus rigoureux ; car à leurs yeux l'action de prendre son arc et de tirer une flèche en ce saint jour n'eût pas été moins répréhensible que ne l'était chez le peuple de Dieu l'action de ramasser du bois. Depuis qu'ils ont une idée plus juste de la loi de grâce, ils sont moins esclaves de la lettre qui tue, mais non moins attachés au fond des choses. Ils font mieux : avant de rien faire qui puisse avoir l'apparence d'une œuvre servile, ils viennent éclaircir leurs doutes, ou solliciter en esprit de foi et d'humilité la permission dont ils croient avoir besoin.

Le grand chef se nomme *le Grand-visage*, à cause de la forme un peu allongée de sa figure ; on pourrait plus noblement l'appeler *l'Ancien du désert* ; car chez lui l'âge, la taille, la sagesse, tout est grand et patriarcal. Dès sa plus tendre enfance, avant même qu'il eût pu connaître ses parents, il avait eu le malheur de les perdre. Lorsque son père mourut, par compassion du pauvre orphelin déjà privé de sa mère, quelqu'un proposa de l'enterrer dans la même tombe ; ce qui donne une idée des épaisses ténèbres où était alors assise cette pauvre peuplade. Mais Dieu, qui avait d'autres desseins, toucha si bien en sa faveur le cœur d'une pauvre femme, qu'elle s'offrit à lui servir de mère. Le Ciel bénit la généreuse tendresse de son cœur ; bientôt elle eut la consolation de voir son fils adoptif se distinguer entre tous les autres enfants par son intelligence précoce et ses bonnes qualités. Il était reconnaissant, docile, charitable, et si naturellement pieux, que faute de connaître le vrai Dieu, il mit plus d'une fois sa confiance dans ce qui n'en était que l'ouvrage. Un jour, perdu dans une forêt et réduit à la dernière nécessité, il se mit à embrasser un gros arbre, le conjurant d'avoir pitié de lui. Il n'y a pas deux mois encore, ayant perdu d'un seul coup quatre grands calumets, perte considérable pour un Indien, il retourna bien loin sur ses pas, et pour intéresser le Ciel en sa faveur, il fit à Dieu cette prière : « Grand-Esprit, vous qui voyez et pouvez tout, je vous en prie, faites que je trouve ce que je cherche ; cependant, que votre volonté soit faite. » Cette prière devait être agréable à Dieu. Il ne retrouva pas ses calumets, mais il avait reçu mieux, les dons du Saint-Esprit par lesquels il se distingue, simplicité, piété, sagesse, patience, courage et sang-froid. Telles sont les qualités qui l'ont fait élever, par les suffrages de toute sa tribu, à la première dignité où puisse parvenir un sauvage, et qui, désormais sanctifiée par la foi et la charité, l'élèvera un jour, je l'espère, à une éminente dignité dans le ciel. Plus heureux que Moïse, ce nouveau conducteur d'un autre peuple de Dieu, après avoir erré dans le désert plus longtemps que le premier, a fini enfin par introduire ses enfants dans la terre promise. Il a été baptisé le premier de sa grande famille, se nomme Paul, et comme saint Paul, il n'ouvre la bouche que pour amener ses nombreux enfants à la connaissance et à l'amour de Notre-Seigneur.

Vous vous êtes offertes, dans une de vos lettres, à servir, en quelque sorte, de marraines à nos nouveaux convertis; je vous exhorte donc beaucoup à prier sans cesse pour eux, car chacune de vous aura bientôt à répondre pour une centaine de filleuls; aux cinq cents que j'ai eu le bonheur de baptiser l'année passée, nous en ajouterons, avec la grâce de Dieu, encore six ou sept cents avant la fin de l'an 1841.

Me recommandant à Dieu dans vos bonnes prières, j'ai l'honneur d'être, avec le plus profond respect, etc.

HUITIÈME LETTRE

A UN PÈRE DE LA COMPAGNIE DE JÉSUS

Sainte-Marie des Montagnes Rocheuses,
26 octobre 1841.

Cette lettre est la conséquence pratique de ce qui est contenu dans mes lettres antérieures; conséquence qui sera, j'en suis sûr, bien consolante pour toutes les personnes bien pensantes, et surtout pour celles qui, tout en s'intéressant beaucoup au progrès de notre sainte religion, veulent des faits bien prouvés avant d'asseoir leur jugement.

De tout ce que j'ai écrit sur ma mission, il me semble que nous pouvons conclure que la petite peuplade des Têtes-plates est un peuple d'élus; qu'il est facile d'en faire un peuple mo-

dèle, la semence d'une chrétienté qui ne le cède pas en ferveur à celle du Paraguay, et que nous avons, pour parvenir
à un but si désirable, plus de facilité que n'en avaient nos
Pères, et un concours de circonstances aussi heureux que
nous puissions le souhaiter. Permettez-moi de les énumérer.

Eloignement des nations corrompues, aversion pour les
sectes, horreur de l'idolâtrie, sympathie pour les blancs,
pour les catholiques, particulièrement pour les Robes-noires,
dont le nom seul, dans leur esprit, par suite de l'idée favorable que leur ont donné les Iroquois, est synonyme de bon,
de savant, de catholique. De plus, position centrale, emplacement assez vaste pour plusieurs réductions, terrain fertile
et environné de hautes montagnes et d'une large barrière de
stérilité; indépendante de toute autre autorité que de celle de
Dieu et de ceux qui le représentent le plus immédiatement;
point de tribut à payer que celui de leurs prières; expérience
déjà sentie des avantages de la vie civilisée sur la vie sauvage;
enfin conviction profonde et tout à la fois persuasion bien
douce que, sans la religion qui leur est prêchée, on ne peut
être heureux ni en cette vie ni en l'autre.

Tout cela supposé vrai (et personne de nous n'en doute),
nous devons conclure ensuite : que la meilleure fin que nous
puissions nous proposer est celle que nos Pères ont eu en vue
au Paraguay, et que les meilleurs moyens pour parvenir à
cette fin sont ceux qu'ils ont employés; ces moyens et cette
fin ayant été approuvés par les autorités les plus respectables,
couronnés d'un succès éclatant, admirés même de nos ennemis.

Etant tous d'accord sur ce principe, il ne doit plus être
question que de nous faire une idée nette de la fin que nos
Pères du Paraguay se sont proposée, c'est-à-dire de l'espèce
de culture qu'ils ont cru devoir donner à l'esprit et au cœur
de leurs néophytes, et du degré de perfection où ils ont cru
possible de les amener avec le temps. Après avoir fait une
étude sérieuse de ce qui est rapporté dans la relation de Mura-

torie, il nous a semblé que l'on pouvait se tenir aux points suivants :

A l'égard de Dieu, foi simple, vive, ferme, éclairée pour tout ce qui est de nécessité de moyen et de précepte.

* Profond respect pour la seule vraie religion et pour tout ce qui s'y rapporte.

* Piété tendre et respectueuse envers la sainte Vierge et les autres saints.

* Esprit de prosélytisme et * courage des martyrs.

A l'égard du prochain, * respect pour l'autorité, pour la vieillesse, pour les parents.

* Justice, charité, générosité à l'égard de tous.

A l'égard de soi-même, humilité, modestie, discrétion, douceur, pureté de mœurs, * amour du travail.

En insistant particulièrement sur les points marqués d'un astérisque.

1° Sur le profond respect pour la seule vraie religion, à cause des sectes, qui maintenant, pour faire tomber le reproche que leur ont fait autrefois Muratori, et de nos jours le célèbre Wiseman, font tous leurs efforts pour avoir l'air d'être désintéressées et vraiment zélées dans leurs prédications.

2° Sur l'esprit de prosélytisme, à cause des desseins que semble avoir la Providence sur notre petit peuple. A sa grande cérémonie d'avant-hier, nous avons vu réunis dans notre petite chapelle, faite de branches et de paille, des représentants de vingt-cinq nations différentes.

3° Sur le courage des martyrs, parce que sans ce courage, vu le voisinage des Pieds-noirs, il leur est moralement impossible de ne pas perdre soit la vie du corps, soit celle de l'âme.

4° Sur le respect de toute autorité légitime, afin de préserver leur esprit de la contagion des malheureux principes qui désolent à présent tant de nations prétendûment civilisées.

Enfin, sur l'amour du travail, parce que la paresse est le

défaut dominant de tous les sauvages et même celui des Têtes-plates ; ou si ce n'est pas la paresse proprement dite chez ces derniers, c'est du moins une grande inaptitude au travail des mains, qu'il faut tâcher de faire disparaître à force d'exercice et de patience.

Quant aux moyens, voici ceux auxquels nous croyons pouvoir nous arrêter :

MOYENS NÉGATIFS :

1° L'éloignement de toute funeste influence. Nous sommes ici éloignés, non-seulement de la corruption du siècle, mais de tout ce que l'Evangile appelle le monde; il s'agit de conserver ce précieux avantage, en prenant les plus grandes précautions dans les rapports immédiats des sauvages avec les blancs, même avec les ouvriers que nous n'avons que pour la nécessité ; parce que, bien qu'ils ne soient pas mauvais, ils sont loin d'être aussi bons qu'il le faudrait pour servir de modèles à des hommes qui ont assez d'humilité pour ne se croire bons qu'autant qu'ils se rapprochent des blancs.

2° L'intelligence de la langue maternelle *seule*, en se bornant dans des écoles (je parle pour l'avenir) à leur apprendre à lire et à écrire dans leur langue, puis le calcul et le chant musical. Des exceptions à cette règle ne pourraient avoir lieu qu'en faveur de ceux en qui l'on verrait des dispositions extraordinaires, et qui feraient concevoir l'espérance fondée de les voir devenir un jour des auxiliaires pour le bien de la religion. Un enseignement qui irait plus loin me semblerait fort préjudiciable à la simplicité de ces bons Indiens; simplicité, je l'avoue, sur laquelle on pourrait greffer bien des erreurs, qu'il faudrait même éclairer du flambeau des sciences humaines, si elle se trouvait dans le voisinage des prétendues lumières, mais qui est la source de toutes les vérités et de toutes les vertus, quand elle peut n'être éclairée que du flambeau de la foi. C'est en quoi Laharpe lui-même fait consister la perfection de notre ministère auprès des sauvages , en parlant des apôtres de notre Compagnie :

Eclairant par la foi l'ignorance sauvage.

MOYENS POSITIFS :

1° Emplacement de la première réduction , plan du village, nature des constructions , division de terre. Tous ces points ont été longtemps pesés et discutés. Maintenant l'emplacement est définitivement arrêté ; je vous envoie ci-joint le plan du village. Les bâtisses que nous avons jugées nécessaires ou utiles sont, comme dans les réductions du Paraguay : une église de cent pieds de long sur cinquante de large, des écoles, des ateliers , des magasins , des champs publics , etc.

2° Règlement concernant le culte, les exercices religieux , le chant, la musique , les instructions et catéchismes , l'administration des sacrements , les congrégations. Dans toutes ces dispositions , nous tâcherons de nous conformer, autant que possible , à ce qui se faisait au Paraguay.

Telles sont les résolutions que nous avons prises , en attendant qu'elles soient approuvées , amendées ou modifiées par les bons conseils que nous désirons tous recevoir de tous ceux qui ont à cœur l'avancement de l'œuvre de Dieu , et qui par leur position ont grâce d'état pour nous communiquer le véritable esprit de la Compagnie.

Me recommandant à vos saints sacrifices et prières, j'ai l'honneur d'être , etc. , etc.

P. J. DE SMET, S. J.

P. S. Noms de dix-huit nations sauvages et de sept nations civilisées , dont les représentants assistaient avant hier à nos instructions :

Arikaras.	Cœurs-d'alène.	Iroquois.
Chawanous.	Corbeaux.	Kootenays.
Chippeways.	Grees.	Nez-percés.

Payots.	Ranax.	Spokanes.
Pends-d'oreilles.	Sauks.	Têtes-plates.
Pieds-noirs.	Serpents.	Yoots.

Allemands.
Américains des États-Unis.
Belges.
Canadiens.
Français.
Irlandais.
Italiens.

NEUVIÈME LETTRE

A UN PÈRE DE LA COMPAGNIE DE JÉSUS

Sainte-Marie des Montagnes-Rocheuses,
28 décembre 1841.

Je viens de terminer un petit voyage jusqu'au fort Corville, sur le fort Columble, à environ trois cent vingt milles de notre établissement.

Quoique la saison fût très-avancée, deux raisons me déterminèrent à partir : d'abord la nécessité ; il nous fallait des provisions pour l'hiver, des semences pour le printemps, des outils pour les sauvages si bien disposés au travail, des bœufs, des vaches, enfin tout ce qu'exige le premier établissement d'une réduction. Le second motif était de visiter les Pends-d'oreilles ou Calispels, qui, pour la plupart, se tiennent pendant l'automne sur la *Rivière-à-Clarck*.

La veille de mon départ, je fis connaître mon projet aux Têtes-plates, et leur demandai quelques chevaux de charge et une escorte en cas de rencontre des Pieds-noirs. Ils m'ame-

nèrent dix-sept chevaux et dix jeunes guerriers. Ces dix
braves, dont plusieurs avaient été criblés de balles et de
flèches dans différentes escarmouches, m'ont montré, pendant tout le voyage, un dévouement, une docilité et une
complaisance au-dessus de tout éloge, s'efforçant de deviner
et de prévenir jusqu'à mes moindres besoins.

Nous nous mîmes en route dans l'après-dinée du 28 octobre,
et fîmes environ quatre milles en descendant la vallée de la
Racine-amère. Le premier jour nous ne rencontrâmes qu'un
chasseur solitaire, chargé d'un gros chevreuil dont il nous
offrit généreusement la moitié. Le lendemain, nous eûmes à
supporter la neige qui tombait à gros flocons ; chemin faisant
nous prîmes un écureuil d'une nouvelle espèce ; il avait la
grandeur d'un rat ordinaire, les sourcils blancs, les oreilles
rondes, le dos et la queue d'un gris obscur mêlé de rouge.
Nous traversâmes un beau ruisseau, sans nom, le même que
deux célèbres navigateurs, Lewis et Clarck, avaient remonté
en 1805 pour se rendre dans le pays des Nez-percés ou
Sapetans ; je l'appelai le ruisseau de *Saint-François de Borgia*.
Six milles plus bas nous arrivâmes à l'embouchure de la belle
rivière de *Saint-Ignace* que nous traversâmes aussi. Elle
entre dans la vallée de *Sainte-Marie* ou de la *Racine-amère*
par un beau défilé appelé communément par les montagnards
ou chasseurs canadiens, je ne sais trop pourquoi, *la porte de
l'enfer*. Ces messieurs ont habituellement les mots de diable
et d'enfer à la bouche, et je suis porté à croire qu'il ne faut pas
chercher ailleurs la raison de ces sortes d'appellations qu'on
rencontre si souvent dans le pays. Aussi j'ai examiné le *Passage-
du-diable*, j'ai vogué sur la *Course-de-Satan*, je me suis
trouvé entre les dents du *Rateau de l'abîme infernal*. Le
Rateau et la *Course*, sur le Missouri, méritent réellement un
nom qui exprime l'horreur, car l'un et l'autre sont des
écueils très-dangereux. Le lit du premier est une forêt entière
d'arbres et de chicots engloutis, qui ont leurs racines dans la

vase, et contre lesquels les flots poussés par un courant
impétueux, font un fracas épouvantable; le second, outre
les mêmes difficultés, a de plus une pente si rapide que le
plus habile pilote ne l'aborde qu'en tremblant. Deux fois le
brave Iroquois qui conduisait mon canot, lors de mon passage
en cet endroit dangereux, s'écria : « Père, nous sommes
perdus. » Et moi : « Courage, Jean, confiance en Dieu; et
nous sortîmes, sinon sans peur, du moins sans accident.

Le soir du second jour, nous dressâmes notre loge sur le
bord d'un petit ruisseau, au pied de la montagne que nous
avions à traverser le lendemain. Trois familles de la tribu
de *Stiet-Shoi* ou *Cœur-d'alène* s'y joignirent à nous, pour
faire ensemble une partie du voyage. J'eus le loisir de les
entretenir longtemps sur des matières religieuses, et leur
trouvai un caractère doux, poli, affable, et les meilleures
dispositions pour la doctrine évangélique; avant de me quitter,
ils me prièrent avec instance de venir instruire leur peuplade. Pendant la prière du soir, trois *Kalispels* arrivèrent au
même endroit, et s'arrêtèrent tout court à la distance d'une
centaine de pas, pour ne pas nous troubler dans nos exercices
de piété. Un de nos chasseurs nous apporta un beau chevreuil,
un autre deux faisans; ces derniers sont très-nombreux ici,
et se laissent souvent tuer à coups de pierres; leur chair est
blanche et très-délicate.

La vallée de *Sainte-Marie* a une étendue de cent cinquante
à deux cents milles en longueur, sur quatre à sept milles de
large; elle est bornée des deux côtés par des amas de rochers
entassés les uns sur les autres à une hauteur considérable,
presque inaccessible à cause des débris qui en encombrent le
pied, et couverts en plusieurs endroits d'une légère couche
de terre d'où s'élèvent jusqu'aux nues d'épaisses forêts de
pins. Ces forêts sont peuplées de toutes sortes d'animaux,
particulièrement de chevreuils, de biches, de grosses-cornes,
de moutons d'une laine blanche comme la neige et fine comme

la soie, d'ours et de loups de toute espèce, de panthères, de
tigres, de chats-tigres et de chats sauvages, de carcajoux,
animal à pattes courtes, long d'environ quatre pieds et d'une
force extraordinaire; lorsqu'il a tué sa proie, chevreuil, cabri
ou grosse-corne, il enlève une partie de la peau assez spacieuse
pour y passer la tête en forme de capuchon, et l'entraîne ainsi
tout entière à son antre. On y trouve aussi le siffleur, espèce
de marmotte, et l'original, qu'on ne parvient guère à tuer;
il est si vigilant, qu'au moindre bruit, par exemple, d'une
branche qui se rompt, il cesse de manger; regarde de tous
côtés avec inquiétude, et ne recommence à paître que longtemps après.

Dans la vallée, la terre végétale est en général légère; elle
offre cependant de beaux pâturages. La rivière, dans presque
toute son étendue, est bien boisée, particulièrement de pins,
de sapins, de cotonniers, de bouleaux, d'aulnes et de saules.
Parmi les oiseaux les plus remarquables, on y distingue
l'aigle-nonne, ainsi appelé par les voyageurs à cause de sa
couleur noire, excepté la tête qui est blanche; l'aigle noir,
l'oiseau puant, l'épervier, la poule et la caille.

Le 30, trois chevaux s'étant éloignés de la bande pendant
qu'ils paissaient librement la nuit (liberté dont il est rare qu'ils
abusent), nous ne pûmes continuer notre route qu'à onze
heures du matin. Nous escaladâmes bientôt une crevasse de
rocher garnie de pins dont toutes les branches étaient couvertes
d'une mousse noire et fine, en forme de festons ou de guirlandes de deuil; et nous grimpâmes ainsi l'espace d'environ
six milles, guidés par un petit sentier où à chaque instant nous
étions arrêtés par de gros blocs de pierre et des troncs d'arbres
placés comme à dessein pour en rendre le passage impraticable.
Arrivés enfin au sommet de la montagne, nous traversâmes
une jolie petite plaine appelée la prairie de *Kamath*; c'est là
que les Têtes-plates viennent chaque année au printemps
déterrer la racine du même nom qui, avec la viande sèche du

buffle, fait leur principale nourriture à Sainte-Marie. Nous descendîmes ensuite dans une belle prairie, d'environ dix milles d'étendue, arrosée par deux ruisseaux, qui s'y unissent pour se jeter plus loin dans la *Rivière-à-Clark*. Pendant qu'on dressait la loge pour y passer la nuit, je vis un Pied-noir qui se cachait dans les environs ; je n'eus garde d'en parler à mes jeunes braves, qui n'auraient pas manqué de l'attaquer ; mais le soir je pris la précaution de faire faire bonne garde autour des chevaux.

Le lendemain était un dimanche ; je célébrai le saint sacrifice de la Messe, et je baptisai trois petits enfants des Cœurs-d'alène qui m'accompagnaient ; le reste de la journée se passa en prières et en instructions ; Técousten, le chef de mon escorte, en fit deux à ses camarades et parla avec beaucoup de force et de précision sur différents points de la religion qu'il avait déjà entendu expliquer.

Le lundi, fête de la Toussaint, après avoir célébré le saint sacrifice, je fis lever le camp, et nous nous rendîmes, par un défilé d'environ six milles, au pied de la *Rivière-à-Clark*.

Nous y étions attendus par deux camps de *Kalispels;* avertis de notre arrivée, hommes, femmes et enfants accoururent pour me donner la main, avec toutes les démonstrations de la joie la plus sincère. Le chef du premier camp s'appelait *Chalax* ; je baptisai dans sa petite peuplade vingt-quatre enfants et une jeune Kootenaise moribonde. Comme le pays que nous avions à parcourir n'offrait que peu de ressources, il nous procura six ballots de viande de buffle.

Le chef du second camp, nommé *Koytilpo*, avait trente loges sous ses ordres ; je résolus de passer la nuit avec eux. Je fus agréablement surpris en les entendant réciter fort bien les prières que j'avais enseignées aux Têtes-plates lors de ma première visite. Voici le mot de l'énigme : ayant appris que je reviendrais aux montagnes l'année suivante, ils envoyèrent chez les Têtes-plates un jeune homme intelligent et doué d'une

bonne mémoire, qui, en peu de temps, apprit et retint les
prières, les cantiques et les points essentiels au salut. Rentré
dans son village, il employa tout l'hiver à les enseigner à ses
compatriotes, et y réussit si bien, que je les trouvai parfaitement instruits. La même ardeur s'était communiquée aux
autres petits camps avec le même succès. Ce fut une grande
consolation pour moi de voir faire le signe de la croix et
d'entendre prier et chanter les louanges de Dieu dans un
désert de près de trois cent milles d'étendue, où jamais prêtre
catholique n'avait encore mis le pied. Ces bons Indiens étaient
au comble de la joie en apprenant que j'espérais bientôt
pouvoir laisser un Père au milieu d'eux. Ils avaient déjà fait
un premier essai de la vie civilisée en cultivant les patates ;
ils m'en offrirent plusieurs plats ; ce fut les premières que je
vis depuis mon départ des Etats-Unis. Leurs loges sont faites
en nattes de jonc, comme celles des Potowatomies, à l'est des
Montagnes. Avant de se coucher, ils assistèrent encore à des
instructions que leur fit Técousten et un autre chef. Quel
admirable leçon pour les Européens ! Tous les soirs, l'un des
chefs fait une instruction ou donne quelques avis salutaires à
sa peuplade, et tous y assistent avec tant de respect, de
modestie et de recueillement, qu'à les voir on les prendrait
plutôt pour des religieux que pour des sauvages. Lorsque le
chef finit, tous répondent *Koey !* mot qui correspond à notre
Amen. Le lendemain, avant mon départ, je baptisai vingt-
sept de leurs petits enfants.

Dans la matinée, nous traversâmes une montagne et entrâmes
dans la grande plaine de *Kamath.* Les loups y sont très-
nombreux et féroces ; au printemps dernier ils ont enlevé aux
Kalispels et dévoré plus de quarante chevaux. Une fontaine
d'eau bouillante se trouve à peu de distance du nord-est.
Un défilé montagneux d'environ dix milles nous conduisit de
cette plaine dans la belle prairie aux chevaux. Là, quinze loges
de Kalispels nous reçurent avec les mêmes démonstrations

d'amitié que leurs compatriotes de la veille. Le chef, qui avait fait plusieurs milles pour venir à ma rencontre, m'avoua franchement que des ministres américains, qu'il avait rencontrés pendant l'été, lui avaient rendu ma prière (religion) fort suspecte : « Mon cœur se trouve divisé, ajouta-t-il, et j'ignore à quoi m'en tenir. » Je n'eus point de peine à lui faire comprendre la différence entre ces messieurs et les prêtres, et les motifs de leurs calomnies contre la véritable Eglise de Jésus-Christ.

A l'entrée de la prairie aux chevaux se trouve un beau petit lac d'environ six milles de circonférence, entouré de hautes montagnes. A cause de la fête que célébrait l'Eglise en ce jour, je l'appelai *le lac des Ames*.

Le 3 novembre, après avoir dit les prières de grand matin et donné une instruction à tous les sauvages réunis, nous continuâmes notre marche sur les bords de la *Rivière-à-Clark*, que nous devions côtoyer pendant huit jours, nous fûmes une grande partie de la journée sur le penchant d'une haute montagne, gravissant un rocher raboteux et brisé de quatre à cinq cents pieds d'élévation. J'avais vu de bien mauvais passages, mais aucun ne m'avait encore paru si dangereux ; le monter à cheval était impossible ; à pied j'allais m'épuiser de fatigue avant d'être au bout. Je me rappelai que nous avions à notre suite une vieille mule assez prudente et pas trop vicieuse ; je m'attachai à sa queue et tins ferme ; au moyen de quelques cris et coups de fouet, la bonne bête me traîna fort patiemment jusqu'au sommet. Là nous jouîmes un instant du plus beau coup d'œil qu'on puisse s'imaginer : au bas, la rivière et ses environs ; au-dessus de nos têtes des rochers s'élevant graduellement en amphithéâtre ; en face, dans le lointain, des montagnes à perte de vue couvertes de pins jusqu'aux sommets. En descendant je changeai de position, je m'accrochai à la bride de ma mule, qui, continuant sa route pas à pas, me déposa sain et sauf au pied du *mau-*

vais rocher (c'est le nom que lui donnent les sauvages).

La Rivière-à-Clarck passe ici entre deux hautes montagnes escarpées. Cette belle rivière présente successivement toutes les phases capables d'enchanter le voyageur ; tantôt ses eaux coulent majestueusement avec un doux murmure entre deux rives ombragées d'arbres de toute espèce ; tantôt elle s'élargit dans un lit plus spacieux, et se transforme en une surface large, calme, unie et resplendissante comme un cristal. Bientôt des rochers la rétrécissent ou l'interceptent ; alors elle s'élance en courants impétueux où l'eau s'échappe, comme un éclair, en chutes et en cascades et le mugissement des ondes imite le fracas des tourbillons que la tempête excite dans la forêt. En un mot, rien de plus varié que son cours, rien de plus pittoresque que ses rives. J'y ai surtout remarqué les différentes espèces de tamarins et de lichnis, plante médicinale dont parle Charlevoix dans son *Histoire du Canada*.

Nous ne rencontrâmes ce jour qu'une seule famille de Kalispels. Tandis que les vieilles femmes montaient la rivière dans leur léger canot d'écorces d'épinettes, qui portaient en même temps leurs petits enfants et tout leur ménage, les hommes marchaient à pied, le long de la rive, armés d'arcs et de fusils pour la chasse du gibier. Dans tous les petits prés ou marécages que nous traversâmes, nous vîmes un grand nombre de chevaux que les sauvages y laissent sans gardiens souvent pendant plusieurs mois ; c'est ce qu'ils appellent *mettre les chevaux en cage* ; en effet, il est rare qu'ils s'en éloignent à une grande distance.

Nous entrâmes, le 4, dans une forêt de cèdres et de pins, si épaisse, que dans presque toute son étendue nous pouvions à peine voir à la distance de vingt verges. Nos bêtes de somme souffrirent beaucoup du manque d'herbe pendant les trois jours que nous mîmes à la traverser. C'était un véritable labyrinthe ; du matin au soir on n'y faisait que tourner dans tous les sens pour éviter les milliers d'arbres que les feux, les tem-

pêtes ou l'âge avaient abattus. Enfin nous en sortîmes, et nos
yeux purent s'étendre sur toute la surface du grand lac des
Kalispels ou *Pends-d'oreilles*, sur ses îlots boisés de pins, sur
ses baies, sur les collines qui, partant de ses bords s'élèvent
par terrasses ou couches graduelles jusqu'à ce qu'elles se perdent dans les hautes montagnes couvertes de neige. Le lac a
environ trente milles en longueur, et quatre à sept en largeur.

Un autre spectacle plus magnifique encore, nous avait frappés avant d'arriver au lac. La partie de la forêt qui l'avoisine
est dans son genre une véritable merveille ; les sauvages disent
que c'est la plus belle de l'Orégon. Il serait, en effet, difficile
de trouver ailleurs des arbres aux proportions plus gigan-
tesques. Du milieu des bouleaux, des aulnes et des hêtres,
qui n'y ont pas moins de deux brasses de circonférence, le
cèdre dresse sa tête altière et les surpasse tous en grandeur.
J'en ai mesuré un qui avait quarante-deux pieds de périmètre ;
un autre, qui se trouvait à terre, offrait deux cents pieds de
long, sur quatre brasses de grosseur. Les branches de ces colosses s'entrelacent au-dessus des hêtres et des bouleaux, et
leur beau feuillage forment une voûte si touffue que les
rayons du soleil ne pénètrent jamais à leur base tapissée de
lychnis et d'autres plantes vertes ; à voir sous ce dôme toujours vert les troncs s'élancer par milliers comme autant de
colonnes majestueuses, on dirait un temple immense élevé
par la nature à la gloire de son Auteur.

Nous entrâmes sous ce dôme magnifique, épuisés de fatigue;
pendant une demi-journée nous avions escaladé dans la forêt
les flancs d'une haute montagne par un sentier si affreux, que
plusieurs fois je crus toucher à ma dernière heure. Une fois
surtout, je m'étais écarté de mon escorte, et me trouvais seul
sur une de ces projections de rochers, si fréquentes sur les
Montagnes Rocheuses que je n'y faisais pas attention. Quels
furent ma surprise et mon effroi, lorsque je me vis sur une
pointe de deux pieds de large seulement, ayant en face un

abîme, à ma gauche un rocher perpendiculaire , à ma droite
un précipice d'environ mille pieds ! mon unique ressource
était un parapet un peu plus large, à trois pieds verticalement
au-dessous de moi ; mais il fallait y descendre d'un saut ; ma
mule s'arrêtait devant la descente , et le plus léger caprice de
la bête pouvait nous précipiter dans l'abîme. N'ayant pas de
temps à perdre , je me recommandai à Dieu et donnai
de l'éperon ; le saut de ma bête fut heureux , et je me
trouvai hors de danger. Ces récits trouveront peut être des
incrédules ? Eh bien ! dites-leur que je les invite à venir partager mes travaux; je leur promets d'avance qu'il admireront
avec moi les merveilles de la nature et qu'ils auront comme
moi leurs moments d'admiration et de crainte.

Je ne puis passer sous silence la bonne rencontre que je fis
dans la forêt. Me trouvant sur le penchant d'une haute colline , je découvris une petite loge de joncs placée sur le bord
de la rivière. J'appelai quelque temps, mais point de réponse.
Je me sentis comme entraîné à la visiter et me fis accompagner
par mon interprète. Nous y trouvâmes une vieille femme,
seule , aveugle et bien malade. Je lui parlai du Grand-Esprit
et des vérités les plus essentielles au salut. L'exemple de l'a-
pôtre saint Philippe nous apprend qu'il est des circonstances
où toutes les dispositions requises peuvent se trouver impli-
citement dans un acte de foi et dans un désir sincère de ne
vouloir entrer au ciel que par la bonne porte. Toutes les réponses de la pauvre vieille exprimaient le désir de connaître et
d'aimer Dieu. « Oui, me disait-elle , j'aime Dieu de tout mon
cœur ; il m'a fait tant de grâces pendant ma vie ! Oui , je veux
être son enfant et me réunir à lui pour toujours. » Aussitôt
elle se mit à genoux et me demanda le baptême. Je la nommai
Marie , et lui mis au cou une médaille miraculeuse de la sainte
Vierge. En la quittant , je l'entendis encore remercier Dieu
de cette heureuse rencontre.

A peine avais-je regagné mon petit sentier, que je rencon-

trai le mari de la vieille, courbé sous le poids de l'âge et des
infirmités, il pouvait à peine se traîner. Il venait de tendre
un piége aux chevreuils dans la forêt, lorsqu'informé de mon
approche par mes gens, il hâta le pas, et d'aussi loin qu'il
m'aperçut, il se mit à crier d'une voix tremblante : « O que
j'ai le cœur content! » et le bon vieillard me serra affectueu-
sement la main, répétant toujours les mêmes paroles. Les
larmes m'échappaient en voyant l'affection de ce brave homme,
et je fus quelques minutes sans pouvoir lui parler. Enfin je
lui annonçai que je sortais à l'instant même de sa loge, et
que j'avais baptisé sa femme. « J'ai appris, me répondit-il,
votre arrivée aux Montagnes l'année dernière ; j'ai su que vous
y avez baptisé beaucoup de nos gens. Je suis pauvre et vieux,
je n'espérais pas avoir le bonheur de vous voir, Robe-noire,
rendez-moi aussi heureux que ma femme ; moi aussi je veux
appartenir à Dieu, et nous l'aimerons toujours. » Je le con-
duisis au bord d'un torrent tout proche et lui donnai le baptême avec le nom de Simon. En me voyant partir, le bon
vieillard ne cessait de crier et de répéter : « Oh ! que Dieu est
bon ! je vous remercie, Robe-noire, du bonheur que vous
m'avez procuré ! J'ai le cœur si content ! Oui, j'aimerai toujours Dieu ! Oh ! que Dieu est bon ! que Dieu est bon ! »

Ces petites rencontres sont nos consolations. Je n'aurais
voulu changer en ce moment ma situation pour aucune autre
sur la terre. J'ai la ferme conviction qu'une telle rencontre
vaut seule un voyage aux Montagnes. Ah ! bons et chers Pères
d'Europe, je vous en conjure au nom de Jésus-Christ le Sauveur du monde, ne balancez pas de venir dans cette vigne ; la
moisson y est mûre et abondante. Le Seigneur ne nous dit-il
pas : *Ignem veni mittere in terram, et quid volo nisi ut accen-*
datur? C'est parmi les pauvres sauvages de ces montagnes
isolées que le feu de la grâce divine s'allume partout. Parlez-
leur des choses du ciel, aussitôt leurs cœurs s'embrasent de
l'amour divin, et ils mettent la main à l'œuvre. Nuit et jour

ils sont à nos côtés, insatiables du pain de la parole de vie. Combien de fois les ai-je entendus s'écrier : « Ce sont nos péchés sans doute qui nous ont rendus si longtemps indignes de connaître ces paroles consolantes. » J'ajouterai qu'il n'y a pas de sauvages au monde plus avides de connaître la voie du salut et chez qui il y ait si peu d'empêchements à l'introduction de l'Évangile. Ils n'ont ni idoles ni sacrifices ; il ne reste plus parmi eux aucun vestige de superstition ; ils n'ont aucune distinction de caste, et le voisinage des blancs avec le cortège de vices qui l'accompagnent, ne s'y fait pas encore sentir.

Sans doute qu'on rencontre des désagréments et des peines; mais doivent-elles arrêter le zèle d'un missionnaire? Le désert à traverser est immense et monotone, mais on en voit la fin et on s'y prépare à l'apostolat ; les bêtes féroces le remplissent, mais elles fuient à l'approche de l'homme. Si quelquefois on y est condamné à un jeûne d'un ou deux jours, ce qui arrive, on en gagne meilleur appétit pour les jours suivants ; si une nuit orageuse ou les hurlements d'un loup vous empêchent de serrer l'œil, on en dort mieux la nuit suivante ; si la route qu'on se fraie, les sauvages ennemis qu'on rencontre, mettent la vie en danger, ces contre-temps nous apprennent à ne mettre notre confiance qu'en Dieu, à bien prier, à tenir nos comptes toujours en règle, et à la crainte d'un instant succèdent une joie et une reconnaissance durables.

Je dois avouer que je ne sais pas encore ce que c'est que de souffrir des privations pour le doux nom de Jésus. Au contraire, je rencontre ici partout l'heureuse application du texte si consolant de l'Évangile : *Jugum meum suave est, et onus meum leve.* On trouvera au dernier jour que le nom du Sauveur a fait des merveilles parmi ces pauvres peuples, car l'empressement pour venir entendre sa sainte parole y tient du prodige. De tous côtés ils accourent d'une grande distance sur mon passage, m'offrant avec empressement tous leurs petits enfants à baptiser. Plusieurs m'ont suivi des journées entières uniquement pour assister aux instructions. Partout les personnes âgées demandent la régénération avec instance. Ah ! vraiment les entrailles se dessèchent à la vue de tant d'âmes exposées à périr faute de secours. C'est ici qu'on doit s'écrier avec l'Evangéliste : *Messis quidem multa, operarii verò pauci.* Où est le Père de la Compagnie dont le cœur ne s'enflamme en entendant ces nouvelles? où est le chrétien qui refuserait son obole pour coopérer à une œuvre comme celle de la *Propagation de la Foi;* l'œuvre la plus catholique et la plus glorieuse de notre siècle, puisqu'elle procure le salut de tant de milliers d'âmes qui, sans son secours, resteraient ensevelies dans les ombres de la mort?

Pour ne pas revenir trop souvent sur les mêmes points, je dirai ici que pendant ce voyage de quarante-deux jours, j'ai baptisé cent quatre-vingt-dix personnes, dont vingt-six adultes vieux ou malades, et j'ai prêché à plus de deux mille Indiens, venus exprès des différentes parties de ces montagnes pour entendre la parole de Dieu. J'ose espérer que, conduits par une grâce et une providence si visibles, ils ne tarderont pas à se ranger tous sous l'étendard de leur divin Chef Notre-Seigneur Jésus-Christ.

J'ai trouvé parmi ces Indiens plusieurs petits enfants baptisés par le révérend et zélé M. de Mers, prêtre canadien, qui demeure à Wallamette, non loin de l'océan Pacifique, et qui a fait plusieurs excursions jusqu'au fort Colville.

Nous passâmes le dimanche 7 novembre en pratiques de dévotion auprès de trois familles de Kalispels, sur le bord du lac de ce nom, où nous étions arrivés la veille, comme je l'ai dit plus haut. Deux chaloupes chargées de marchandises et conduites par huit métis engagés à la Compagnie de la baie d'Hudson, y arrivèrent à temps pour assister aux offices divins. Parmi eux se trouvait Charles, interprète tête-plate qui m'avait rendu, l'année dernière, de si grands services. Je rendis grâces à Dieu de cette heureuse rencontre; il était en route pour venir me rejoindre encore cette année. Je dois cet excellent interprète au digne et respectable gouverneur de l'honorable Compagnie de la baie d'Hudson, M. Mac Lauchlin, au service duquel Charles était engagé.

Il nous fallut trois jours pour nous rendre à la *traverse des Kalispels*. Le long de la rivière, nous rencontrâmes, de distance en distance, un grand nombre de petits camps sauvages de quatre à six loges. Ces pauvres gens sont obligés de s'éparpiller en hiver pour trouver de quoi vivre par la pêche et par la chasse. Dans une pauvre petite hutte de jonc, je trouvai cinq vieillards presque octogénaires, dont trois aveugles et deux borgnes. C'était une image frappante de la misère humaine. Je leur parlai longtemps des moyens de salut et du bonheur de la vie future ; leurs réponses édifiantes m'attendrirent jusqu'aux larmes : « O Dieu, disaient-ils, quel bonheur nous vient dans nos vieux jours ! Nous vous aimerons, ô notre Dieu ! oui, nous vous aimerons jusqu'à la mort. » Dès qu'ils eurent compris la nécessité du baptême, ils se jetèrent à genoux pour le recevoir. Je n'ai encore jamais rencontré parmi ces gens, je ne dirai pas de l'opposition, mais pas même la moindre marque de froideur ou d'indifférence.

La *traverse des Pends-d'oreilles* offre un bel emplacement pour une réduction. La prairie est grande et fertile, le bois ne manquera jamais, la rivière est très-poissonneuse. Au fond de la prairie est un petit lac ou marais d'environ six milles de circonférence, véritable rendez-vous de toute espèce d'oiseaux aquatiques. On y serait à proximité d'un grand nombre de tribus sauvages ; les *Cœurs-d'alène*, les *Spoknanes*, les *Chaudières*, les *Simpoils*, les *Kooteneys*, les *Gens-du-Lac*, les *Nez-percés*, et plusieurs autres, ne sont guère qu'à deux ou trois journées de marche de là. Enfin le Fort Colville n'en étant qu'à une forte journée, on aurait la plus grande facilité de s'y pourvoir de vivres, d'outils et d'objets d'habillement.

Le 13, nous mîmes huit heures à traverser une haute mon-

tagnes couvertes de neige. Le soir, à peine étions-nous campés
sur un petit ruisseau qui se jette dans le fleuve Columbie, que
nous reçumes la visite de plusieurs Kalispels. Je fus agréablement surpris de la permission que l'un d'eux me demanda :
« J'arrive de la chasse, me dit-il, où j'ai tué un chevreuil ; il
est maintenant trop tard pour aller le chercher, et demain
c'est le jour du Grand-Esprit (dimanche) ; me permettriez-
vous, Robe-noire, de l'emporter chez moi demain, car mes
petits enfants sont à jeun ? » Leçon admirable pour les chrétiens d'Europe ! Ce sauvage n'avait vu un prêtre qu'une seule
fois en sa vie ! Un autre me fit présent d'une oie qu'il avait
tuée ; un troisième me présenta un petit panier rempli de Kamath. Je passai le dimanche avec eux à leur grande satisfaction.

Le lendemain, dans l'après-dînée, nous nous rendîmes au
fort. Nous y passâmes trois jours pour arranger nos selles et
emballer nos vivres et nos semences. Partout où l'on rencontre
les Messieurs de la Compagnie de la baie d'Hudson, on est
sûr d'un bon accueil ; ils ne s'arrètent pas seulement aux démonstrations de la politesse et de l'affabilité, ils préviennent
vos désirs pour vous rendre service. Dans cette circonstance,
le commandant du fort, M. Macdonald, Ecossais de nation,
alla si loin, qu'il fit préparer par sa dame et mettre à mon
insu parmi nos provisions toutes sortes de petites douceurs,
telles que sucre, café, thé, chocolat, beurre, biscuits, farines,
volailles, jambons et chandelles. Outre les instructions que
j'adressai pendant la messe aux Canadiens engagés au service
du fort, j'eus plusieurs conférences avec le chef des *Shuyelpi*
ou *Chaudières*, homme intelligent, qui m'invita à venir évan-
géliser sa nation.

Nous quittâmes le fort le 18. Il ne se passa rien de bien
remarquable pendant notre retour, si ce n'est un fait que je
veux raconter pour l'instruction de ceux qui pourraient faire
la même route que nous ; il ne prouve que trop combien il
est utile d'être quelquefois méfiant, et que partout on retrouve

des enfants d'Eve. Nous avions laissé à la traverse des *Pends-d'oreilles* cinq ballots de viandes sèches ; à notre retour, n'en trouvant plus que deux, je demandai au chef ce que les autres étaient devenus : « J'ai honte , *Robe-noire* , me répondit-il , j'ai peur de vous parler. Vous savez que j'étais absent lorsque vous avez mis vos ballots dans ma loge. Ma femme les a ouverts pour voir si la viande n'était pas moisie ; les dépouilles (c'est-à-dire la graisse) lui parurent si belles et si bonnes qu'elle en goûta ! Quand Je rentrai , elle m'en offrit ainsi qu'à mes enfants ; le bruit s'en répandit dans le village , les voisins sont venus, et nous en avons mangé tous ensemble. » Deux ou trois jours plus tard , nous n'aurions plus rien retrouvé du tout. Si ce brave homme avait voulu imiter l'histoire de nos premiers parents, il n'aurait pu mieux jouer son rôle. Cette aventure me fournit l'occasion de les instruire de cette première prévarication et de ses tristes suites. Le chef prit ensuite la parole , et après avoir bien grondé sa femme , il protesta au nom de tous que cela n'arriverait plus à l'avenir. Ces pauvres gens tâchèrent de nous dédommager de leur mieux , et nous offrirent deux sacs de racines sauvages et un panier remplis de pâtés de mousse de pin aussi durs que la colle forte. La nécessité nous força d'accepter ces pâtés de nouvelle espèce ; on les prépare en les mettant dans de l'eau bouillante ; ils forment alors une soupe épaisse et élastique qui a l'apparence et le goût du savon, et qui, assaisonnée d'une bonne faim et d'une grande disette d'autre nourriture, se laisse manger.

Le 1er décembre , je me retrouvai dans la prairie aux Chevaux, au milieu des *Kalispels* , qui s'y étaient rendus des différentes parties des montagnes pour me voir à mon retour ; Je restai trois jours avec eux , les instruisant et les exhortant du matin au soir. Mes dix jeunes *Têtes-plates* se chargèrent tous des fonctions de catéchistes, et ils mirent un zèle qui ne pu être égalé que par l'assiduité , l'attention et le désir d'apprendre des sauvages qui les écoutaient. Le 3 , fête de saint

François Xavier, j'y baptisai soixante personnes, dont treize adultes. La nuit précédente avait été très-orageuse, l'enfer s'était comme déchaîné contre nous. Un terrible coup de vent emporta ma loge et la jeta entre les branches d'un gros pin. Ne pouvant la replacer, je me trouvai exposé pour le reste de la nuit aux grêles, à la neige et à la pluie ; mais comme tout mal a son remède, j'en trouvai un sous un épais manteau de peau de buffle, où je passai assez agréablement le temps qui me restait à dormir.

Le 8, nous étions de retour dans notre petit établissement de Sainte-Marie, au milieu des salves et des acclamations de nos bons sauvages accourus à notre rencontre.

DIXIÈME LETTRE

A UN PÈRE DE LA COMPAGNIE DE JÉSUS

Sainte-Marie des Montagnes Rocheuses ,
30 décembre 1841.

Dans ma lettre d'avant-hier, je vous ai raconté les détails de mon voyage au fort Colville ; aujourd'hui je vous donnerai les remarques que j'ai faites, et les observations que j'ai pu recueillir dans ce voyage sur les coutumes et les pratiques des Indiens.

Un jour, causant avec sept des *Têtes-plates* de mon escorte, je leur demandai combien de buffles ils avaient tués entre eux dans leur dernière chasse. La réponse fut cent quatre-vingt-neuf ; un seul en avait tué cinquante-neuf pour sa part. Les jeunes gens cherchent à se faire une réputation d'habiles chasseurs par des traits d'agilité, de dextérité et de force. L'un des sept s'était distingué parmi tous ses camarades par trois coups bien remarquables ; armé seulement d'une pierre, il avait tué une vache à la course en la frappant entre les deux cornes ; il continua sa promenade à pied et en tua une seconde à coups de couteau ; enfin il s'empara d'un gros bœuf, l'étreignit et l'étrangla ; aussi avait-il tout l'extérieur d'un véritable hercule. Ils eurent ensuite la complaisance de me montrer, à ma demande (car ils ne sont pas vanteurs), les cicatrices des blessures que leur avaient faites les balles et les flèches des *Pieds-noirs*. L'un avait eu la cuisse percée de part en part de quatre balles ; il ne lui en restait qu'un peu de raideur dans la jambe, mais si peu qu'à peine pouvait-on s'en apercevoir. Un autre me montra le bras et la poitrine percés d'une balle. Un troisième, outre quelques coups de couteaux et de lances, avait reçu dans le ventre, à cinq pouces de profondeur, une flèche armée d'une pointe de fer. Un quatrième avait encore deux balles dans le corps. Un cinquième était boiteux ; la balle d'un *Pied-noir* caché dans un trou lui avait cassé la jambe : croiriez-vous que le blessé, sautant sur l'autre jambe, fondit sur son ennemi, et que le trou devint la tombe de l'agresseur ? J'exprimai le désir de connaître les remèdes dont ils se servent en pareilles circonstances. Surpris de ma demande, ils me répondirent en riant : « Nous n'y mettons rien, les plaies guérissent d'elles-mêmes. » Ceci me rappelle la réponse que me fit l'année dernière le capitaine Bridger. Il avait eu, pendant quatre ans, deux armures de flèches dans le corps. Interrogé si les blessures avaient longtemps suppuré, il me répondit comiquement : « Dans les montagnes, la viande ne se gâte pas. »

Les habitants des bords de la Rivière-à-Clark sont d'une stature moyenne. Les femmes y sont d'une malpropreté extraordinaire, même parmi les sauvages ; leurs jupes de peau, dégoûtantes à voir, leur restent sur le corps jusqu'à ce qu'elles

tombent entièrement en lambeaux ; à chaque instant elles
s'essuient les mains à leur longue chevelure, qui, toujours
en désordre, ressemble parfaitement à une brosse remplie de
toiles d'araignées. Tous les matins, elles se frottent le visage
d'une poudre mêlée de rouge et de brun, qu'elles y font tenir
au moyen d'une couche d'huile de poisson. Quoiqu'elles paraissent moins esclaves ici qu'à l'est des montagnes, elles sont
pourtant chargées des ouvrages les plus pénibles. Ce sont elles
qui cherchent l'eau et le bois, portent les effets dans le démé-
nagement, pagayent le canot, nettoient le poisson lorsqu'on
veut s'en donner la peine, car j'ai été dans des loges où j'ai
vu le poisson sur les braises tel qu'il était sorti de la rivière.
Elles préparent à manger à leurs maris, cueillent les racines
et les fruits dans la saison, font des nattes de joncs, des paniers et des chapeaux sans bords, espèces *d'omnibus* comme
je l'ai dit dans le récit de mon premier voyage Une remarque assez singulière, c'est que les hommes y manient
l'aiguille et l'alène plus souvent que les femmes. Au temps de
la pêche et de la chasse, ils sont très-actifs à se livrer à ces
deux occupations.

L'ophtalmie paraît généralement répandue parmi les
habitants de la rivière ; on n'entre guère dans une loge sans
y voir des borgnes, des aveugles, ou du moins des gens
affectés du mal d'yeux. Quelle en est la cause? Peut-être leur
assiduité sur l'eau, où ils sont exposés du matin au soir à la
réflexion des rayons du soleil ; peut-être aussi l'incommodité
de leurs basses loges de joncs, où tous se tapissent autour du
feu, jour et nuit enveloppés d'une épaisse fumée.

On trouve ici des charlatans aussi bien qu'en Europe. Un
ancien commis de la Compagnie de la baie d'Hudson a bien
voulu me communiquer son journal ; voici ce que j'y trouve
au sujet de ces messieurs, qui exercent surtout leur métier
au bas du fleuve Columbie et dans les environs. Quelle que
soit leur maladie, on étend le patient sur le dos, ses amis se

forment en cercle autour de lui, et tiennent d'une main un assez long bâton, et de l'autre un bâton plus court. Le jongleur entonne un air lugubre, et tout le monde le répète après lui en battant la mesure avec les bâtons. Après ce bizarre prélude, il s'approche du malade, se met à genoux devant lui, serre les deux poings et les lui applique sur l'estomac en s'appuyant de toutes ses forces. Comme on s'y attend, cette opération fait jeter les hauts cris au patient; mais ces cris sont bientôt étouffés par ceux du docteur et des assistants, qui se mettent alors à chanter à plein gosier. A la fin de chaque couplet, le médecin joint les deux mains, les approche de ses lèvres et souffle sur le malade. Cette opération se répète jusqu'à ce que, par un tour de sa façon, il lui fait sortir de la bouche une petite pierre blanche ou la griffe d'un oiseau ou de quelque autre animal. Aussitôt il se lève, va d'un air de triomphe montrer sa trouvaille à ceux qui s'intéressent à la santé du sauvage, et les assure de son prochain rétablissement. Au reste, qu'il meure ou qu'il se rétablisse, peu importe, l'essentiel pour le charlatan est toujours, ici comme ailleurs, de se faire bien payer, et il n'y manque pas.

Leurs idées religieuses ne sont pas moins extravagantes et curieuses. Voici ce que croient les *Tchinouks*, ou du moins ce qu'ils croyaient avant d'être mieux instruits. Selon eux les hommes furent créés par une divinité qu'ils nomment *Etalapasse*, mais dans un état très-imparfait; leur bouche et leurs yeux étaient fermés, leurs mains et leurs pieds immobiles; en un mot, c'étaient plutôt des masses vivantes de chair que de véritables hommes. Une seconde divinité qu'ils appellent *Ecannum*, moins puissante mais plus bénigne que la première, vit les hommes dans cet état d'imperfection et en eut pitié; elle leur ouvrit la bouche et les yeux avec une pierre aiguë, et donna l'agilité à leurs pieds et à leurs mains. Cette divinité compatissante ne se contenta pas de ces premiers bienfaits; elle enseigna aux hommes à faire des pirogues, des pagayes, des

filets, en un mot, tous les ustensiles dont ils se servent pour
la pêche, et précipita dans la rivière des rochers pour arrêter
les poissons, afin qu'ils pussent en prendre autant qu'il leur
en faudrait.

Les cérémonies d'enterrement parmi les *Talkotins*, qui
habitent la nouvelle Calédonie à l'ouest des montagnes, sont
bizarres et révoltantes. Le corps du défunt est exposé devant
sa loge pendant neuf jours; le dixième, tous les parents et
voisins se réunissent dans un endroit élevé; on y place le
cadavre sur un bûcher, et l'on y met le feu, au milieu des
manifestations de joie des spectateurs. Tout ce que le défunt
possédait est placé autour du corps; si c'est un personnage de
distinction, ses amis y ajoutent un habillement neuf et complet.
Cependant le médecin a recours une dernière fois à tous les
sortiléges en usage pour rappeler le défunt à la vie ; voyant
qu'il ne peut réussir, il étend sur le cadavre une couverture
de peau, cérémonie dont le but et l'effet est d'apaiser les
parents irrités du mauvais succès de sa cure. Pendant les neuf
jours que le cadavre reste exposé, la veuve du défunt est
obligée de se tenir auprès, depuis le lever jusqu'au coucher du
soleil, quelque temps qu'il fasse, fût-on au plus fort de l'été
ou de l'hiver. Sur le bûcher, on l'étend à côté du cadavre;
elle y reste jusqu'à ce qu'il plaise au charlatan de la faire
retirer, c'est-à-dire jusqu'à ce que de la tête aux pieds elle
soit couverte de brûlures. Alors on la force à recueillir avec
ses mains du milieu des flammes la graisse qui s'écoule du
cadavre, et à s'en frotter le visage et tout le corps. Lorsque
les nerfs des jambes et des bras commencent à se contracter,
la malheureuse doit retourner sur le bûcher et redresser ses
membres. Si la femme a été infidèle à son mari ou négligente
à pourvoir à ses besoins, les parents du défunt la jettent sur
le bûcher en flammes; les siens l'en retirent, les autres l'y
jettent de nouveau; elle est ainsi ballottée jusqu'à ce qu'elle
tombe dans un état d'insensibilité complète.

Lorsque le corps est brûlé, la veuve doit ramasser les plus grands os, les envelopper dans une écorce de bouleau et les porter au cou pendant plusieurs années. Dans cet état, on la considère comme esclave; les travaux les plus pénibles deviennent son partage; elle est la servante de toutes les femmes, même des enfants, et la moindre désobéissance de sa part lui attire un châtiment sévère. Les cendres de son mari étant mises en terre, elle est obligée de surveiller l'endroit et d'en ôter les herbes. Souvent les malheureuses veuves se suicident pour éviter tant de cruautés. Au bout de trois ou quatre ans, les parents se concertent pour la relever de son deuil. Ils préparent un grand festin et y invitent tout le voisinage. On introduit la veuve, portant encore les ossements de son mari; on les lui ôte pour les renfermer dans un cercueil qu'on attache à l'extrémité d'un poteau d'environ douze pieds. Les convives célèbrent son veuvage par les plus grands éloges; l'un deux lui verse sur la tête un vase plein d'huile, un autre la couvre de duvet. Cette dernière cérémonie lui donne le droit de se remarier; mais comme on peut facilement se l'imaginer, le nombre de celles qui se hasardent une seconde fois est très-petit.

Lorsque je parle en général du caractère et des coutumes des sauvages, j'excepte toujours l'Indien qui habite la frontière de l'homme civilisé, et qui, par le commerce avec ce dernier, est généralement un être abruti. C'est une triste vérité reconnue en Amérique, que là où les blancs sans principes pénètrent avec les boissons enivrantes, bientôt les vices les plus dégradants y règnent.

Le sauvage est circonspect et discret dans ses paroles et dans ses actions : rarement il s'emporte. S'il s'agit des ennemis héréditaires de sa nation, alors il ne respire que haine et vengeance; mais on peut lui appliquer ce qu'un auteur espagnol a dit des Maures : « Que l'Indien ne se venge pas parce que sa colère dure encore, mais parce que sa vengeance seule

peut distraire sa pensée du poids d'infamie dont il est accablé ;
il se venge, parce que, à ses yeux, il n'y a qu'une âme basse
qui puisse pardonner les affronts ; il nourrit sa rancune,
parce que, s'il la sentait s'éteindre, il croirait avoir dégénéré. »
Dans toute autre occasion, il est froid et délibéré, étouffant
avec soin la moindre agitation. Découvre-t-il, par exemple,
que son ami est en danger d'être tué par quelque ennemi aux
aguets, on ne le verra pas accourir précipitamment pour le
lui annoncer, comme s'il était dominé par le sentiment de la
crainte ; il lui dira paisiblement : « Mon frère, où vas-tu aujourd'hui ? » Sur sa réponse, il ajoutera avec le même air
d'indifférence : « Une bête féroce se trouve cachée sur ta
route. » Cette allusion suffit, et son ami évite le danger avec
autant de soin que s'il avait connu tous les détails relatifs au
piége qu'on lui tendait. Si la chasse d'un sauvage a été
infructueuse pendant plusieurs jours, et que la faim le dévore,
il ne le fera pas connaître aux autres par son impatience ou
son mécontentement ; mais il fumera son calumet comme si
tout lui eût réussi à son gré ; agir autrement serait manquer
de courage et s'exposer à être flétri par le sobriquet le plus
injurieux que puisse recevoir le sauvage, celui de *vieille
femme.*

Dites à un sauvage que ses enfants se sont signalés dans les
combats, qu'ils ont enlevé des chevelures, qu'ils emmènent
des prisonniers et des chevaux, le père ne montre aucune
émotion de joie, et se borne à répondre : « Ils ont bien fait. »
Si, au contraire, on lui apprend que ses enfants sont morts
ou prisonniers, il se contente de dire : « C'est malheureux. »
Pour les circonstances de l'événement, il ne s'en informera
que quelques jours après.

L'Indien montre une sagacité étonnante, et apprend avec
la plus grande facilité tout ce qui exige l'application de l'esprit.
L'expérience et l'observation lui donnent des connaissances
que n'a pas l'homme civilisé. C'est ainsi qu'il traversera une

forêt ou une plaine de deux cents milles , avec autant de précision qu'un nautonier guidé par sa boussole sillonne l'Océan,
sans jamais dévier en rien de la ligne droite. Avec la même
justesse , et à quelque heure que ce soit, il vous indiquera le
soleil , n'importe l'épaisseur des brouillards ou des nuages qui
l'offusquent. A la piste , il découvrira un homme ou un animal , eût-il marché sur des feuilles ou sur l'herbe. Cette merveilleuse perspicacité ne lui vient pas de la nature seule ; elle
est plutôt le fruit de son application constante à réfléchir sur
les connaissances déjà acquises par l'expérience des aïeux ;
elle tient aussi à une mémoire excellente qui doit suppléer
dans les Indiens l'avantage qui leur manque , de fixer comme
nous leurs souvenirs sur le papier. Ainsi ils se rappellent ,
avec une minutieuse exactitude , tous les points des traités
conclus entre leurs chefs , et l'époque exacte où les conseils
ont été tenus.

Quelques écrivains supposent que les Indiens sont guidés
par l'instinct, et que chez eux les enfants trouveraient aussi
aisément leur chemin à travers une forêt que les personnes
d'un âge plus avancé. C'est une erreur. J'ai interrogé sur ce
point des sauvages intelligents, et ils m'ont laissé la conviction
que c'est à leur grande attention à la croissance des arbres et
à la position du soleil qu'ils doivent cette grande facilité de
se guider dans leurs courses. Ils retiennent non-seulement la
position de tel ou tel arbre , mais encore sa taille , sa forme ,
son espèce et sa dimension. Ils savent que , dans tout arbre ,
le côté tourné au nord a plus de mousse que ceux qui regardent les autres points cardinaux , et que le côté exposé au
sud-est est celui qui a les branches les plus fortes et les plus
nombreuses. C'est d'après ces observations et d'autres semblables, qu'ils se dirigent dans leur marche ; ils ont grand
besoin de les inculquer de bonne heure à leurs enfants. Moi-
même je me suis souvent servi avec succès de leurs remarques
dans mes petites courses à travers la forêt.

Ils mesurent la distance des lieux par journées de marche.
D'après toutes les observations que j'ai faites, leur journée
équivaut à peu près à cinquante ou soixante milles anglais
lorsqu'ils voyagent seuls, et à quinze ou vingt milles seulement lorsqu'ils lèvent leurs camps. Bien qu'ils n'aient aucune
connaissance de la géographie et des sciences qui en sont la
base, ils font néanmoins avec précision, sur des écorces
d'arbres ou sur des peaux, le plan des pays qu'ils ont par-
courus, marquant les distances par journées, demi-journées
ou quarts de journées. Ces plans leur servent à régler en conseil leurs excursions lointaines pour la guerre ou pour la
chasse. Leur seule astronomie consiste à pouvoir montrer
l'étoile polaire, qui est leur guide dans les voyages de nuit.

Les songes, chez les Indiens, sont l'objet d'une grande
vénération. Selon eux, le songe est la voie ordinaire dont se
servent le Grand-Esprit et les manitous pour faire connaître
à l'homme leur volonté, pour le guider par des conseils salutaires et pour lui donner l'intuition de l'avenir. Partant de
cette idée, et regardant le songe, ou comme un désir de l'âme
inspiré par le génie, ou comme un ordre émanant directement
de lui, ils établissent en principe que c'est un devoir religieux
d'obéir ponctuellement. Un sauvage, dit Charlevoix dans son
journal (et j'ai connu des cas semblables), ayant rêvé qu'il se
faisait couper un doigt, le fit couper en effet le lendemain,
après s'y être préparé par le jeûne. Un autre, s'étant vu prisonnier dans un rêve, ne sut à quoi s'en tenir ; il consulta les
jongleurs, et, sur leur avis, se fit attacher à un poteau pour
être brûlé en différentes parties du corps. Parmi les *Corbeaux*,
j'ai vu un guerrier qui, à cause d'un songe, a pris des vêtements de femme, et s'est assujetti à tous les devoirs et travaux qu'exige un état si humiliant pour un Indien. Au contraire, chez les *Serpents*, une femme rêva un jour qu'elle
était homme et qu'elle tuait les animaux à la chasse. A son
réveil, elle se revêtit des habits de son mari, prit son fusil,

et alla essayer l'efficacité de son songe ; elle tua un chevreuil. Depuis ce temps, elle n'a plus quitté l'habillement d'homme ; elle va à la chasse et à la guerre ; par quelques coups intrépides, elle a obtenu le titre de *brave* et le privilége d'être admise à tous les conseils des chefs. Il ne faudrait rien moins qu'un autre rêve pour lui faire reprendre sa jupe.

Les *Potowatomies* et les sauvages du nord ont la coutume , lorsqu'ils font ou renouvellent des traités de paix , de se présenter un collier fait de coquilles de buccins et qu'ils appellent le *wampum*. Lorsqu'ils sollicitent l'alliance définitive ou offensive d'une autre nation , ils joignent à l'envoi du wampum un casse-tête teint de sang , invitant leurs voisins à venir boire avec eux le sang de leurs ennemis; expression figurative , mais qui souvent devient une triste réalité.

Chez les nations de l'ouest , c'est le *calumet* qui sert de wampum , lorsqu'il s'agit de la paix ou de la guerre. Fumer le calumet ensemble , c'est prendre l'engagement solennel de se traiter en amis ; celui qui y est infidèle perd toute estime et confiance , est considéré comme infâme et s'expose à la vengeance divine. Lorsqu'on déclare la guerre , le calumet et tous ses ornements sont rouges. Quelquefois il n'est rouge que d'un côté. Cette marque, et les différentes manières d'orner le calumet , font connaître au premier coup d'œil , à quiconque est versé dans leurs usages , les désirs de la nation qui le présente , ou ce qu'elle a résolu de faire.

Le calumet entre dans toutes les cérémonies religieuses ; c'est l'instrument par lequel ils préludent à toutes leurs invocations. Fumer est leur préparation prochaine , lorsqu'ils s'adressent au Grand-Esprit , au soleil , à la lune , à la terre et à l'eau , et qu'ils les prennent pour témoins de leur sincérité et pour garants de leurs engagements. Cette coutume des sauvages , quoique ridicule en apparence , a cependant son bon côté. L'expérience leur a appris que fumer tend à dissiper les vapeurs du cerveau , à relever leur courage , à les habituer à penser et à juger avec justesse ; c'est pourquoi le calumet est encore introduit dans les conseils comme prologue , et devient le sceau de leurs décrets lorsque les résolutions sont prises. Ils l'envoient comme gage de fidélité et de respect à ceux qu'ils veulent consulter , ou avec qui ils sont en alliance ou en traité.

L'opinion des sauvages sur les bons effets du tabac ne sera peut-être pas admise de tout le monde , car l'expérience semble démontrer que la fumée du tabac agit puissamment sur le système nerveux. Je répondrai pour les sauvages : Si la fumée du tabac est tirée et rejetée par la bouche , elle produit sans doute l'effet d'un narcotique stupéfiant ; mais lorsqu'elle est aspirée dans les poumons (et c'est la pratique universelle des sauvages) , alors c'est toute autre chose. Qu'on essaie.

ONZIÈME LETTRE

A UN PÈRE DE LA COMPAGNIE DE JÉSUS

Sainte-Marie des Montagnes Rocheuses ,
31 décembre 1841.

Après vous avoir donné la relation de ma course du mois dernier et les observations que j'y ai recueillies , il me reste encore à vous faire l'exposé de ce qui s'est passé chez les *Têtes-plates* pendant mon absence , et depuis mon retour jusqu'aujourd'hui, dernier jour de l'an. Les détails dans lesquels je vais entrer sur la situation de notre réduction naissante , sous le rapport tant matériel que spirituel , vous feront voir que les PP. Point et Mengarini ne sont pas restés oisifs , et

que tous les résultats obtenus viennent à l'appui de ce que
j'ai avancé dans mes lettres précédentes.

Comme le plan de notre réduction était définitivement
arrêté, il s'agissait d'en venir, avant l'hiver, à un commencement d'exécution. Ce qui pressait le plus, c'était une clôture
qui renfermât le terrain destiné au presbytère et à la ferme,
et un bâtiment pouvant servir provisoirement d'église. On se
mit à l'œuvre de si bon cœur, que dans l'espace d'un mois
tout fut achevé. Les *Têtes-plates* eurent bientôt coupé dans les
forêts deux ou trois mille pieux dont ils firent la clôture ; et
pendant ce temps, nos bons Frères et les trois charpentiers
que nous avions emmenés avec nous construisirent, à l'aide
de la hache, de la scie et de la tarière, une chapelle avec
fronton, colonnade et galerie, balustrades, stalles, chœur,
etc., dans laquelle on put réunir, le jour de saint Martin,
11 novembre, tous les catéchumènes, et continuer à les instruire jusqu'au 3 décembre, jour fixé pour le baptême.

Dans l'intervalle, entre ces deux époques, il y eut tous les
jours une instruction de plus, à huit heures du soir, pour les
personnes mariées ou en âge de l'être ; elle durait ordinairement environ cinq quarts d'heure. Le recueillement de ces
bons sauvages, toujours avides de la parole de Dieu, se faisait surtout remarquer le soir, dans le silence de la nuit, et
dans l'absence des petits enfants, gardés à la loge par leurs
frères et sœurs d'un âge plus avancé. Le bon Dieu exauça si
bien leurs désirs, que le jour de saint François Xavier les
Pères eurent la consolation de baptiser deux cent deux adultes.

Tant d'âmes ne purent être arrachées au démon sans exciter
sa rage ; aussi en ressentit-on les effets à Sainte-Marie. Symp-
tômes de défiance et d'autres tentations dans les mieux intentionnés ; maladie de l'interprète, du sacristain, du préfet de
l'église, lorsque leur concours semblait le plus urgent ; les
orgues brisées involontairement par les sauvages, au moment
même où l'on devait en faire un si bon usage ; un ouragan la

veille du baptême, le même qui avait renversé ma loge dans
la prairie aux chevaux ; les arbres déracinés dans la forêt,
trois loges emportées par le vent ; l'église ébranlée jusque
dans ses fondements, et ses fenêtres enfoncées : tout semblait
conjurer contre la belle cérémonie du baptême ; mais, le jour
arrivé, tous les nuages disparurent.

Les Pères s'étaient proposé de faire les mariages le jour
même du baptême ; mais l'administration de ce premier sacrement s'étant prolongé beaucoup plus longtemps qu'ils ne
l'avaient cru, à cause de tout ce qu'il fallait dire ou entendre
par interprète, ils furent obligés de remettre les mariages au
lendemain, abandonnant à Dieu et aux nouveaux chrétiens la
garde de leur innocence baptismale.

Comme aucun des anciens missionnaires n'a rien laissé par
écrit sur la conduite à tenir dans les mariages, il sera peut-
être utile de rapporter ici celle que nous avons tenue ou
établie, afin qu'elle soit redressée, si elle n'avait pas été ce
qu'elle aurait dû être.

1° Nous sommes partis du principe que, généralement
parlant, il n'y a point de mariages valides chez les sauvages
de ces contrées. La raison en est qu'on n'en trouve pas un,
même parmi les meilleurs, qui, après le mariage contracté à
la façon du pays, ne se croie le droit de renvoyer sa première
femme quand il le juge à propos et d'en prendre une autre ;
plusieurs même se croient le droit d'en avoir plusieurs à la
fois. Il est vrai qu'en se mariant ils se promettent parfois qu'ils
ne se sépareront qu'à la mort, ou qu'ils ne se marieront jamais
à d'autres ; mais quel homme ou quelle femme passionnés n'en
ont pas dit autant ? Peut-on inférer de là que le contrat soit
valide quand il est universellement reçu qu'après de telles
promesses on ne reste pas moins libre de faire ce qu'on veut si
l'on se dégoûte l'un de l'autre ? Nous sommes donc convenus
sur le principe que, parmi eux, jusqu'à présent, il n'y a pas
eu de mariage, parce qu'ils n'en ont jamais bien connu

l'essence et l'obligation. Ne pas supposer cela, serait s'engager dans un labyrinthe dont il serait bien difficile de sortir. C'était, si je ne me trompe, la conduite de saint François Xavier dans les Indes, puisqu'il est dit dans sa vie qu'il louait devant les maris celle de leurs femmes qu'il croyait devoir leur être plus chère, afin qu'ils s'en tinssent plus faciment à une seule.

2° Supposant ensuite que dans l'usage du mariage il n'y avait eu que des fautes matérielles, on n'a parlé de la nécessité de la réhabilitation que pour le temps qui suivrait le baptême.

Après qu'on eut donc pris les informations nécessaires pour reconnaître les degrés de parenté et en donner la dispense, on célébra la cérémonie des mariages le lendemain du baptême ; elle contribua beaucoup à donner à la peuplade une haute idée de notre sainte religion. Les vingt-quatre mariages contractés en ce jour offraient ce mélange de simplicité, de respectueuse affection et de joie profonde, qui sont les sûrs indices d'une bonne conscience. Il y avait, parmi les couples, des vieillards des deux sexes ; leur présence à l'église pour un tel acte, qui prêterait peut-être à rire en Europe, ne rendait la cérémonie que plus respectable aux yeux de l'assemblée. C'est que chez les *Têtes-plates* tout ce qui touche à la religion est sacré ; malheur à celui qui insinuerait la moindre plaisanterie sur ce sujet. Chacun sortit de la chapelle le cœur gros de ces doux souvenirs, qui, épurés par la grâce, font le charme de la vie et surtout de la société conjugale.

La seule chose qui parût étrange aux Indiens, c'est qu'il fallut prendre les noms des témoins. Mais lorsqu'on leur eut dit que l'Eglise l'ordonnait ainsi pour donner plus de poids et de dignité au contrat de mariage, ils n'y virent plus rien que de raisonnable, et c'était à qui serait témoin pour les autres. Le même étonnement s'était manifesté dans le baptême au sujet des parrains. L'interprète avait rendu le mot de parrain,

qui n'est pas de leur langue, par celui de second père. Les
pauvres sauvages, ne sachant pas ce que signifiait ce titre, ni
quelles obligations il pouvait entraîner, ne se prêtaient volontiers ni à se choisir un parrain ni à l'être pour un autre. Quand
on se fut bien entendu, les difficultés s'aplanirent d'autant
plus facilement que, pour ne pas multiplier les affinités spiri-
tuelles, on donna seulement un parrain aux hommes et une
marraine aux femmes, et que, quant aux obligations attachées
à ce titre, les *Robes-noires* promirent de se charger de la
plus grande partie du fardeau. Pour les premiers baptêmes,
le choix des parrains était fort limité, puisqu'il n'y avait encore que treize chrétiens adultes ; mais la section des personnes les plus âgées ayant été baptisée avant les autres, ces
nouveaux chrétiens, sans quitter le cierge, symbole de leur
foi, furent choisis pour la seconde section, et ainsi de suite
jusqu'à la fin.

Venons aux détails des cérémonies. La veille du baptême,
les Pères n'avaient plus réuni la peuplade depuis le matin, à
cause des préparatifs à faire pour l'ornement de la chapelle et
d'une indisposition du P. Mengarini. Le soir, il y eut réunion,
mais quel fut l'étonnement de ce bon peuple en voyant la dé-
coration de la chapelle ! Quelques jours auparavant, on avait
chargé les femmes, les filles et les enfants de faire le plus
grand nombre possible de nattes de jonc ou d'autres tissus ;
toutes avaient concourues à cette bonne œuvre, de sorte qu'on
en eut pour couvrir tout le terrain, tapisser le plafond et les
murailles, faire des corniches et des lambris, etc. Ces nattes
ornées de festons de verdure, de jolies draperies autour de
l'autel, un ciel où se trouvait le saint Nom de Jésus, le tableau de la sainte Vierge sur le tabernacle, la porte du tabernacle représentant le saint Cœur de Jésus, les images des
stations du chemin de la croix enchâssées dans des cadres
rouges, la lumière des flambeaux, le silence de la nuit, l'approche d'un grand jour, le calme du soir après un terrible

ouragan : tout cela, avec la grâce de Dieu, disposa si bien les cœurs et les esprits, que je ne crois pas qu'il fût possible de voir sur la terre une assemblée d'hommes plus semblables à la compagnie des saints. C'est là le beau bouquet qu'il fut permis au Pères d'offrir le lendemain à saint François Xavier. Ce jour, on passa quatorze heures et demie à l'église ; depuis huit heures du matin jusqu'à dix heures et demie du soir, il n'y eut qu'un intervalle d'une heure et demie pour le repas. Voici l'ordre suivi : d'abord on baptisa les chefs et les hommes mariés, qui servirent ensuite de parrains aux jeunes et aux petits garçons. Vinrent ensuites les femmes mariées qui conservaient leurs maris, puis les veuves et les femmes délaissées ; enfin les jeunes personnes et les petites filles.

Qu'il était beau d'entendre ces bons sauvages répondre avec intelligence à toutes les questions qui leur étaient adressées, réciter leurs prières avec un redoublement de ferveur au moment où on les baptisait, et se retirer ensuite à leurs places, tenant à la main le flambeau, symbole de leur ardente charité !

Je ne parlerai pas de leur exactitude à se rendre aux instructions, de leur avidité pour les entendre, du profit sensible que la peuplade en tira ; tout cela est ordinaire dans le cours d'une mission ; mais ce qui ne se voit que rarement, ce sont les sacrifices héroïques qui ont été faits. Plusieurs avaient deux femmes : ils ont gardé celle qui avait le plus d'enfants et renvoyé l'autre avec tous les égards possibles. Un soir, l'un d'eux vint trouver un des Pères à la loge qui était en ce moment remplie de sauvages ; là, sans respect humain, il exposa sa situation, demanda conseil et fit à l'instant ce qu'on lui conseilla ; il renvoya la plus jeune des deux femmes qu'il avait eue, lui donnant ce qu'il aurait souhaité qu'un autre en pareille circonstance eût donné à sa sœur, et se remit avec la plus âgée qu'il avait quittée. A la fin d'une instruction, une jeune femme demanda à parler, et déclara publiquement qu'elle désirait bien ardemment de recevoir le baptême, mais que jusqu'alors elle avait été si méchante qu'elle n'osait pas le demander. Tous auraient voulu faire leur confession en public. Un grand nombre de jeunes mères, mariées à la façon des sauvages et abandonnées de leurs maris qui n'étaient pas des *Têtes-plates*, y renoncèrent à jamais de tout leur cœur, pour avoir le bonheur d'être baptisées. Voici comment s'y prit une femme déjà âgée pour déterminer son mari qui balançait encore : « Je vous aime bien, lui dit-elle, je sais que vous m'aimez aussi, mais vous aimez l'autre autant que moi. Je suis vieille, elle est jeune : eh bien, laissez-moi avec mes enfants, restez avec elle ; par ce moyen nous plairons tous au bon Dieu, et nous pourrons tous être baptisés. » On sera encore plus étonné de les entendre parler ainsi, quand on saura que primitivement, loin de vouloir faire mal en prenant deux femmes, ces pauvres *Têtes-plates* avaient cru bien faire, quelque méchant leur ayant fait accroire que la chose était méritoire devant Dieu.

Voici le règlement ordinaire que nous suivons dans le village. Lorsque l'*Angelus* sonne, les Indiens se lèvent ; une demi-heure après, on dit en commun les prières du matin ; tous assistent à la messe et à l'instruction. Vers le coucher du soleil, on dit de même les prières du soir, puis on fait une seconde instruction d'environ cinq quarts d'heure. A deux heures après-midi, catéchisme, d'obligation pour les enfants, libre pour les grandes personnes. Les enfants sont partagés en deux sections : la première comprend ceux qui savent déjà leurs prières ; la seconde, les commençants. Un des Pères fait tous les matins la visite des malades pour leur procurer des remèdes ou les consoler, selon le besoin.

Nous avons adopté le système d'enseignement et de récompense en usage dans les écoles des Frères de la Doctrine chrétienne. Pendant le catéchisme, qui dure environ une heure, il y a récitation, explication et chant de cantiques.

Chaque jour, pour chaque bonne réponse, on donne de bonnes notes en plus ou moins grand nombre, selon la difficulté de la question proposée. L'expérience a prouvé que ces notes, données sur le champ, sont moins embarrassantes lorsqu'on les donne de la main à la main, que lorsqu'on les inscrit dans un tableau ; cela prend moins de temps, intéresse davantage les enfants et les rend plus attentifs et plus soigneux. Elles servent en même temps de certificat de présence au catéchisme et de marque d'intelligence et de bonne volonté, que les parents sont bien aises de les voir exhiber à leur retour. Aussi ces bons parents, afin de les rendre capables de mieux répondre le lendemain, et en partie pour s'instruire euxmêmes plus à fond, leur font-ils répéter chez eux tout ce qu'ils ont entendu au catéchisme. Le désir de voir les enfants s'y distinguer y a attiré presque toute la peuplade ; aucun des chefs qui a des enfants n'y a manqué, et il n'y a pas moins d'émulation parmi les parents que parmi les enfants.

Ce qui a surtout donné de la valeur aux bonnes notes, c'est l'exactitude et la justice reconnue avec laquelle on récompense ceux qui répondent bien. Les bonnes notes de la semaine sont récompensées le dimanche par des croix, des médailles ou des rubans distribués publiquement à ceux des enfants qui en ont obtenu le plus grand nombre ; ils en restent décorés toute la semaine suivante. Le premier dimanche de chaque mois, on distribue à ceux qui ont obtenu le plus de bonnes notes, dans le cours du mois, quelques médailles ou images qui deviennent la propriété de chacun. Ces images conservées avec soin, sont de grands stimulants, non-seulement pour faire apprendre le catéchisme, mais encore pour exciter à la piété. On en conçoit la raison : ce sont des monuments de victoire, des exemples de vertu, des exhortations à la piété, des modèles de perfection. Ce qui leur donne un plus grand prix encore, c'est leur rareté, ce sont les efforts qu'il faut faire pour les mériter. Comme l'amour du travail est surtout ce qu'il faut inspirer aux sauvages qui sont naturellement portés à la paresse, on a jugé à propos de récompenser les petits ouvrages qu'ils sont capables de faire, comme on récompense le catéchisme.

Pour maintenir le bon ordre et favoriser l'émulation, les enfants du catéchisme sont divisés en sept ou huit bandes de six chacune; les garçons d'un côté, les filles de l'autre. A la tête de chaque bande, il y a un chef chargé d'aider les autres à apprendre et à retenir la lettre du catéchisme. Afin que tous puissent nourrir l'espoir de mériter une récompense à la fin de la semaine ou du moins une bonne note, on les a partagés de manière à ce que les concurrents, au nombre de cinq ou six dans chaque bande, soit de force à peu près égale.

Cependant le P. Point, qui devait accompagner à la grande chasse immédiatement après les fêtes de Noël, les camps réunis des *Têtes-plates*, des *Pends-d'oreilles* et des *Nez-percés*, se disposa à sa nouvelle campagne par une retraite de huit jours. Pour moi, dès le lendemain de mon retour du fort Colville, je me remis à l'œuvre. Trente-quatre couples de *Têtes-plates* avaient voulu attendre mon retour pour recevoir le baptême et réhabiliter leurs mariages; les *Nez-percés*, encore plus en retard, n'avaient pas même présenté leurs enfants au baptême, et l'on avait admis dans le camp un vieux chef *Pied-noir* avec sa petite famille, cinq personnes en tout : ils montraient tous le plus grand désir d'être instruits dans la foi chrétienne. Je me mis donc à leur faire trois instructions par jour, outre les catéchismes que leur faisaient les autres Pères. Ils en profitèrent si bien, avec la grâce de Dieu, que je pus admettre aux fonts baptismaux, le jour de Noël, cent quinze *Têtes-plates* avec trois de leurs chefs, trente *Nez-percés* avec leur chef, et le chef *Pied-noir* avec sa famille. Ce jour, je commençai mes messes à sept heures du matin; à cinq heures après-midi, je me trouvais encore dans la chapelle. Je ne puis vous exprimer les consolations que j'éprouvai dans ces heureux moments ; rien de plus édifiant que le maintien et la dévotion de ces bons sauvages. Le lendemain, je chantai une messe solennelle en action de grâces pour les insignes faveurs dont le Seigneur avait daigné combler son peuple. Six à sept cents nouveaux chrétiens, en y comprenant les petits enfants, réunis dans une pauvre chapelle couverte de jonc, au milieu d'un désert où peu auparavant le nom du vrai Dieu était à peine connu, y offrant à leur Créateur leurs cœurs régénérés dans les saintes eaux du baptême, et protestant de persévérer jusqu'à la mort dans son saint service : c'était là sans doute une offrande des plus agréables à Dieu, et qui, nous l'espérons, attirera la rosée céleste sur les *Têtes-plates* et sur les nations voisines.

Le 29, le gros camp, accompagné du P. Point, nous quitta pour la grande chasse des buffles ; réunis au camps des *Pends-d'oreilles*, qui les attendaient à deux journées de marche d'ici, ils seront au delà de deux cents loges. Je suis rempli d'espoir dans l'attente des nouveaux succès par lesquels le Seigneur daignera, je l'espère, récompenser le zèle de ses serviteurs. Dans l'entre-temps, nous nous occupons, le P. Mengarini et moi, à traduire le catéchisme en langue *tête-plate*, et à préparer à la première communion environ cent cinquante personnes restées à Sainte-Marie. Nos bons Frères et nos charpentiers continuent à entourer tout le terrain de la réduction d'une forte palissade munie de deux bastions. Cet ouvrage est d'une nécessité absolue pour nous mettre à l'abri des incursions furtives des *Pieds-noirs*, dont nous attendons de jour à autre une visite. Notre confiance à Dieu sera toujours notre bouclier ; nous prenons les précautions que dicte la prudence, et nous demeurons sans crainte à notre poste.

Un jeune *Simpoil* vient d'arriver à notre camp ; voici ses paroles mot pour mot : « Je suis Simpoil, ma nation fait pitié ; elle m'envoie pour écouter vos paroles et apprendre la prière que vous annoncez aux *Têtes-plates* ; les Simpoils désirent

aussi la connaître et imiter leur exemple. » Ce brave jeune
homme va passer l'hiver avec nous, et retournera au printemps
prochain parmi ses frères, pour y jeter la semence de l'Evangile.

Toute la nation *tête-plate* convertie, quatre cents *Kalispels*
déjà baptisés, ainsi que quatre-vingts *Nez-percés*, plusieurs
Cœurs-d'alène, *Kootenays* et *Pieds-noirs*; les *Serpents*, les
Simpoils, les *Chaudières* et une foule d'autres peuples qui
nous tendent les bras; le gouverneur du fort Van-Couver et
le Révérend M. Blanchet, qui demandent avec les plus vives
instances que nous venions former un établissement dans cette
contrée; en un mot tout un vaste pays qui n'attend que l'arrivée des véritables ministres de Dieu, pour se ranger sous
l'étendard de la croix de Jésus-Christ : voilà, mon Révérend
Père, le bouquet que nous vous offrons à la fin de 1841 !
C'est au pied du crucifix que vous cherchez les moyens
de procurer le plus grand bien spirituel des âmes confiées à
vos enfants. Notre nombre est bien loin de suffire aux besoins
pressants et actuels des peuples qui nous appellent à leur
secours. La propagante protestante est sur le qui-vive. En-
voyez-nous donc au plus tôt des auxiliaires, des Pères et des
Frères, et des milliers d'âmes vous béniront au trône de
Dieu pendant toute l'éternité !

**Copie d'une lettre du révérend M. Blanchet au P. de Smet,
reçue le 1ᵉʳ novembre 1841 (1).**

Fort Van-Couver, 28 septembre 1841.

Bénie soit la divine providence du Dieu tout-puissant qui
vous a protégé, conservé, ramené au milieu de vos chers
néophytes avec un puissant secours !

(1) Les parties du vaste territoire de l'Orégon qui avoisinent l'océan Pacifique,
le fleuve *Columbie* et les rivières navigables que reçoit ce fleuve, sont exploi-

Je félicite le pays du trésor qu'il possède par l'arrivée et l'établissement des membres de la Compagnie de Jésus. Veuillez bien témoigner aux révérends Pères et Frères ma vénération et mon profond respect. Je prie le Seigneur de bénir vos travaux, de continuer vos victoires et vos succès. Dans peu d'années, vous aurez la gloire et la consolation de voir se ranger sous l'étendard de la croix, par votre entremise, tous les sauvages du haut de la Columbie.

Je ne doute pas que notre excellent gouverneur, M. John Mac-Lauglin, ne vous donne tous les appuis et secours qui seront en son pouvoir. C'est un bonheur pour notre sainte religion que ce grand homme soit à la tête des affaires de l'honorable Compagnie de la baie d'Hudson, à l'ouest des Montagnes Rocheuses ; il l'a protégée avant notre arrivée dans le pays ; il ne cesse encore de lui donner son appui de paroles, d'exemples et de faits.

Etant dans le même pays, travaillant pour le même but, ayant les mêmes intérêts, le triomphe de la religion catholique dans ce vaste territoire, nous serons sensibles à tout ce qui vous intéressera, M. de Mers et moi ; nul doute que tout ce qui nous concerne ne soit aussi l'objet de votre sensibilité.

Voici en peu de mots où nous en sommes. L'établissement catholique de Wallamette renferme près de soixante familles ;

tées par la Compagnie anglaise de la baie d'Hudson, établie dans plusieurs forts sur les bords des rivières. Ses agents y achètent aux sauvages leurs pelleteries, et leur fournissent en échange des armes, de la poudre, du tabac et autres marchandises. Comme un grand nombre d'employés subalternes de cette Compagnie sont des Canadiens catholiques, elle s'est concertée au Canada avec Mgr l'évêque de Juliopolis, qui y a envoyé deux prêtres, MM. Blanchet et de Mers. Ces dignes missionnaires résident, depuis la fin de 1838, aux forts de *Cowlitz* et de *Wallamette*, situés à peu de distance l'un de l'autre sur les rivières du même nom, à environ vingt-deux lieues du fort *Van-Couver*, et à cinquante lieues de l'océan Pacifique. Ils s'y livrent avec le plus grand zèle aux pénibles fonctions de leur ministère. Ils font aussi de fréquentes excursions dans l'intérieur du pays pour visiter les forts de la Compagnie, et profitent de toutes les occasions pour propager la foi catholique parmi les nations sauvages. M. Blanchet vient d'être élevé à la dignité épiscopale. C'est auprès de lui que se rendent les sept Sœurs de Notre-Dame qui se sont embarquées dernièrement à Anvers avec le P. de Smet, à bord du brick belge *l'Infatigable*.

celui de Cowlitz, cinq seulement ; vingt-deux à Nesqually sur
le Puget-Sund, à une trentaine de lieues de Cowlitz. En outre
nous devons visiter de temps à autre les forts les plus rapprochés, où se trouvent les serviteurs catholiques de la Compagnie. Voilà ce qui absorbe presque tout notre temps. Nous
manquons de Frères, de Sœurs religieuses, de maîtres et de
maîtresses d'école. Nous avons à remplir le ministère de tous
les ordres, outre le soin du temporel qui est un grand
fardeau. Les femmes des Canadiens, prises de toutes les parties
du pays, apportent la diversité des langues dans les familles.
On parle généralement partout un mauvais jargon qui ne peut
servir de base à notre instruction publique. De là les obstacles
au progrès ; nous allons à pas lents. Il faut montrer le français
en montrant le catéchisme, ce qui nous prend un temps infini.
Nous sommes réellement accablés. Les sauvages nous tendent
les bras de tous côtés ; mais nous n'avons pas le temps de les
cultiver. Nous faisons quelques missions à la hâte parmi eux ;
nous baptisons les enfants et les adultes en danger de mort.
Nous n'avons pas le temps d'apprendre les langues ; jusqu'à
présent nous avons même manqué d'interprètes pour traduire
les prières ; ce n'est que depuis peu que j'ai réussi à le faire
en langue tchinouk. Les difficultés augmentent par la diver-
sités des langues. Les *Kalapouyas* du haut de Wallamette, les
Tchinouk de la Columbie, les *Kayous* de Wallawalla, les *Nez-
percés*, les *Okinatrines*, les *Têtes-plates*, les *Serpents*, les
Cowlitz, les *Klikatas* de l'intérieur au nord de Van-Couver,
les *Tchébélis* au nord de l'embouchure de la Columbie, les
sauvages de Fesqually et de l'intérieur de la baie de Puget-
Sund, ceux de la rivière Travers, les *Klalams* de la même
baie, ceux de l'île Van-Couver, des postes du nord sur le
bord de la mer et dans l'intérieur du pays qu'arrosent les
sources et les tributaires de la rivière Travers, ont chacun
leur langue différente. Voilà les obstacles que nous avons à
vaincre tous les jours. Nos entrailles se dessèchent de voir

tant d'âmes périr sous nos yeux sans pouvoir leur rompre le pain de la parole de vie.

De plus, nos moyens temporels sont limités. Nous ne sommes que deux ; nos valises ne sont point arrivées le printemps dernier par le bâtiment de l'honorable Compagnie ; nous avons épuisé nos ressources. Les sauvages, les femmes et les enfants nous demandent en vain des chapelets ; nous n'avons plus de catéchismes de notre diocèse à distribuer, point de livres de prières en anglais à donner aux Irlandais catholiques, point de livres de controverse à prêter. Le Ciel semble être sourd à nos besoins, à nos prières, à nos vœux, à nos désirs les plus ardents. Jugez de notre situation, et combien nous sommes à plaindre.

Cependant nous sommes environnés de sectes qui font mille efforts pour répandre le poison de l'erreur, qui tâchent de paralyser le peu de bien que nous faisons. Les méthodistes sont établis en cinq endroits : au Wallamette, à huit milles de notre établissement ; chez les Klatsaps, au sud de l'embouchure de la Columbie ; à Nesqually sur le Puget-Sund ; aux grandes dalles en bas de Wallawalla ; enfin à la chute de Wallamette. Les missions presbytériennes sont à Wallawalla et aux environs de Colville.

Au milieu de tant d'ennemis, nous tâchons de tenir ferme, de nous multiplier, de visiter beaucoup de postes, là surtout où le danger est le plus pressant, soit afin de prendre les devants et d'inculquer les principes catholiques, là où le poison n'a pas encore été répandu, soit afin de paralyser les progrès du mal ou d'en tarir la source même. Le combat a été rude ; les sauvages semblent maintenant ouvrir les yeux et reconnaître quels sont les véritables ministres de Jésus-Christ. Le Ciel se déclare pour nous. Si nous avions un prêtre pour tenir une mission permanente parmi les sauvages, dans deux ans tout le pays serait à nous. Les missions méthodistes tombent, elles perdent leur crédit et leur peu d'influence. J'ai eu

le dessus au Wallamette , par la grâce de Dieu. Ce printemps,
M. de Mers et moi, nous avons enlevé aux méthodistes un
village entier de sauvages qui se trouve au bout de la chute
du Wallamette. M. de Mers a visité les *Tchinouks* du bas du
fleuve Columbie; ils sont disposés pour nous. J'arrive des
cascades, à dix-huit lieues de Van-Couver ; les sauvages de ce
poste avaient résisté jusqu'alors aux insinuations d'un pré-
tendu ministre. C'était une première mission ; elle n'a duré
que dix jours. Ils ont appris le signe de la croix, l'Offrande du
cœur à Dieu, l'Oraison dominicale , la Salutation angélique, le
Symbole des apôtres, les dix Commandements de Dieu et ceux
de l'Eglise. Je dois les revoir bientôt près de Van-Couver, et
en baptiser un bon nombre.

Le révérend M. de Mers est absent depuis deux mois pour
le Puget-Sund, où les sauvages le demandent depuis longtemps. Mes catéchumènes de Flackémar, village converti le
printemps passé , n'ont pu être visités depuis le mois de mai.
Ils résistent aux discours d'un nommé M. Waller, établi à la
chute du Wallamette.

Jugez, monsieur, combien nous avons à faire , et combien
il serait à propos d'envoyer un de vos révérends Pères avec un
des trois Frères. Dans mon idée , c'est ici qu'il faudrait jeter
les fondements de la religion ; c'est ici qu'il faudrait établir un
collége , un couvent, des écoles ; c'est ici qu'un jour un suc-
cesseur des apôtres viendra de quelque part s'établir, afin de
pourvoir aux besoins spirituels d'un vaste pays , qui promet
une si abondante moisson ; c'est ici que le combat est engagé ,
et qu'il nous faut vaincre d'abord. Ce serait donc ici qu'il faudrait établir une belle mission ; des postes d'en bas, les missionnaires , les révérends Pères iraient dans toutes les directions alimenter les postes éloignés , distribuer le pain de vie
aux infidèles encore plongés dans les ombres de la mort. Si
vos plans ne vous permettent pas de changer le lieu de votre
établissement, du moins voyez le besoin où nous sommes d'un

révérend Père et d'un Frère pour nous secourir dans notre détresse.

Les dernières dates des îles Sandwich, 1840, m'apprennent que Mgr Rochure y était arrivé, accompagné de trois prêtres ; qu'une vaste église catholique devait être prête pour la célébration des saints mystères l'automne passé, que les naturels se convertissaient en grand nombre, que les temples des ministres protestants étaient presque abandonnés.

Mgr de Juliopolis, de la *Rivière-Rouge*, me dit que les sauvages des pieds des Montagnes Rocheuses à l'est lui avait député un métis qui vit avec eux, afin d'obtenir de Sa Grandeur un prêtre pour les instruire. Le révérend M. Thibault est destiné pour cette mission.

Agréez, etc.   F. N. Blanchet.

DOUZIÈME ET DERNIÈRE LETTRE

À M. FRANÇOIS DE SMET

Université de Saint-Louis, 3 novembre 1842.

Dans ma dernière lettre, datée du 15 août, je promis à M. le chanoine de la Croix d'écrire de Saint-Louis, si j'avais le bonheur d'y arriver. Le Seigneur m'a ramené sain et sauf, et me voici en devoir de remplir ma promesse. En quittant le P. Point et le camp des *Têtes-plates*, sur la rivière *Madisson*, j'étais accompagné de six de nos sauvages. Trois jours après, nous avions déjà franchi deux chaînes de montagnes et parcouru cent cinquante milles dans un pays souvent visité par les *Pieds-noirs*, sans toutefois les rencontrer.

A l'endroit où la *Rivière des vingt-cinq vierges* se jette dans la *Roche-jaune*, nous trouvâmes environ deux cent cinquante loges de sauvages, tous amis des missionnaires, savoir : des *Têtes-plates*, des *Kalispels*, des *Nez-percés*, des *Kayuses* et des *Serpents*. Je passai trois jours au milieu d'eux, pour les exhorter à la persévérance et faire les préparatifs de mon long voyage. A mon départ, dix néophytes se présentèrent devant ma loge, pour me servir d'escorte et m'introduire parmi les *Corbeaux*.

Le soir du lendemain, nous nous trouvâmes au milieu de cette nombreuse peuplade. Ils nous avaient aperçus de loin ; quelques-uns d'entre eux me reconnurent. Aux cris *la Robe-noire, la Robe-noire !* tous, grands et petits, au nombre d'environ trois mille, sortirent de leurs loges comme les abeilles de la ruche. A mon entrée dans le village, je devins le sujet d'une scène assez singulière : les chefs et une cinquantaine des plus signalés entre les braves s'empressèrent de m'entourer et m'arrêtèrent tout court ; l'un me tirait à droite, l'autre à gauche ; un troisième me tirait par la soutane; un quatrième, aux formes et à la taille athlétiques, voulait m'enlever et me porter dans ses bras; tous parlaient à la fois et semblaient se quereller. Ne comprenant rien à leur querelle, je ne savais trop si je devais être gai ou sérieux. L'interprète vint bientôt me tirer d'embarras, et m'apprit que toute cette confusion n'était qu'un signe de politesse et de bienveillance à mon égard, chacun voulant avoir l'honneur de loger et de nourrir la *Robe-noire*. Sur son avis, je fis le choix moi-même. Je ne l'eus pas plus tôt indiqué, que les autres me lâchèrent prise, et je suivis le principal chef dans sa loge, la plus grande et la plus belle du camp. Les *Corbeaux* ne tardèrent pas à s'y rendre en foule, et tous me comblèrent d'amitiés ; le calumet social, symbole d'union et de fraternité sauvage, fit le tour sans se refroidir, accompagné de toutes les simagrées dans lesquelles ils excellent parmi toutes les tribus du pays.

De tous les sauvages de l'ouest des montagnes, les *Corbeaux* sont sans contredit les plus adroits, les plus polis et les plus avides d'instruction ; ils professent beaucoup d'amitié et une grande admiration pour les peuples civilisés. Ils me firent mille questions ; entre autres ils voulurent savoir quel est le nombre des blancs. « Comptez, leur répondis-je, les brins d'herbe de vos immenses plaines, et vous saurez à peu près ce que vous désirez connaître. » Tous se mirent à rire, en disant que la chose était impossible ; mais ils comprirent ma pensée lorsque je leur expliquai la grandeur des *villages* des blancs (New-York, Philadelphie, Londres, Paris), la multitude de ces grandes loges de pierres (maisons), serrées comme les doigts de la main et entassés (par étages) jusqu'à quatre ou cinq les unes au-dessus des autres ; quand je leur appris que quelques-unes de ces loges (en parlant des églises et des tours) étaient aussi hautes que des collines et assez vastes pour contenir tous les *Corbeaux* réunis, que dans la *loge du Conseil* (le capitole de Washington) tous les grands chefs de l'univers pourraient fumer le calumet à leur aise et sans se gêner, que les chemins de ces grands villages étaient toujours remplis de passagers qui allaient et venaient plus nombreux que les bandes de buffles paissant par milliers dans quelques-unes de leurs belles prairies, ils ne pouvaient revenir de tant de merveilles.

Mais quand je leur eus fait comprendre la célérité extraordinaire de ces *loges mouvantes* (wagons) traînées par des machines qui vomissent des flots de fumée et laissent loin derrière elles les coursiers les plus agiles ; et ces *canots à feu* (bateaux à vapeur) qui transportent en peu de jours, avec armes et bagages des villages entiers d'un pays à un autre, traversent des lacs immenses (les mers), remontent et descendent les grands fleuves et les rivières ; quand j'ajoutai que j'avais vu des blancs s'élever dans les airs (en ballon) et planer au milieu des nues comme l'aigle dans leurs montagnes, l'étonnement fut à son comble, et tous mirent leur main sur la bouche en poussant un cri d'admiration : « Le Maître de la vie est grand, disait le chef, et les blancs sont ses favoris. »

C'était surtout la prière (la religion) qui paraissait les intéresser ; quelle attention ne prêtèrent-ils pas aux vérités que je leur expliquais ! Ils en avaient déjà entendu parler; ils savaient, disaient-ils, que cette prière rend les hommes sages et heureux sur la terre, et leur procure ensuite le bonheur de la vie future. Aussi me demandèrent-ils la permission de rassembler tout le camp, pour entendre ces paroles du Grand-Esprit dont on leur avait dit tant de merveilles.

Les trois pavillons que les Etats-Unis leur avaient envoyés furent dressés à l'instant, et trois mille sauvages se trouvèrent réunis ; les malades eux-mêmes avaient été apportés sur des peaux. A genoux sous les drapeaux avec mes dix néophytes *têtes-plates*, et entourés de cette multitude avide d'entendre la bonne nouvelle de l'Evangile, j'entonnai d'abord deux cantiques ; vint ensuite la récitation de toutes les prières, qui leur furent interprétées ; puis les chants recommencèrent, suivis de l'explication du Symbole des apôtres et des dix Commandements de Dieu. Tous parurent ravis de joie, et déclarèrent que ce jour était le plus beau de leur vie. Ils me supplièrent avec instance *de les prendre en pitié*, et de rester parmi eux pour leur apprendre, ainsi qu'à leurs petits enfants, la manière de connaître et de servir le Grand-Esprit. Je leur promis qu'une *Robe-noire* les visiterait, mais à condition que les chefs s'engageraient à faire cesser les vols si communs parmi eux, et s'opposeraient avec vigueur à l'abominable corruption des mœurs qui régnait dans la peuplade.

Croyant que j'étais doué d'un pouvoir surnaturel, ils m'avaient demandé dès le commencement de nos entretiens de faire cesser la maladie qui ravageait le camp, et de leur procurer l'abondance, c'est-à-dire de remplir leurs plaines de gros gibier. Je leur répétai, en terminant mon instruction, que le Grand-Esprit seul pouvait porter remède à leurs maux ;

que s'il écoute les prières de ceux qui ont un cœur droit et
pur, ou qui, détestant leurs péchés, retournent sincèrement à
lui, il rejette aussi les demandes des prévaricateurs de sa sainte
loi; que, dans sa colère, il avait détruit par le feu du ciel cinq
grands villages (Sodome; etc.), à cause de leurs abominations;
que les *Corbeaux*, suivant la même route et livrés à des dé-
sordres de tout genre, ne devaient pas se plaindre de ce que
le Grand-Esprit semblait les punir par les maladies, par la
guerre et par la famine; qu'eux-mêmes étaient les auteurs de
toutes ces calamités, et que, loin de les voir diminuer, ils
pouvaient s'attendre à les voir augmenter encore, jusqu'à ce
qu'enfin des tourments mille fois plus affreux devinssent leur
partage pour toujours après leur mort; mais que s'ils voulaient
éviter tous ces maux, ils le pouvaient en faisant des efforts
pour arrêter et extirper le mal. Le grand orateur du camp fut
le premier à répondre : « *Robe-noire*, je t'entends : tu nous as
dit la vérité; de mon oreille tes paroles ont pénétré jusque dans
mon cœur; je voudrais que tous pussent le comprendre. » Et,
s'adressant à sa nation, il répétait avec force : « Oui, *Corbeaux*,
la *Robe-noire* nous a dit la vérité; nous sommes des chiens.
Changeons de vie, et nous vivrons, nous et nos enfants. »

J'eus ensuite de longues conférences avec tous les chefs
réunis en conseil; je leur proposai l'exemple des *Têtes-plates*
et des *Pends-d'oreilles*, dont les chefs se faisaient un devoir
d'exhorter leur peuplade à la pratique des vertus, et ne crai-
gnaient pas de déployer au besoin, dans l'intérêt même des
coupables, une juste sévérité. Ils me promirent de suivre mes
avis, m'assurant que je les trouverais mieux disposés à mon
retour. J'ai lieu de croire que cette visite, que le bon exemple
de mes néophytes et surtout les prières des *Têtes-plates*
opéreront du changement parmi les *Corbeaux*. Une de leurs
bonnes qualités, sur laquelle je fonde beaucoup d'espérance,
c'est qu'ils ont résisté avec courage à l'importation des boissons enivrantes dans leur tribu. « A quoi bon votre eau de

feu? disait leur chef aux marchands qui l'importunaient. Elle
brûle la gorge et l'estomac ; elle rend l'homme semblable à un
ours ; dès qu'il en a goûté, il mord, il grogne, il hurle, et
finit par tomber comme un cadavre. Votre eau de feu ne fait
que du mal. Portez-la à nos ennemis, et ils s'entre-tueront,
et leurs femmes et leurs enfants feront pitié. Quant à nous,
nous n'en voulons pas ; nous sommes assez fou sans elle. »

Une scène très-touchante eut lieu pendant que le conseil
était réuni. Plusieurs sauvages voulurent examiner ma croix de
missionnaire, et j'en pris occasion de leur expliquer les souffrances de Notre-Seigneur Jésus-Christ et la cause de sa mort
sur la croix. Ensuite je remis mon crucifix entre les mains du
grand chef ; il le baisa de la manière la plus respectueuse, et
les yeux levés vers le ciel, pressant avec ses deux mains le
Christ sur son cœur, il s'écria : « O Grand-Esprit, aie pitié
de tes pauvres enfants, et fais-leur miséricorde. » Tous les
assistants suivirent son exemple.

Je me trouvais dans le village des *Corbeaux*, lorsqu'on leur
annonça que deux de leurs plus braves guerriers venaient de
périr victimes d'une trahison des *Pieds-noirs*. Des hérauts
firent le tour du camp, proclamant à haute voix les circonstances du combat et la fin tragique des deux braves. Un morne
silence régnait partout ; mais bientôt il fut interrompu par un
spectacle aussi hideux pour nous que propre, selon eux, à
émouvoir les cœurs les plus insensibles, et exciter dans l'âme des
guerriers le sentiment de la vengeance. Les mères, les épouses,
les sœurs et les filles des guerriers massacrés se présentèrent
tout à coup en public, la tête rasée, le visage ensanglanté,
tout le corps couvert de blessures qu'elles s'étaient faites.
Dans cet état pitoyable, elles remplissaient l'air de leurs lamentations et de leurs cris, conjurant leurs parents, leurs
amis, leurs connaissances d'avoir pitié d'elles, de leur faire
la charité, c'est-à-dire de leur procurer une prompte et terrible vengeance, le seul remède à leur affliction. Elles ame-

naient au milieu du camp tous les chevaux qu'elles possédaient.
Un des chefs sauta sur l'un de ces chevaux, et levant son
casse-tête en l'air, s'écria qu'il était prêt à aller venger le
coup. Aussitôt une foule de jeunes gens se rangèrent à ses
côtés; tous ensemble entonnèrent le refrain guerrier, et
promettant solennellement qu'ils ne retourneraient pas les
mains vides, c'est-à-dire sans chevelures, ils se mirent en
route le même jour. Dans ces occasions de deuil, les pauvres
parents distribuent aux guerriers tout ce qu'ils possèdent,
ne retenant que des haillons pour se couvrir. Le deuil cesse
lorsque la vengeance est obtenue. Les guerriers, à leur retour,
placent aux pieds des veuves et des orphelins les trophées
remportés sur l'ennemi; leurs amis viennent les féliciter et
leur offrir des présents. Alors, passant du deuil à l'exaltation,
ils jettent les haillons, se lavent, se barbouillent de couleurs,
s'habillent de leur mieux, attachent les chevelures conquises
au bout des perches, et font le tour du camp, chantant,
dansant, et traînant à leur suite tout le village.

Le 25, je fis mes adieux à mes compagnons *Têtes-plates*
et aux *Corbeaux* ; je m'élançai une seconde fois dans les
plaines arides de la Roche-jaune, accompagné du fidèle Iroquois
Ignace, d'un métis Crie, nommé Gabriel, et de deux braves
Américains, qui, bien que protestants, voulurent servir de
guides à un pauvre missionnaire catholique. Je ne reviendrai
pas sur la description que j'ai déjà faite de ces régions; c'est
peut-être le plus dangereux des déserts, et bien certainement
le théâtre d'innombrables scènes tragiques, de combats, de
stratagèmes, de meurtres, de carnage et de toutes sortes de
cruautés. A chaque pas, l'interprète *Corbeau*, qui avait
séjourné onze ans dans le pays, régalait sa petite compagnie
de quelque trait de ce genre, montrant du doigt l'endroit même
où la chose s'était passée. Dans notre situation présente, ces
récits n'avaient guère de quoi m'amuser; tous roulaient sur
des massacres et des surprises, et je ne pouvais me défendre

de penser qu'à chaque instant nous-mêmes pouvions devenir les victimes d'une attaque semblable. C'est ici principalement que les *Corbeaux*, les *Pieds-noirs*, les *Scioux*, les *Sheyennes*, les *Assiniboins*, les *Arikaras* et les *Minatarées* vident leurs querelles interminables, se vengeant et se revengeant sans cesse les uns sur les autres.

Après six jours de marche, nous nous trouvâmes sur le lieu même d'un massacre tout récent. Les membres sanglants de dix *Assiniboins*, tués trois jours auparavant, étaient éparpillés çà et là, et presque toutes les chairs avaient été dévorées par les oiseaux carnassiers. A la vue de ces ossements et des vautours qui planaient au-dessus de nos têtes, j'avoue que le peu de courage dont je me croyais animé sembla entièrement me quitter et faire place à une frayeur secrète que j'essayais toutefois de combattre et de cacher à mes compagnons de voyage. Les circonstances ne semblaient guère propres à nous tranquilliser. Bientôt nous remarquâmes des traces fraîches d'hommes et de chevaux qui ne nous laissèrent aucun doute sur la proximité de l'ennemi; notre guide nous dit même qu'il nous croyait déjà découverts, mais qu'en continuant nos précautions nous parviendrions peut-être à éluder les desseins qu'on pouvait avoir contre nous, car il est rare que les sauvages attaquent en plein jour. Voici donc la marche que nous suivîmes régulièrement jusqu'au 10 septembre. Nous montions à cheval dès l'aurore; vers les dix heures, nous faisions halte pendant une heure et demie, ayant soin de choisir un lieu qui, en cas d'attaque, pût offrir quelque avantage pour la défense. Nous reprenions ensuite le trot jusqu'au coucher du soleil. Après notre repas du soir, nous allumions un grand feu, et nous dressions à la hâte une cabane de branches d'arbres pour faire croire aux ennemis qui pouvaient être aux aguets que nous étions campés là pour la nuit; car dès que leurs védettes ont découvert une proie, ils en donnent connaissance à tous les sauvages au moyen de

signaux convenus, et ceux-ci se rassemblent aussitôt pour
concerter leur plan d'attaque. Afin donc de nous mettre à
l'abri de toute surprise, nous poursuivions notre route jusqu'à
dix ou onze heures du soir, et alors, sans feu, sans abri,
chacun se disposait de son mieux au repos.

Il me semble que je vous entends me demander : Mais
comment dans ce désert pouviez-vous pourvoir à votre subsistance? Voici un petit extrait de mon journal qui vous
délivrera de toute inquiétude à cet égard :

Du 25 août au 10 septembre, nous tuâmes en passant et
pour notre usage : 3 belles vaches en fort bon état; 2 gros
bœufs, pour la langue et les os à moelle; 2 grands cerfs;
3 cabris; 1 chevreuil à queue noire ; 1 grosse-corne ou mouton;
2 ours très-gras; 1 cygne, qui pesait environ 25 livres. Sans
parler des faisans et des poules.

Cette petite carte du traiteur doit vous convaincre qu'on ne
meurt pas de faim par ici ; j'ajouterai que, dans ce pays de
gibier, on ne songe guère ni au pain, ni au café, ni à tout
ce que vous pouvez appeler les douceurs de la vie; les bosses,
les langues et les côtes tiennent lieu de tout cela. Et le lit? Il
ne nous embarrasse pas davantage ; ici on ne se déchausse
pas ; on s'enveloppe dans son manteau de buffle, la selle
sert d'oreiller, et grâce aux fatigues d'une longue course d'environ quarante milles sous un ciel brûlant, on se couche et
on s'endort au même instant.

Les Américains qui habitent le fort Union, à l'embouchure
de la *Roche-jaune*, pour le commerce des pelleteries parmi
les *Assiniboins*, nous reçurent avec beaucoup de politesse et
de bienveillance. Nous nous y reposâmes pendant trois jours.
Un voyage si long, fait sans interruption à travers un désert
où régnait alors la sécheresse et la stérilité, avait beaucoup
épuisé nos pauvres montures; une seconde course de 1800
milles ne devait pas s'entreprendre à la légère. Tout bien
considéré, je pris la résolution de vendre nos chevaux au

commandant du fort , et de me confier dans un esquif , accompagné d'Ignace et de Gabriel , au courant impétueux du *Missouri* ; et bien nous en prit, car le troisième jour de notre descente , à notre grande surprise et satisfaction, nous entendîmes de loin le bruit d'un bateau à vapeur, et bientôt après nous le vîmes s'avancer majestueusement. C'est le premier bateau qui ait jamais essayé de remonter le fleuve de si haut dans cette saison , chargé de marchandises pour la traite des pelleteries. Notre première pensée fut de remercier Dieu de cette nouvelle faveur. Les quatre propriétaires , qui étaient de New-York , et le capitaine, m'invitèrent généreusement à venir à bord ; j'acceptai avec d'autant plus d'empressement qu'ils m'assurèrent que plusieurs partis de guerre étaient en embuscade le long du fleuve. Je fus pour ces messieurs l'objet d'une grande curiosité : ma soutane , ma croix , mes longs cheveux excitaient leur attention ; il fallut répondre à mille questions et raconter tous les détails de mon long voyage.

Je n'ai plus que quelques mots à ajouter. Depuis ma dernière lettre , j'ai baptisé une cinquantaine de petits enfants , principalement dans les forts. L'eau du fleuve était basse , les bancs de sable et les chicots arrêtaient à chaque instant le bateau et le mettaient parfois en danger d'échouer. Déjà les pointes des rochers cachées sous l'eau l'avaient percé de trous; les innombrables chicots qu'il fallait sauter à tout risque avaient brisé les roues et les parties qui les couvrent ; un vent violent avait renversé la cahute du pilote , et l'aurait jetée dans le fleuve si l'on n'eût eu soin de l'attacher avec de gros cables ; enfin le bateau ne présentait plus qu'un squelette , lorsqu'après quarante-six jours de travail pénible plutôt que de navigation , j'arrivai sans autre accident à Saint-Louis. Le dernier dimanche d'octobre à midi , j'étais à genoux au pied de l'autel de la sainte Vierge à la cathédrale , rendant mes actions de grâces au bon Dieu pour la protection qu'il avait accordée à son pauvre et indigne ministre.

A compter du commencement d'avril de cette année, j'ai parcouru cinq milles ; j'ai descendu et remonté le fleuve Columbie, vu périr cinq de mes compagnons de voyage dans les dalles de ce fleuve, longé les rives du Wallamette et de l'Orégon, parcouru différentes chaînes des Montagnes Rocheuses, traversé une seconde fois le désert de la *Roche-jaune* dans toute son étendue, descendu le *Missouri* jusqu'à Saint-Louis; et dans tout ce long trajet, je n'ai pas une seule fois manqué du nécessaire, je n'ai pas reçu la moindre égratignure.... *Dominus memor fuit nostri, et benedixit nobis.*

Bien des choses de ma part à la famille et aux amis.

P. J. DE SMET, S. J.

————

Copie d'une lettre du P. Mengarini au P. de Smet.

Sainte-Marie, 28 juin 1842.

Grâces à Dieu, nos espérances commencent à se réaliser. Un changement salutaire s'est visiblement opéré dans notre peuplade, dont les chefs et les membres nous font déjà goûter, par leur conduite vraiment édifiante, les plus douces consolations.

Le jour de la Pentecôte a été pour nous et pour nos chers néophytes un jour de bénédiction et de grâces; quatre-vingts d'entre eux ont eu le bonheur de recevoir pour la première fois le Pain des anges. Leur assiduité pendant un mois aux instructions, que nous leur donnions trois fois par jour, nous avait assurés de leur zèle et de leur ferveur. Une retraite de trois jours, qui a servi de préparation plus immédiate, nous en a convaincus davantage. Dès le matin, de nombreuses décharges de fusil annonçaient au loin l'arrivée du grand jour.

Au premier son de la clochette, une foule de sauvages se pressèrent vers notre église. Un des Pères, en surplis et en étole, précédé de trois enfants de chœur dont l'un portait la bannière du Sacré-Cœur de Jésus, alla les recevoir pour les conduire, en ordre de procession et aux chants des cantiques, dans le temple du Seigneur. Quel religieux recueillement parmi cette foule ! Tous gardèrent un profond silence ; mais en même temps brillait sur les visages l'allégresse qui avait rempli les cœurs. L'ardent amour dont brûlait déjà ces âmes innocentes fut enflammé par les fervents colloques avec Jésus dans son sacrement d'amour, que faisait à haute voix l'un des Pères, en y entremêlant des couplets de cantiques. La tendre dévotion, la foi vive avec laquelle ces sauvages ont reçu leur Dieu, nous a réellement édifiés et touchés. A onze heures du matin, ils ont renouvelé les vœux du baptême, et dans l'après-midi, ils ont fait la consécration solennelle de leurs cœurs à la sainte Vierge, patronne titulaire de ces lieux. Puissent ces pieux sentiments, que seule la vraie religion inspire, se conserver parmi nos chers enfants ! Nous l'espérons, et ce qui augmente notre espoir, c'est qu'à l'occasion de cette solennité, environ cent vingt personnes se sont approchées du tribunal de la pénitence, et que, depuis cette époque à jamais mémorable, chaque dimanche nous avons de trente à quarante communions et de cinquante à soixante confessions.

Le jour de la Fête-Dieu a vu une autre cérémonie non moins touchante, et propre à perpétuer la reconnaissance et la dévotion de nos bons sauvages envers notre aimable Reine. Ce fut l'érection solennelle d'une statue de la sainte Vierge, en mémoire de son apparition au petit Paul. Voici une courte description de la fête. Depuis l'entrée de notre chapelle jusqu'à l'endroit où le petit Paul avait reçu la faveur signalée, l'avenue n'était qu'une pelouse verte, que bordaient des deux côtés, dans toute leur longueur, des guirlandes de fleurs pendant en festons. De distance en distance s'élevaient de gracieux arcs de triomphe. A l'extrémité, au milieu d'une espèce de reposoir, était le piédestal qui devait recevoir la statue. Au temps marqué, la procession sortit de notre chapelle dans l'ordre suivant : la bannière du Sacré-Cœur en tête, de près suivait le petit Paul, portant la statue, et accompagné de deux enfants de chœur qui jetaient des fleurs sur leur passage. Venaient ensuite les deux Pères, l'un en chape et l'autre en surplis. Enfin la marche était fermée par les chefs et tous les membres de la peuplade, rivalisant d'ardeur à payer leur tribut de remerciements et de louanges à la bonne Mère. Arrivés à l'endroit, l'un des Pères, dans une courte exhortation, où il rappelait le prodige et l'assistance signalée de la Reine des cieux, ranima dans le cœur de nos chers néophytes la confiance dans la protection de Marie. Après cette allocution et le chant des litanies de la sainte Vierge, tout le cortége revint à l'église dans le même ordre. Oh ! que nous eussions désiré que tous les amis de notre sainte religion fussent témoins de la dévotion et du recueillement des nouveaux fidèles de Sainte-Marie !... Nous aurions aussi souhaité de ne les renvoyer qu'après leur avoir donné la bénédiction du Saint-Sacrement ; mais, faute d'ostensoir, nous fûmes obligés de différer cette faveur jusqu'à la fête du Sacré-Cœur de Jésus. Alors le Saint-Sacrement a été porté en procession solennelle ; et depuis, chaque dimanche après vêpres, les fidèles ont le bonheur de recevoir la bénédiction. Puisse-t-elle réellement descendre du ciel sur nous et sur notre peuplade ! Nous l'attendons avec le secours de vos prières et de celles de tous nos amis.

GRÉGOIRE MENGARINI, S. J.

PRIÈRES

EN LANGUE TÊTE-PLATE ET PONDÉRAS

Skest Kyleeyou, Oulsgesees, Oulspagpagt. Komieetzegeel.
Au nom du Père, et du Fils, et du Saint-Esprit. Ainsi soit-il.

PATER NOSTER

Kyleeyou, Itchitchemask, askwees kowaaskshamenshem
Notre Père, du ciel, que votre nom soit respecté

ailetzemilkou yeelskyloog; ntziezie telletzia spoo oez.
par toute la terre; régnez dans tous les cœurs.

Assinteels astskole, yelstoloeg etzageel Itchichemask.
Que votre volonté soit faite, sur la terre ainsi que dans le ciel.

Hoogwitzilt yettilgwa lokaitssia petzim. Knwaasksmeemiltem
Donnez-nous maintenant tous nos besoins. Pardonnez-nous le mal

klotoiye kloistskeyen etzageel kaitsskolgwelem klotoiye
que nous avons commis comme nous pardonnons (le mal)

kloistskwen klielskyloog Koaxalock shitem takaakskwentem
à ceux qui nous ont offensés. Accordez-nous assistance pour éviter

klotaiye; kowaaaksgweeltem klotaiye. Komieetzegeel.
le mal; mais délivrez-nous du mal. Ainsi soit-il.

AVE MARIA

Uytchenkuytes Mary;   koinkoittzeltz   loetgeest,
Je vous salue,   Marie;   vous êtes riche   dans tout ce qui est saint,

Kaikolinzoeten,   lauoui,   koortzinkwen   telletzia
le Grand-Esprit   est avec vous,   vous êtes bénie   entre toutes

telpelpilgkwe, Jesus skozees   telnowiss   ozitzzegoey.
les femmes, Jésus le fruit de vos entrailles   est béni.

Geest Mary,   skois Kaikolinzoeten,   kailchaussils,   kontkoint
Sainte Marie,   Mère du Grand-Esprit,   priez pour nous   pauvres

taieetskweest, yettilgwa nekittchit tche-iet gloll kaaks tittelill...
pécheurs,   maintenant   et au   moment   de   notre   mort.

Komieetzegeel.
Ainsi soit-il.

CREDO

Noonnegweeneemen Kaikolinzoeten, Kylueeyou etzia wetskoolz,
Je crois dans   le Grand-Esprit, notre Père tout-puissant,

cheiglo epstskool lotchitchemash kwentiestsloog. Noonnegwee-
qui   a créé   le ciel   et la terre.   Je crois

nemen Jesus Christ,   istchinarkszeous   hezces kyeleemigoem,
en   Jésus-Christ,   son fils unique   notre Seigneur (chef,)

kolintem   Pagpagt,   stoetschmish   Mary ikolin-
qui a été conçu du St-Esprit,   est né de la vierge   Marie;

tem, stoetzemistess shaltemmigg,   neyaw   wilsem   Ponce Pilate
                       qui a souffert sous   Ponce Pilate,

millchpitpit   komminall   krmmintem,   eltelill,   laakkentem
a été attaché   sur une   croix,   est mort, a été enseveli;

welkgkoop   klotchittay ye,   potochalask   welgwilgwilt
qui est descendu   aux enfers,   le 3e jour est   ressuscité

tiltintimnay weltelschyloog; nowistchills lotchitc hemask,
d'entre les morts; qui est monté au ciel,

glaaktschills ilstitze eetch Kolinzoetess leeêous chiimgyst
qui est assis à la droite du Grand-Esprit, son père, qui est

telletzia; nemeltshoey ogkeoust louetsgwilgwilt lonets
tout-puissant, d'où il viendra juger les vivants et les

telil. Noonnegweeneemen ouls - Pagpagt, kgloulzen
morts. Je crois au St-Esprit, la Ste Eglise

schaaemen catholique, esttchaustowegwe lopagpagt skyïloog,
catholique, la communion des saints,

klotayye istkwen nemeets kolygwelem, nemetzia tckaltckaitemig
la rémission des péchés, la résurrection de

eltze potskc telzenilzielis, Itchitchemask takeepsoy lokweng-
tous les morts, la vie du ciel qui ne

wilgwiltis.... Komieetzegeel.
finira jamais. Ainsi soit-il.

FIN

TABLE

— Lille. Typ. J. Lefort. 1875 —